**Veröffentlichungen**
**der Vereinigung der Deutschen Staatsrechtslehrer**
**Heft 18**

# Das Grundgesetz und die öffentliche Gewalt internationaler Staatengemeinschaften

# Der Plan als verwaltungsrechtliches Institut

Berichte
von

Georg Erler und Werner Thieme
Max Imboden und Klaus Obermayer

und
Aussprache zu den Berichten
in den Verhandlungen der Tagung der deutschen Staatsrechtslehrer
zu Erlangen vom 7. bis 9. Oktober 1959

Berlin 1960

Walter de Gruyter & Co.

vormals G. J. Göschen'sche Verlagshandlung / J. Guttentag, Verlagsbuchhandlung / Georg Reimer / Karl J. Trübner / Veit & Comp.

Satz und Druck: Berliner Buchdruckerei „Union" GmbH, Berlin SW 61

# Inhalt

Seite

Eröffnung der Tagung am 7. Oktober 1959 .................. 5

Erster Beratungsgegenstand:

Das Grundgesetz und die öffentliche Gewalt internationaler Staatengemeinschaften

1. Bericht von Professor Dr. Georg Erler .............. 7
   Leitsätze des Berichterstatters .......................... 47
2. Mitbericht von Professor Dr. Werner Thieme ........ 50
   Leitsätze des Mitberichterstatters ...................... 78
3. Aussprache und Schlußworte .......................... 81

Zweiter Beratungsgegenstand:

Der Plan als verwaltungsrechtliches Institut

1. Bericht von Professor Dr. Max Imboden ............ 113
   Leitsätze des Berichterstatters .......................... 140
2. Mitbericht von Privatdozent Dr. Klaus Obermayer .. 144
   Leitsätze des Mitberichterstatters ...................... 169
3. Aussprache und Schlußworte .......................... 176

Verzeichnis der Redner ............................. 216

Verzeichnis der Mitglieder der Vereinigung der Deutschen Staatsrechtslehrer ............................. 217

Satzung der Vereinigung ............................. 224

# Eröffnung der Tagung am 7. Oktober 1959

Die Tagung fand im Juristischen Seminar der Friedrich-Alexander-Universität zu Erlangen statt. Sie begann am 7. Oktober 1959 mit der Mitgliederversammlung. Der Dekan der juristischen Fakultät der Universität Erlangen, Herr Spanner, begrüßte die Vereinigung im Namen des Rektors und der Fakultät. Der Vorsitzende, Herr Peters, dankte der Universität und der Fakultät für ihre mannigfachen Bemühungen um die Vorbereitung und Durchführung der Tagung. Er begrüßte besonders den bayerischen Kultusminister, Herrn Maunz, sowie die im vergangenen Jahr neu in die Vereinigung aufgenommenen Mitglieder.

Der Vorsitzende gedachte der im letzten Jahr verstorbenen Mitglieder Carl Bilfinger, Ernst Wolgast, Hermann Brill, Wilhelm Laforet und Karl Hugelmann. Er würdigte Persönlichkeit und wissenschaftliche Leistung der Verstorbenen.

Die nachfolgend abgedruckten Berichte wurden am 8. und 9. Oktober 1959 gehalten. An sie schlossen sich jeweils die Aussprachen an.

Erster Beratungsgegenstand:

# Das Grundgesetz und die öffentliche Gewalt internationaler Staatengemeinschaften

## 1. Bericht von Professor Dr. Georg Erler, Göttingen

### I.

1. Ein erster orientierender Blick auf das mir gestellte Thema: „Das Grundgesetz und die öffentliche Gewalt internationaler Staatengemeinschaften" zeigt, daß es hier nicht — oder doch nicht in erster Linie — um eine Kollision zwischen zwei öffentlichen Gewalten geht, die verschiedenen rechtlichen Geltungsgründen entstammen, nämlich der deutschen öffentlichen Gewalt und der öffentlichen Gewalt internationaler Staatengemeinschaften, was auch immer unter solchen gemeint sein soll.

Die hier zu betrachtende Spannung entsteht nicht durch das Aufeinandertreffen von heterogenen Herrschaftsakten deutscher staatlicher und nichtdeutscher außerstaatlicher Gewalt. Sie besteht vielmehr zwischen der im Grundgesetz niedergelegten deutschen Verfassung als der Gesamtnormierung der spezifischen materiellen, strukturellen und funktionellen Grundentscheidungen der Bundesrepublik und den punktuellen Eingriffsakten einer öffentlichen Gewalt, die nicht, — oder doch nicht unmittelbar, — von diesem Staat, sondern von einer internationalen Staatengemeinschaft herrührt. Es handelt sich also um die Spannung zwischen einem traditionell als geschlossen und lückenlos anerkannten Gesamtsystem politischer Ordnung und sachlich beschränkten Einzelakten einer heterogenen Hoheitsmacht.

2. Da das Grundgesetz als Normierung der innerstaatlich-verfassungsrechtlichen Beziehungen nur für den territorialen Bereich der Bundesrepublik unmittelbare Rechtswirkungen ausübt, kann die hier zum Problem erhobene Kollision mit der öffentlichen Gewalt internationaler Staatengemeinschaften nur im Geltungsbereich des Grundgesetzes, also in der Bundesrepublik Deutschland, auftreten.

3. Das Thema wirft damit eine Reihe von Fragen auf, die an den traditionellen Grundfesten der Staatsrechtslehre zu rütteln scheinen:

a) Es setzt die Möglichkeit der Ausübung einer öffentlichen Gewalt im Bundesgebiet voraus, die nicht der deutschen Staatsgewalt entspringt. Damit stellt es den Grundsatz der Geschlossenheit und Ausschließlichkeit der Staatsgewalt in Frage.

b) Es erkennt eine die Grenzen der beteiligten Einzelstaaten durchdringende „transnationale" Direktwirkung. einer hoheitlichen Gemeinschaftsgewalt an, ohne dieser Gemeinschaft den Charakter eines echten Bundesstaates zuzubilligen. Damit wirft es einmal das im 19. Jahrhundert so bitter umkämpfte Problem des Bundesstaates und seiner Abgrenzung gegenüber anderen Staatenverbindungen erneut auf. Zum anderen muß es sich bemühen, eine Rechtsmasse systematisch einzuordnen, die weder dem Völkerrecht noch dem innerstaatlichen Recht entspricht, da sie aus völkerrechtlicher Quelle stammt, zum Adressaten aber nicht die Staaten, sondern die Individuen hat, wie das Landesrecht. Damit scheint es, statt den so oft erstrebten Einheitsbezug zwischen Landesrecht und Völkerrecht herzustellen, noch ein „drittes Recht" zwischen ihnen aufzuzeigen.

c) Es verlangt eine Untersuchung der rechtlichen Ausstattung desjenigen Raumes, den der Staat für solche Akte heterogener öffentlicher Gewalt freigibt. Damit wirft es die Frage auf, ob Abstufungen in der Rechtsstaatlichkeit der verschiedenen Personen- und Sachbereiche des deutschen Staates möglich sind.

d) Es verlangt weiter eine Stellungnahme zu der Frage, ob zwischen den strukturellen und materiellen Grund- und Wertentscheidungen der deutschen Verfassung und jener internationalen Systeme, deren Herrschaftsakte im deutschen Territorium zugelassen werden, wenn nicht eine Gleichheit, so doch eine Homogenität bestehen muß. Damit zwingt es zu einer Aussage über die substanzhaften Beziehungen zwischen dem deutschen Staat und der internationalen Gemeinschaft.

e) Es führt endlich zu dem Problem, ob das Grundgesetz es zuläßt, daß den Staatsbürgern, die die Bundesrepublik den Akten öffentlicher Gewalt internationaler Gemeinschaften preisgegeben hat, ein Rechtsschutz durch die eigene Justiz versagt wird, wenn diese Akte entweder nach den Normen der Gemeinschaft oder aber nach den Grundentscheidungen des deutschen Verfassungsrechts widerrechtlich sind. Damit ist der Grundsatz der Gleichmäßigkeit und Lückenlosigkeit des materiellrechtlichen und verfahrensrechtlichen Individualrechtsschutzes, den das Grundgesetz so betont aufgestellt hat, in diesem Bereich in Frage gestellt.

4. Die eben genannten Probleme sind so eng miteinander verklammert, daß eine Aufteilung weder sachdienlich noch auch nur möglich erschien. Bericht und Mitbericht müssen daher die Freiheit erbitten, sich — wenn auch mit verschiedener Auswahl und Abgrenzung der Einzelfragen — jeweils grundsätzlich mit dem gesamten Thema zu befassen.

## II.

Die das Thema bestimmenden Begriffe: „öffentliche Gewalt" und „internationale Staatengemeinschaften" bedürfen vorab einer Präzisierung, die allerdings hier auf jene Komponenten beschränkt werden kann, die für ihr gegenseitiges Spannungsverhältnis wesentlich sind.

1. Da es das deutsche Grundgesetz ist, dessen Stellungnahme zu international legitimierter „öffentlicher Gewalt" Gegenstand des Themas ist, gilt es die Bedeutung zu ergründen, die das Grundgesetz und das deutsche Verfassungsrecht im weiteren Sinne dem Begriff der öffentlichen Gewalt beigemessen haben.

Aus Art. 19 IV GG und der Vorschrift des § 90 I BVGG ergibt sich, daß unter öffentlicher Gewalt nicht eine allgemeine Herrschaftszuständigkeit oder -befugnis verstanden wird, sondern die aktive Betätigung im Rahmen einer Herrschaftszuständigkeit, ein tatsächliches obrigkeitliches Handeln, das sich auf die Eigensphäre von Rechtsunterworfenen auswirkt[1]).

Die öffentliche Gewalt erscheint hier personifiziert, aber es handelt sich nicht um die Organe, die öffentliche Gewalt ausüben, sondern um die Wirkungsakte, die von diesen Organen vorgenommen werden[2]).

Durch das aktive Tätigkeitselement unterscheidet sich der Begriff der öffentlichen Gewalt deutlich von dem der „Hoheitsrechte, wie sie in Art. 24 I GG gemeint sind; denn

---

[1]) Friesenhahn, Der Rechtsschutz im öffentlichen Recht nach dem Bonner Grundgesetz, DV 1949, S. 478 ff., 481; Hesse, Der Rechtsschutz durch staatliche Gerichte im kirchlichen Bereich, 1956, S. 89; v. Mangoldt-Klein, Das Bonner Grundgesetz, 2. Aufl., 1957, Art. 19, Anm. VII, 2; Maunz-Dürig, Grundgesetz, 1959, Art. 19 Abs. 4, Rdnr. 17 ff.; Geiger, Das Bundesverfassungsgerichtsgesetz, 1950, § 90 Anm. 3.

[2]) So gegen Klein, Tragweite der Generalklausel im Art. 19 Abs. 4 des Bonner Grundgesetzes, VVDStRL Heft 8, S. 67 ff., 104, insbesondere Jellinek, daselbst S. 160.

diese Hoheitsrechte sind Herrschaftspotenzen, Machtzuständigkeiten, die sich zur öffentlichen Gewalt erst aktualisieren, wenn sie von einem Organ bestätigt werden[3]).

Der umfassende Begriff der öffentlichen Gewalt im Sinne unseres Verfassungsrechtes läßt sich nicht allein aus Art. 19 IV GG entnehmen; denn wenn es auch zweifelhaft ist, ob diese Vorschrift allein den Rechtsschutz gegen Akte der vollziehenden Gewalt bezweckt, so wird man doch der herrschenden Ansicht zustimmen müssen, die in dieser Funktion die Hauptbedeutung der Bestimmung sieht[4]). Für unsere Betrachtung ist es wichtiger, daß § 90 I BVGG unter öffentlicher Gewalt außer den Eingriffen der hoheitlichen Verwaltung auch die der Gesetzgebung und der Rechtsprechung zusammenfaßt und gegen sie in gleicher Weise den Rechtsschutz durch das Bundesverfassungsgericht gewährt. Wenn hier einheitlich alle nur möglichen die Eigensphäre des Betroffenen beschränkenden obrigkeitlichen Einwirkungen unter dem Gesamtbegriff der öffentlichen Gewalt in einer Vorschrift zusammengefaßt werden, die den umfassendsten Ausdruck der Rechtsstaatlichkeit darstellt, erscheint es unstatthaft, für die vorliegende Betrachtung Begriffsbeschränkungen einzuführen.

Es soll daher hier unter öffentlicher Gewalt jede die Eigensphäre des betroffenen Rechtssubjekts beschränkende obrigkeitliche Einwirkung durch Vollziehung, Rechtsprechung und Rechtsetzung verstanden werden[5]).

Öffentliche Gewalt in diesem spezifischen Sinne richtet sich regelmäßig an rechtsunterworfene Individuen. Bei einem geschichteten Staatsaufbau mit untergeordneten Länder- und Selbstverwaltungseinrichtungen kann es auch hoheitliche Einwirkungen der übergeordneten Einheiten zumal durch Gesetzgebung und Aufsichtszwang geben, die die Rechtssphäre der untergeordneten hoheitlichen Teilkorporationen berühren, wie der Rechtsschutz zugunsten der Länder und Gemeinden im deutschen Verfassungsrecht beweist (Art. 93 I Ziff. 2—4 GG, § 91 BVGG). Es ist verwirrend,

---

[3]) Vgl. hierzu Mosler, Die Auswärtige Gewalt im Verfassungssystem der Bundesrepublik Deutschland. Festschrift für Bilfinger, 1954, S. 243 ff., 247; K. H. Klein, Die Übertragung von Hoheitsrechten, 1952, S. 19.

[4]) Maunz-Dürig, a. a. O., Art. 19 Rdnr. 17 ff.; v. Mangoldt-Klein, a. a. O., Art. 19 Anm. VII 2 b—d.

[5]) Bettermann, Der Schutz der Grundrechte in der ordentlichen Gerichtsbarkeit, in: Bettermann-Nipperdey-Scheuner, Die Grundrechte, III 2, 1959, S. 788 ff.; Maunz-Dürig, a. a. O., Art. 19/IV Rdnr. 17 ff.; Hesse, a. a. O., S. 85 ff.

wenn man auch hier von „öffentlicher Gewalt“ spricht, da es sich hier um obrigkeitsinterne Vorgänge der Bundesgewalt handelt, die ihren spezifischen Charakter nicht durch die Spannung zwischen öffentlicher Ordnung und privater Freiheit erhalten. Jedenfalls sollen entsprechende Gewaltverhältnisse, die zwischen internationalen Staatengemeinschaften und der Bundesrepublik bestehen könnten, in diesem Bericht nicht mit abgehandelt werden, zumal sie nicht durch das hier thematisch angesprochene Grundgesetz, sondern durch das Organisationsrecht der internationalen Gemeinschaft geregelt würden. Mein Bericht behandelt mithin bewußt nur die öffentliche Gewalt, die von internationalen Gemeinschaften gegenüber den dem Grundgesetz unterstehenden Individuen ausgeübt werden kann.

2. Der allgemeine rechtstheoretische Begriff „öffentliche Gewalt“ beschränkt sich nicht auf die „staatliche Gewalt“. Das ergibt sich nicht nur aus der abweichenden Benutzung dieses letzterwähnten Ausdruckes in Art. 1/I GG, sondern, — wie insbesondere schon 1949 von Friesenhahn betont und später von Hesse eingehend nachgewiesen wurde —, aus der gefestigten Rechtspraxis zu dem Begriff des „Öffentlichen“, wie sie sich schon unter der Weimarer Verfassung bei der Auseinandersetzung über die Bedeutung der „öffentlichen Gewalt“ im Sinne der Staatshaftung gemäß Art. 131 WRV und entsprechend heute zur Frage des „öffentlichen Amtes“ gemäß Art. 34 GG gebildet hat[6]).

So kann es heute als gesichert gelten, daß auch die Kirche dort öffentliche Gewalt im Sinne des Grundgesetzes ausübt, wo sie außerhalb des internen kirchlichen Rechtsbereiches Herrschaftsakte setzt, so etwa im Gebiet des Kirchensteuerrechtes und des Friedhofrechtes[7]).

Sieht man von der notwendig eingeschränkten Bedeutung ab, die der Begriff der öffentlichen Gewalt in Art. 19 IV und 34 GG und § 90 BVGG durch die Verklammerung mit dem Institut des staatlichen Rechtsschutzes und der staatlichen Amtshaftung erhalten hat, so steht systematisch und rechtslogisch nichts im Wege, alle obrigkeitlichen Eingriffsakte auch nichtstaatlicher publizistischer Hoheits-

---

[6]) Friesenhahn, aaO. S. 481; Hesse, aaO. S. 87 f.

[7]) Hesse, aaO. S. 89; Maunz-Dürig, aaO. Art. 19 Abs. 4 Anm. 20; Thieme, Die Zuständigkeit staatlicher Gerichte zur Entscheidung von Streitigkeiten zwischen den Kirchen und ihren Mitgliedern. AöR 80, S. 423 ff., 426. — Vgl. auch BGH, Urteil v. 17. 12. 1956, NJW 1957, S. 542; OVG Lüneburg, Urteil v. 13. 9. 1955, DVBl. 1956, S. 63.

einheiten auf deutschem Staatsgebiet als Akte öffentlicher Gewalt anzusprechen. Damit ist natürlich nichts darüber ausgesagt, ob der staatliche Rechts- und Haftungsschutz auch gegen sie gewährt werden muß und kann. Begrifflich kann öffentliche Gewalt auf dem deutschen Staatsterritorium ausgeübt werden, die nicht unmittelbar oder mittelbar dem deutschen Staat zuzurechnen ist. Ein Blick in die jüngste deutsche Geschichte seit dem 2. Weltkrieg zeigt, daß ein Jahrzehnt lang von den Besatzungsmächten Akte öffentlicher Gewalt auf dem deutschen Territorium vorgenommen worden sind, die sich teils auf die völkerrechtliche Okkupationsgewalt, teils auch auf die Staatsgewalt der besetzenden Staaten stützten. In der Völkerrechtsgeschichte läßt sich ferner eine Fülle von Beispielen verfolgen, in denen ein Staat unter grundsätzlicher Aufrechterhaltung seiner Souveränität einem anderen Staate das Recht zur Ausübung öffentlicher Gewalt in Teilen seines Territoriums gestattet hat, wie es etwa hinsichtlich der Panama-Kanal-Zone durch den Staat Panama zugunsten der Vereinigten Staaten geschah und auch im europäischen Bereich zumal in Exklaven, — etwa im Kleinen Walsertal —, vielerorts üblich ist[8]).

3. Wir sind unserem Thema sehr nahegekommen, wenn wir einen Schritt weitergehen und feststellen, daß nicht nur Einzelstaaten, sondern auch Staatengemeinschaften auf fremdem Staatsgebiet gemeinsam öffentliche Gewalt aufgrund verschiedenster Rechtstitel ausgeübt haben, wobei es in diesem Zusamenhang gleichgültig ist, ob dieses aufgrund erzwungener Anerkennung oder freiwilliger Einräumung geschah. Das schon erwähnte Beispiel der deutschen Besetzung zumal in der Zeit von 1945 bis 1948 in der eigentlichen Kontrollratsperiode zeigt ein solches Coimperium der Gemeinschaft der vier Alliierten Großmächte auf fremdem Staatsgebiet. Ein anderes Beispiel ist die Regierung des unter deutscher Souveränität verbleibenden Saargebietes nach dem 1. Weltkrieg gemäß Art. 49 des Versailler Vertrages durch einen „den Völkerbund vertretenden Ausschuß" (§ 16 der Anlage zu Abschnitt IV des Versailler Vertrages)[9]).

---

[8]) Verdross, Völkerrecht, 4. Auflage, 1959, S. 202 ff.; v. Schmoller-Maier-Tobler, Handbuch des Besatzungsrechts, 1957, § 24 a, S. 12 ff., §§ 25 ff., § 27, S. 46 ff.; Kaufmann, Gutachten in: Der Kampf um den Wehrbeitrag, II, S. 49 f.

[9]) Hirsch, Die Saar in Versailles, Rheinisches Archiv, Heft 42, S. 48 ff.; Biesel, Die völkerrechtliche Stellung des Saargebiets, Diss. Frankfurt, 1929, S. 43 ff.; Walz, Völkerbund und Saarstatut, in: Völkerbund und Völkerrecht, 1, S. 25; Goergen, Das Saarexperiment des Völkerbundes, 1934, S. 10.

Für diese auf kriegerischen Vorereignissen basierenden Regelungen ist es typisch, daß die öffentliche Gewalt der Staatengemeinschaft auf einem Staatsgebiet ausgeübt wurde, das zu keinem der Territorien der in der Staatengemeinschaft vereinten herrschenden Mächte gehörte. Im Falle des Saargebiets änderte sich diese Lage nur vorübergehend durch die Mitgliedschaft Deutschlands im Völkerbund. Anders gelagert sind die Fälle, in denen Herrschaftsakte solcher Staatengemeinschaften in dem Gebiet eines Mitgliedstaates gesetzt werden. Das immer wieder vorgebrachte Beispiel der Europäischen Donaukommission[10]) in der Zeit zwischen 1856 und 1938 braucht hier nur angerührt zu werden, um das Modell deutlich zu machen. Die Europäische Donaukommission hatte für die Sicherung und Verbesserung der Flußschiffahrt und der Hafenverhältnisse weitgehende Gesetzgebungs-, Verwaltungs- und Rechtsprechungsbefugnisse und wurde daher, — obgleich sie eine Territorialgewalt nicht ausübte —, als ein „Flußstaat" bezeichnet. Heute üben zahlreiche internationale Gerichte auf deutschem Boden öffentliche Gewalt aus, die nicht der Bundesrepublik zuzurechnen ist, so insbesondere die verschiedenen durch das Londoner Schuldenabkommen vom 27. 2. 1953 und die Pariser Verträge vom 23. 10. 1954 geschaffenen Spruchstellen[11]). In der Montanunion, der Europäischen Atomgemeinschaft und der Europäischen Wirtschaftsgemeinschaft ist dieser Gedanke der Ausübung öffentlicher Gewalt durch internationale Gemeinschaften zur Grundlage umfassender internationaler Vertrags- und Verfassungswerke gemacht worden, deren dogmatische Bewältigung die Staats- und Völkerrechtslehre in vielen Beziehungen in Verlegenheit setzt.

## III.

Der zweite im Thema erscheinende Begriff, nämlich der der „internationalen Staatengemeinschaften", verlangt noch gebieterischer nach einer Präzisierung.

1. In der weithin unbefriedigenden Theorie der Staatenverbindungen schien lange Zeit hindurch nur jene Eintei-

---

[10]) Mosler, Der Vertrag über die Europäische Gemeinschaft für Kohle und Stahl, ZaöRV 14 (1951/52), S. 36; Erler, Grundprobleme des Internationalen Wirtschaftsrechts, 1956, S. 25, mit Literaturnachweisen; Kaufmann, aaO. S. 49; Wegener, Probleme der völkerrechtlichen Ordnung der internationalen Binnenschiffahrt, Diss. Göttingen, 1939 S. 25 ff., 42 ff.; K. H. Klein, aaO., S. 31; Münch, Internationale Organisationen mit Hoheitsrechten, in: Festschrift für Wehberg, 1956, S. 302.

[11]) Vgl. Golsong, Das Rechtsschutzsystem der Europäischen Menschenrechtskonvention, 1958, S. 62.

lung in völkerrechtliche und staatsrechtliche Staatenverbindungen gesichert, als deren vornehmstes Gegensatzpaar der Staatenbund und der Bundesstaat auftraten. Während sich die amerikanische, schweizerische und deutsche Literatur des 19. Jahrhunderts aus den spezifischen politischen Problemen ihrer Staaten heraus leidenschaftlich mit den internen Strukturproblemen der Bundesstaaten beschäftigte[12]), wandte sich ein systematisches Interesse der sich schnell vermehrenden Mannigfaltigkeit völkerrechtlicher Staatenzusammenschlüsse erst spät zu. Zu gleicher Zeit schien die monistische Völkerrechtslehre bereit, die Unterschiede zwischen staatsrechtlich und völkerrechtlich organisierten Staatengemeinschaften vollends zu verwischen[13]).

Wenn das mir gestellte Thema allgemein von Staatengemeinschaften spräche, so wäre daher irgendeine Präzisierung und Limitierung in dem großen Kreise der möglichen Staatenverbindungen nicht erreicht.

Tatsächlich ist aber von „internationalen" Staatengemeinschaften die Rede. Damit scheint zum Ausdruck gebracht zu sein, daß solche Gemeinschaften, die den Integrationsgrad eines Gesamtstaates im Sinne eines Bundesstaates erreicht haben, aus der Fragestellung ausgeschlossen sind. Denn wenn der völkerrechtliche Vertrag, der auf die Schaffung eines Bundesstaats durch die Vertragschließenden gerichtet ist, dazu geführt hat, daß — durch einen metajuristisch-soziologischen Schöpfungsakt — aus der Obligation eine Organisation neuer staatlicher Gesamtgewalt entsteht, ist die völkerrechtliche Verpflichtung durch Erfüllung erloschen und an ihre Stelle ein neuer staatsrechtlicher Hoheitsträger getreten.

Ist mithin die Bundesrepublik ihrerseits Teil einer umfassenderen bundesstaatlichen Organisation geworden, so würde ihre Beziehung zu diesem bündischen Gesamtstaat von der uns vorliegenden Fragestellung nicht mehr getroffen werden[14]).

Umgekehrt müssen nach der Themenstellung aus der Betrachtung aber auch alle diejenigen internationalen Staaten-

---

[12]) Calhoun, A Discourse on the Constitution and Government of the United States, in: The Works of John C. Calhoun, vol. I, 1854, S. 111 ff.; v. Seydel, Der Bundesstaatsbegriff, 1872, S. 15 ff.; Rüttimann, Das nordamerikanische Bundesstaatsrecht, 1867, S. 62 ff.; Waitz, Das Wesen des Bundesstaates, in: Allg. Monatsschrift für Wissenschaft und Literatur, 1873, S. 494 ff.; G. Jellinek, Allgemeine Staatslehre, 3. Aufl., 2. Neudruck, 1920, S. 769 ff.; C. Schmitt, Verfassungslehre, 1928, S. 373 ff.

[13]) Jaenicke, Bundesstaat oder Staatenbund, Festschrift für Bilfinger, 1954, S. 71 ff.

[14]) Mosler, Der Vertrag über die Europäische Gemeinschaft für Kohle und Stahl, ZaöRV 14 (1951/52), S. 1 ff., 38.

gemeinschaften ausscheiden, die nicht „öffentliche Gewalt" im Bundesgebiet auszuüben vermögen. Das Problem spitzt sich also auf die Frage zu, ob und in welchen Grenzen von Staatengemeinschaften, die nicht zu der Organisationsfestigkeit eines Bundesstaates vorgedrungen sind, Akte öffentlicher Gewalt in dem Mitgliedstaat Bundesrepublik Deutschland in Übereinstimmung mit dessen Grundgesetz vorgenommen werden können.

2. Diese verengte Fragestellung und die mir gesetzte Zeitbeschränkung müssen die Darstellung auf die modellhaften drei europäischen Gemeinschaften konzentrieren, die durchweg als „supranational" bezeichnet werden, die Montanunion (MU), die Europäische Wirtschaftsgemeinschaft (EWG) und die Europäische Atomgemeinschaft (EAG), wenngleich der Kreis der für das Thema interessanten Staatengemeinschaften mit ihnen keineswegs geschlossen ist[15]).

Ihre Bezeichnung als „supranational" zwingt im Sinne der Themenstellung zu der Frage, ob sie zu den hier zu behandelnden „internationalen", d.h. durch das Völkerrecht konstituierten, Gemeinschaften gehören oder ob ihre Supranationalität sie in das Gebiet der staatsrechtlich strukturierten Gemeinschaften, d.h. der Bundesstaaten, verweist. Ich möchte zu dieser Frage nur kurz Stellung nehmen, zumal die Deutsche Gesellschaft für Völkerrecht sie auf ihrer Tagung 1957 an Hand von zwei Berichten von Münch und Steindorff zu einem wesentlichen Gegenstand ihrer Verhandlung gemacht hat[16]).

Vielleicht genügt es, wenn ich meine Ansicht in Form einiger weniger Sätze präzisiere:

a) Das Wort „supranational" deutet, — wenn es einen juristisch greifbaren Sinn haben soll, — auf eine Abstufung zweier Organisations- und Rechtskreise hin, bei der die supranationale Gemeinschaft und das supranationale Recht gegenüber der nationalen staatlichen Gemeinschaft und ihrem Recht eine höhere Stufe bezieht. Allerdings kann der Begriff „supranational" nicht als eine authentische Interpretation des Charakters der genannten Gemeinschaften gewertet werden, denn er findet sich im Montanvertrag nur an versteckter

---

15) Vgl. Mosler, Internationale Organisation und Staatsverfassung, in: Festschrift für Wehberg, 1956, S. 283 ff.

16) Berichte der Deutschen Gesellschaft für Völkerrecht, Heft 2, 1958, S. 73 ff.

Stelle[17]), in den Verträgen über die Europäische Wirtschaftsgemeinschaft und die Europäische Atomgemeinschaft überhaupt nicht, während die Entwürfe des Vertrages der Europäischen Verteidigungsgemeinschaft und der Europäischen Politischen Gemeinschaft, in denen er in den ersten Artikeln mit Betonung gebraucht wurde, an der Ablehnung der beteiligten Staaten scheiterten[18]).

Auch in der Literatur ist eine deutliche Ernüchterung und Zurückhaltung gegenüber dem Begriff des „Supranationalen" bemerkbar, wenn auch die systematische Klärung des Rechtscharakters der Gemeinschaften noch nicht zu einheitlichen Resultaten geführt hat.

b) Das Leitmodell einer supranationalen Gemeinschaft mit einer gestuften Hierarchie von Macht und Rechten bietet der Bundesstaat. Der Vorrang seiner Rechtsordnung gegenüber der der Einzelstaaten zeigt sich in zweifacher Hinsicht: einmal in der Befugnis der Bundesgewalt, die Landesgewalten zur Erfüllung ihrer Pflichten zu zwingen (Bundeszwang, vgl. Art. 37 GG), zum anderen in der — außerhalb der allgemeinen Zuständigkeitsverteilung — gegebenen Kraft des Bundesrechtes, das Landesrecht automatisch zu brechen (vgl. Art. 31 GG). Da die supranationalen Gemeinschaften und ihr Recht mit ähnlichen Qualitäten ausgestattet zu sein scheinen, lag der Gedanke nahe, den bundesstaatlichen Charakter dieser Gemeinschaften zu unterstreichen[19]). Auch hier ist eine Ernüchterung eingetreten. Ge-

---

17) Art. 9 Abs. 5 Satz 3 und Abs. 5 MUV.

18) Mosler, aaO., S. 36 ff.; Münch, Die Abgrenzung des Rechtsbereiches der supranationalen Gemeinschaft gegenüber dem innerstaatlichen Recht, Berichte der DGVR, Heft 2, S. 75 ff.; Jaenicke, Der übernationale Charakter der Europäischen Wirtschaftsgemeinschaft, Festgabe für Makarov, ZaöRV 19 (1958), S. 153 ff.; Jaenicke, Die Sicherung des übernationalen Charakters der Organe internationaler Organisationen, ZaöRV 14 (1951/52), S. 46 ff.

19) Vgl. die amtl. Begründung der Bundesregierung zum Gesetzesentwurf über die Zustimmung zum MU-Vertrag, BT-Drucksache Nr. 2401/1951, S. 1, 4 ff.; Jaenicke, Bundesstaat oder Staatenbund, in: Festschrift für Bilfinger, 1954, S. 95, 105; Mosler, aaO., S. 1 ff.; Ago, Die internationalen Organisationen und ihre Funktionen im inneren Tätigkeitsgebiet der Staaten, in: Festschrift für Wehberg, 1956, S. 26 ff.; Münch, Internationale Organisationen mit Hoheitsrechten, in: Festschrift für Wehberg, S. 319 ff.; Schlochauer, Europäische Fragen von völkerrechtlicher Bedeutung, in: Archiv für Völkerrecht, 1951/52, S. 184 f.; Schlochauer, Zur Frage der Rechtsnatur der Europäischen Gemeinschaft für Kohle und Stahl, in: Festschrift für Wehberg, S. 371 f.; Wehberg, Entwicklungsstufen der internationalen Organisationen, in: Friedenswarte 1953/55, S. 204 ff.; Schlochauer, Von der

rade die Entwicklung, die von der Montanunion zur Europäischen Wirtschaftsgemeinschaft und Europäischen Atomgemeinschaft geführt hat, zeigt die Tendenz, die zunächst mit sehr selbständigen Rechten ausgestattete Zentralbehörde (Hohe Behörde) wieder stärker dem föderativen Element des Rates zu unterstellen, bei dem die Stimmen der Mitgliedstaaten ausschlaggebend sind.

Um die Berechtigung der Vokabel „supranational" im bundesstaatlichen Sinne der Höherstufung der Gemeinschaft und ihres Rechtes vor den Mitgliedstaaten und deren Recht zu ergründen, wird man prüfen müssen, ob und wieweit den sogenannten supranationalen Gemeinschaften die Fähigkeit zum Bundeszwang und zum „Brechen" entgegenstehenden mitgliedstaatlichen Rechtes gegeben ist.

c) Hier ergibt sich zunächst, daß der Bundeszwang in den sogenannten supranationalen Gemeinschaften nur ganz unvollkommen ausgebildet ist. Kommt ein Mitgliedstaat seiner in den Verträgen mehr oder weniger übereinstimmend normierten Verpflichtung nicht nach, „alle geeigneten Maßnahmen zur Erfüllung der Verpflichtungen, die sich aus diesem Vertrag oder aus Handlungen der Organe der Gemeinschaft ergeben", zu ergreifen[20]), so droht ihm nur der Montanvertrag gewisse wirtschaftliche Sanktionsmaßnahmen, der EWG-Vertrag die Gestattung von Vergeltungsmaßnahmen durch die übrigen Mitgliedsstaaten an; diese dürften einen entschlossenen Verletzerstaat nicht übermäßig schrecken. Der EWG- und Euratomvertrag sieht ferner in diesem Falle eine unverbindliche „Stellungnahme" der Kommission und bei ihrer Nichtbeachtung ein gerichtliches Verfahren gegen den Staat vor, ohne daß über die Durchsetzungsmöglichkeiten der Entscheidung etwas gesagt wäre[21]), sicherlich keine scharfe Waffe in der Hand der Gemeinschaft.

Der Schwerpunkt der Bindung liegt mithin trotz mancher Annäherung an bundesstaatliche Formen deutlich bei der Verpflichtung der Einzelstaaten und nicht bei der eigenständigen Bindungsgewalt und Entscheidungspräponderanz der Gemeinschaft. Es kann nicht zweifelhaft sein, daß den Einzelstaaten, — gleichgültig, ob die Gemeinschaft für 50 Jahre, wie die Montanunion, geschlossen ist oder für eine unbegrenzte Zeit, wie die übrigen Gemeinschaften, — die prak-

---

Association zur Integration Europas, in: Friedenswarte 1953/55, S. 4 ff.

[20]) Art. 86 MUV, Art. 5 EWGV, Art. 192 EAGV.

[21]) Art. 88 MUV; Art. 91 Ziff. 1/II EWGV; Art. 169 EWGV, 141 EAGV.

tische Möglichkeit der vorzeitigen Sezession verblieben ist, ohne daß sie eine Bundesexekution durch die Gemeinschaft befürchten müßten. Diese im metajuristisch-historischen Bereich liegende Sezessionsmöglichkeit aber entscheidet letztlich darüber, ob die Mitgliedsstaaten noch im Vollbesitz ihrer Staatsgewalt sind. Denn diese Staatsgewalt kann nicht als ein Bündel von Hoheitsrechten, von regalia maiora im spätmittelalterlichen Sinne, angesehen werden, sondern nur als die unteilbare[22]) inhaltslose herrschaftliche Kompetenz-Kompetenz eines Staates, in der atypischen, völkerrechtlich nicht subsumierbaren vitalen Grenzsituation selbst zu entscheiden, welchen Lebensbereich seines Territoriums und seiner Bewohner er aus Gründen der Selbsterhaltung in eigene Regie zu nehmen verpflichtet ist[23]).

Den sogenannten supranationalen Gemeinschaften fehlt es an jener politischen Eigenexistenz, die sich mit interventionistischer Zwangsgewalt gegenüber den oppositionellen Wünschen der Mitgliedsstaaten im Ernstfall der Grenzsituation durchzusetzen vermag. Sie sind echter politischer Grundentscheidungen nicht fähig, sondern müssen sich darauf beschränken, solche rezeptiv von ihren Mitgliedsstaaten entgegenzunehmen. Diese haben im Montanvertrag zum Ausgleich für die Schaffung einer relativ eigenständigen Zentralbehörde (Hohe Behörde) dafür gesorgt, daß diese Grundentscheidungen im Vertrag selbst mit kasuistischer Sorgfalt festgelegt wurden, während sie in den beiden übrigen Verträgen, in denen eine solche Festlegung angesichts der Ungewißheit wirtschaftlicher Entwicklungsfaktoren nicht möglich war, sichergestellt haben, daß die Grundentscheidungen in dem von ihnen beherrschten Rat und nicht in der von ihnen stärker detachierten Zentralinstanz fallen.

d) Auch das zweite Kriterium bundesstaatlicher Struktur, nämlich die Kraft des Gemeinschaftsrechtes, im Sinne des Satzes: „Bundesrecht bricht Landesrecht" das Recht der Mitgliedsstaaten im Falle einer echten Kollision automatisch zu „brechen", ist bei den genannten Gemeinschaften nicht festzustellen.

---

22) Vgl. Gutachten Kaufmann, Scheuner und Stellungnahme der Bundesregierung im Kampf um den Wehrbeitrag, II, S. 55, 139, 9; K. H. Klein, aaO., S. 14 ff.

23) Erler, Staatssouveränität und internationale Wirtschaftsverflechtung, Berichte der DGVR, Heft 1, 1957, S. 38 ff.; Erler, Völkerrechtliche Forschung, 1955, S. 31 ff., 38 ff.; C. Schmitt, Politische Theologie, 1922, S. 12 ff.; C. Schmitt, Verfassungslehre, S. 366 ff.

Klein hat bei der Kommentierung des Art. 31 GG mit Recht dargetan, daß es sich um ein „Brechen“ logisch nicht handeln kann, wenn aufgrund einer verfassungsmäßigen Zuständigkeitsverteilung die nunmehr alleinkompetente Bundesgewalt mit leges posteriores das frühere Landesrecht derogativ ersetzt. Hier ist die gleiche Rechtsstufe lediglich zuständigkeitsmäßig verteilt[24]). Wo und soweit den Gemeinschaften also durch die Statuten unmittelbare Zuständigkeiten für die Ausübung öffentlicher Gewalt begründet worden sind, sind diese Zuständigkeiten durch das Transformationsgesetz Teil des einfachen deutschen Rechtes geworden. Sie geben den Gemeinschaften damit die Möglichkeit, auf einheitlicher Rechtsebene die ihnen überlassenen Räume unter derogativer Verdrängung des bisherigen Rechtes auszufüllen. Für eine echte „Kollision“ oder „Brechung“ ist bei einer solchen Kompetenzverteilung kein Raum.

Aber selbst soweit das Gemeinschaftsrecht nach Entstehungsprozeß, Wirkung und Inhalt von formellen und materiellen Bestimmungen der deutschen Verfassung abweicht, „bricht“ es diese nicht. Die Kraft, durch die das satzungsgemäße Gemeinschaftsrecht in diesem Falle gilt, kommt ihm nicht aus einer höhergestuften supranationalen Gemeinschaftssphäre zu, sondern aus der Entscheidung des Art. 24 GG. Denn diese gestattete vorweg als verfassungsmäßig rechtens eine Durchbrechung des deutschen Verfassungsbildes durch den Austausch deutscher öffentlicher Gewalt gegen solche materiell und formell anders strukturierter internationaler Einrichtungen. Da diese Möglichkeit also bereits durch die Verfassung selbst geschaffen wird, ist weder ihre Ausnutzung eine Verfassungsdurchbrechung im technischen Sinne noch hat das dazu erlassene Gesetz einen Verfassungsrang[25]). Das letztere bedeutet insbesondere, daß innerstaatliche Rechtsakte, die der Gemeinschaftsordnung widersprechen, keineswegs nichtig, sondern nur vertragswidrig sind[26]). Die hier vorgetragene Anschauung entspricht der Erkenntnis, daß kein Staat aus der einheitlichen und inhaltlich weder erschöpfend beschreibbaren noch aufspaltbaren Potenz seiner Staatsgewalt Teilbereiche mit absoluter Wirkung entlassen kann, während er durchaus in der Lage ist, anderen hoheitlichen Einheiten die Ausübung öffentlicher Gewalt auf einem sachlichen Teilbereich seiner

24) v. Mangoldt-Klein, aaO., Art. 31 Anm. III.

25) Zum Rang des transformierten Völkervertragsrechtes vgl. Maunz-Dürig, aaO., Art. 1/II, Rdnr. 59 f.; v. Mangoldt-Klein, aaO., Art. 25 Anm. III b; Golsong, aaO., S. 11 f.

26) Vgl. auch die Gutachten im Kampf um den Wehrbeitrag:

Staatssphäre zu gestatten mit der Verpflichtung, sich einer entsprechenden eigenen Ausübung zu enthalten. Sie entspricht ferner auch der Fassung der Gemeinschaftsstatuten, die bei einem vertragswidrigen Verhalten der Mitgliedsstaaten nicht von einer Nichtigkeit der staatlichen Maßnahme sprechen, sondern nur von der Verpflichtung des Staates, sie in Einklang mit den Entscheidungen und Empfehlungen der Gemeinschaft zu bringen[27]).

Die Einsicht in diese Zusammenhänge wird dadurch erschwert, daß die europäischen Staaten nach dem 2. Weltkriege ihre Bereitschaft zur internationalen Zusammenarbeit vielfach in ihren Verfassungen mit großem Pathos, aber einem in der staatsrechtlichen Literatur oft beklagten[28]) Mangel an juristischer Schärfe versichert haben. Während die Bundesrepublik in Art. 24 I GG eine erstaunlich einfache Möglichkeit zur „Übertragung" von Hoheitsrechten an „internationale Einrichtungen" gab, erklärten Frankreich in der Präambel seiner Verfassung von 1946 (Abs. 15) und Italien in Art. 11 feiner Verfassung von 1947 ihre Bereitschaft zu „Beschränkungen ihrer Souveranität" zugunsten internationaler Organisationen, und die Niederlande und Dänemark folgten mit ähnlichen Vorschriften in ihren Verfassungsnovellen von 1953[29]).

Es ist nicht uninteressant, daß die neue französische Verfassung von 1958 eine entsprechende Bestimmung nicht mehr enthält.

Die mir gesetzten zeitlichen Grenzen versagen mir die Möglichkeit, mich an der Diskussion zu beteiligen, die insbesondere in den Gutachten zum Streit über den deutschen Wehrbeitrag über den Sinn dieser „Übertragung" oder „Souveränitätsverminderung" entbrannt ist[30]).

Um vieles, das damals im Streit war, geht es bei dem mir anvertrauten Thema nicht. Manche Streitpunkte scheinen auch

---

27) Art. 86, 88 MUV; Art. 5, 171 EWGV; Art. 141, 143, 192 EAGV.

28) Vgl. auch das Gutachten im Kampf um den Wehrbeitrag: Kaufmann II, S. 496; Schätzel II, S. 631; Thoma II, S. 163; ferner v. Mangoldt-Klein, aaO., Art. 24, Anm. II 5 a.

29) Münch, Internationale Organisationen mit Hoheitsrechten, in: Festschrift für Wehberg, 1956, S. 303; vgl. ZaöRV 15 (1953/54), S. 164, 215.

30) Vgl. insbesondere die in der Veröffentlichung: Der Kampf um den Wehrbeitrag, 3 Bde. 1952 ff. gesammelten Äußerungen von Kaufmann (II S. 49), Scheuner (II S. 137); Klein (II S. 466), Smend (II S. 559); v. Mangoldt (II S. 75), Thoma (II S. 163) und Kraus (II S. 517). Der Gedanke einer „Abtretung von Souveränitätsrechten" findet sich schon in Art. VI der Wiener Schlußakte; vgl. etwa Maurenbrecher, Grundsätze des heutigen deutschen Staatsrechts, 1843, S. 511.

durch die inzwischen eingetretene Entwicklung überholt zu sein. Der im Überschwange der Europa-Begeisterung oder aus einer wortgetreuen Exegese der genannten Verfassungsbestimmungen von einigen Seiten vertretenen Anschauung, der moderne Staat verzichte[31]) nunmehr auf die in der Neuzeit gewonnene Geschlossenheit der einheitlichen Staatsgewalt, spalte sie im mittelalterlichen Sinne in ein Bündel verschiedener Hoheitsrechte auf und schicke sich an, das eine oder andere dieser Hoheitsrechte unter Beschränkung seiner Souveränität mit absoluter Wirkung an internationale Gemeinschaften weiterzugeben, vermag ich nicht zu folgen.

Die Staatsgewalt ist, — wie schon oben gesagt wurde, — eine nicht auf bestimmte Inhalte festgelegte, sondern als reine Potenz zu verstehende Kompetenz-Kompetenz, die im Laufe der Geschichte nach den jeweiligen Forderungen zeitgeistiger, ideologischer und realpolitischer Beweggründe in häufigem Wechsel Lebensgebiete an sich herangezogen und von sich abgestoßen hat. Geht man von dem Gedanken inhaltlich bestimmter Hoheitsrechte der Staatsgewalt aus, so ist es schwer verständlich, warum sich die Staaten zeitweise mit der hoheitlichen Regelung von Glaubensfragen befaßten und zu anderen Zeiten eine solche Kompetenz von sich wiesen, warum sie sich zeitweise zu tiefgreifenden wirtschaftlichen Regelungen berufen fühlten, zu anderen Zeiten aber diesen Gedanken verwarfen. Sicherlich ist die Staatsgewalt des liberalen Staates, der auf die Regelung von Glaubens- und Wirtschaftsfragen verzichtete, nicht weniger geschlossen gewesen als die des totalitären Staates, der nicht nur jene Bereiche, sondern viele andere zu dirigistischer Regelung an sich heranzog. Die Geschlossenheit der Staatsgewalt wird daher auch nicht dadurch berührt, daß ein Staat selbst in solchen Lebensbereichen, die er für regelungsbedürftig ansieht, für eine bestimmte oder unbestimmte Zeit auf eine eigenständige Regelung verzichtet und einer gemeinsamen Regelung durch eine internationale Gemeinschaft zustimmt. Im internationalen Straßen-, Eisenbahn- und Flugverkehr ist der Gedanke einer eigenständigen Regelung durch jeden einzelnen Staat längst so absurd geworden, daß der Staat sich in weitem Umfange einer Gemeinschaftsregelung praktisch gar nicht mehr entziehen kann, auch wenn er im einzelnen mit ihr dissentiert.

Es ist unmöglich, ein bestimmtes klar beschreibbares und abgrenzbares Hoheitsrecht, um dessen Übertragung es sich handeln sollte, sezierend aus der Gesamtstaatsgewalt herauszuschälen. Auch auf dem Montan-, Atom-, Zoll- und Wirt-

[31]) So Smend im Gutachten zum Wehrbeitrag II, S. 561.

schaftssektor haben die Beteiligten keineswegs auf einen irgendwie geschlossenen hoheitlichen Betätigungsbereich verzichtet, sondern lediglich auf bestimmte nach Gegenstand, Ziel und Mittel genau umrissene Einzelbefugnisse in diesem Bereich. Sie haben die Ausübung dieser Einzelbefugnisse auf ihrem Gebiet den Organen der Gemeinschaft eingeräumt und damit für diese aus völkerrechtlichem Titel mit konstituierender Wirkung eine gemeinschaftliche Hoheitsgewalt geschaffen. In den somit von den Einzelstaaten durch den Verzicht einer Eigenbetätigung freigegebenen Raum treten nunmehr die Rechtsakte der Gemeinschaft regelnd auf. Sie sind den bisherigen einzelstaatlichen Rechtsakten nicht überlegen, sondern gleichgeordnet, und konkurrieren mit ihnen nach den Derogativvorschriften allgemeiner Art, indem sie auf ihrem Gebiet als leges posteriores das frühere staatliche Recht verdrängen. Gegen die etwaigen Derogativwirkungen späteren staatlichen Rechts auf gleichem gegenständlichen Gebiet sind sie aber nur durch die in den Verträgen niedergelegte obligatorische Enthaltungspflicht der einzelnen Staaten gesichert, nicht aber durch einen Wegfall der Rechtsetzungsfähigkeit der Mitgliedsstaaten. Setzen diese entgegen ihrer Pflicht doch Recht in diesem Gebiete, so handeln sie zwar völkervertragswidrig, aber rechtswirksam für den innerstaatlichen Bereich[32]).

e) Die „Direktwirkung" der Akte der Gemeinschaften durch die Staatsgrenzen hindurch unmittelbar auf die Eigensphäre des Staatsangehörigen endlich sagt ebensowenig, wie bei dem Bundesstaat, etwas über eine Höherrangigkeit des Gemeinschaftsrechtes gegenüber dem mitgliedsstaatlichen Recht aus. Beide Rechtsmassen wirken sich auf gleicher Ebene, wenn auch in verschiedenen Zuständigkeitsräumen aus.

Sucht man nach einem geeigneten Adjektiv für diese Qualität des Gemeinschaftsrechtes, so würde dieses nicht „supranational", sondern nur „transnational" heißen können[33]).

Die Möglichkeit, generelles gemeines Recht oder spezielle einzelne Rechtsakte mit Direktwirkung in den Mitgliedstaaten der Gemeinschaft zu schaffen, ist zwar für den Bundesstaat typisch, auf ihn aber nicht beschränkt, wie das Beispiel der Europäischen Donaukommission zeigt. Die Anwendung dieses Verfahrens in internationalen Staatengemein-

---

[32]) Vgl. insbesondere Jerusalem, aaO., S. 71; von der Heydte, Berichte der DGVR, Heft 2 (1958), S. 128 ff.; Daig, daselbst, S. 125; Scheuner, aaO., II S. 137; Kaufmann, aaO., II S. 53 ff.; Smend, aaO., II S. 561.

[33]) Ich entnehme diesen Ausdruck dem Buche Jessup, Transnational Law, 1956.

schaften entspricht dem allgemein zu beobachtenden Bemühen des Völkerrechtes, sich bei dem Zuge seiner Gemeinschaftsformen vom Kontrakt zum Status, von der Obligation zur Organisation[34]) der im Statsrecht entwickelten wirkungsvollen Organisationsformen zu bedienen. Die Vergleichbarkeit beschränkt sich hier auf eine Technik der Durchsetzung des Gemeinschaftswillens, ohne etwas über die Ähnlichkeit der Rechtsqualität der Gemeinschaften auszusagen[35]).

f) Folgt man dieser Darlegung, so kommt man zu dem heute sich immer stärker durchsetzenden Ergebnis, daß die sogenannten „supranationalen" Gemeinschaften ihren Geltungsgrund im partikulären Völkerrecht und ihre Bindungskraft in der Vertragstreue der Mitgliedsstaaten finden, die ihnen gleichmäßig die Befugnis zur Ausübung einer durch Gesamtakt geschaffenen öffentlichen Gewalt in bestimmten sachlichen Teilgebieten gewähren. Sie sind also im Sinne des Themas „internationale Gemeinschaften". Das von ihnen gesetzte Recht steht nicht auf einer höheren Stufe als das der Mitgliedsstaaten. Es ist nicht „supranationales", sondern in seiner Wirkungsweise „transnationales" Recht.

g) Dieses „transnationale" Recht hat die Eigenart, daß es aus völkerrechtlicher Quelle stammt, nicht aber Beziehungen von Staat zu Staat regelt, sondern Beziehungen, wie sie üblicherweise zwischen einem Staat und seinen Staatsangehörigen bestehen. Seine Provenienz liegt im Völkerrecht, die von ihm zu regelnden Gegenstände gehören traditionell zum innerstaatlichen Recht. Es fällt demnach in jene Rechtsmasse, die nach dem Vorgang von Verdroß in seiner Haager Vorlesung 1929 als „Internes Staatengemeinschaftsrecht" bezeichnet wird[36]).

Es handelt sich hier nicht um eine neue Erscheinung, die erst zugleich mit den jüngsten internationalen Gemeinschaften sichtbar geworden wäre. Sie hat vielmehr in der internen Satzungsgewalt und dem internen Beamtenrecht der internationalen Gemeinschaften ihren Ursprung, ließ über diesen Kreis hinaus

---

[34]) Erler, Grundprobleme des internationalen Wirtschaftsrechts, 1956, S. 129; Schulz; Entwicklungsformen internationaler Gesetzgebung, Diss. Göttingen 1959, S. 36 ff.

[35]) Münch, Die Abgrenzung, aaO., S. 76; von der Heydte, aaO., S. 128; Mosler, Der Vertrag über die Europäische Gemeinschaft für Kohle und Stahl, ZaöRV 14 (1951/52), S. 44.

[36]) Verdross, Recueil des Cours, 30 (1929, V), S. 311; Verdross, Völkerrecht, 3. Aufl., S. 4; Erler, Grundprobleme des Internationalen Wirtschaftsrechts, S. 20 ff.; Münch, Die Abgrenzung, aaO., S. 76; von der Heydte, aaO., S. 128.

aber schon bei der Europäischen Donaukommission hoheitliche Eingriffe gesetzgeberischer, verwaltender und richterlicher Art gegenüber Individuen außerhalb des eigenen Behördenkreises zu, zog in der Saarherrschaft des Völkerbundes nach dem 1. Weltkrieg die Einwohner eines ganzen Territoriums in ihren Wirkungskreis und zeigt sich in den neuen westeuropäischen Gemeinschaften nunmehr in voller Deutlichkeit. Ob dabei ein echtes „drittes Recht“ zwischen Landesrecht und Völkerrecht in Erscheinung tritt, mag hier offenbleiben. Daß diese Rechtsmasse dem Landesrecht nicht nach Stufe und Wert überlegen, vielmehr im gleichen Range mit ihm austauschbar ist, war hier festzustellen.

Die echte Problematik dieses ‚transnationalen“ internen Staatengemeinschaftsrechtes liegt in der Tatsache, daß die in ihm verkörperte öffentliche Gewalt der Staatengemeinschaften sich den Bürgern der einzelnen Mitgliedsstaaten auf den sonst traditionell vom staatlichen Recht beherrschten Gebieten in denselben Formen und mit denselben einschränkenden Wirkungen entgegentritt wie das entsprechende Recht aus landesrechtlichem Geltungsgrund. Für den Bürger muß also die Frage entstehen, ob er den Schutz des Grundgesetzes auch gegenüber diesen aus völkerrechtlicher Quelle aber mit quasi landesrechtlicher Wirkung eingreifenden Äußerungen öffentlicher Gewalt genießt, oder ob er hier durch einen Preisgabeakt des Staates in einen Raum verstoßen worden ist, wo die Grundentscheidungen und Wertvorstellungen der deutschen Verfassung nicht gelten.

## IV.

1. Nach diesen nicht zu vermeidenden Voruntersuchungen bin ich zum Mittelpunkt meines Themas gelangt, nämlich zu dem Verhältnis der unmittelbaren Eingriffsakte öffentlicher Gewalt der internationalen Gemeinschaften zum Grundgesetz und seinen tragenden Vorstellungen und Vorschriften.

Es müssen hierbei zunächst die bereits durch die Transformation der Verträge selbst ins deutsche Recht überführten Einschränkungen individueller Handlungsfreiheit ausgeschaltet werden, nämlich die Auskunfts-, Anbietungs- und Zahlungspflichten und die Beschränkungen der Vertragsfreiheit, des Patentschutzes und anderer anerkannter Rechtspositionen. Hier ist die Einschränkung nicht durch Eingriffsakte der Organe der Gemeinschaften, — also durch ihre öffentliche Gewalt, — vorgenommen worden, sondern durch das Zustimmungsgesetz der deutschen Gesetzgebungsgremien zu den Gemeinschaftsverträgen.

Nicht unmittelbar vom Thema werden ferner diejenigen Eingriffe deutscher öffentlicher Gewalt betroffen, die aufgrund der Empfehlungen der Montangemeinschaft und der Richtlinien der Wirtschafts- und Atomgemeinschaft vorgenommen werden. Die öffentliche Gewalt der Gemeinschaften erschöpft sich hier in einem Akt, der nicht an Individuen, sondern an die Regierungen der beteiligten Staaten gerichtet ist und nicht den spezifischen Charakter eines Eingriffes „öffentlicher Gewalt" zeigt, wie Art. 19 IV GG und § 90 Abs. 1 BVGG ihn umreißen.

Danach verbleiben für unsere Untersuchung folgende Eingriffsakte der öffentlichen Gewalt internationaler Staatengemeinschaften:

a) Auf dem Gebiete der Legislative liegen die unmittelbar für die betroffenen Einzelnen wirksamen Gesetzgebungsakte, die im Sprachgebrauch der Montanunion als „Entscheidungen" allgemeiner Geltung (Art. 14, 15 MUV), in der Begriffswelt der beiden anderen Gemeinschaften als „Verordnungen" (Art. 189 EWGV, Art. 161 EAGV) erscheinen.

Zu diesen Gesetzgebungsakten im materiellen Sinne gehören auch die Preisfestsetzungen (Art. 61 MUV, Art. 68 II, 69 EAGV) und die „geeigneten Vorschriften", die der Rat der Atomgemeinschaft nach der Generalklausel des Art. 203 auch außerhalb der vertraglich eingeräumten Befugnisse auf Vorschlag der Kommission nach Anhörung der Versammlung einstimmig erlassen kann.

b) Auf dem Gebiete der Exekutive erscheinen die typischen Verwaltungseingriffe öffentlicher Gewalt, die die Gemeinschaften in Form der speziellen „Entscheidungen" in konkreten Einzelfällen (Art. 14 MUV, Art. 189 EWGV, Art. 161 EAGV) vornehmen, und zwar insbesondere im Bereich des Wettbewerbswesens, der Preisgestaltung, der Verteilungs-, Versorgungs- und Absatzregelung, der Sicherheitskontrolle und der Lohnfestsetzung, um nur die wichtigsten zu nennen. Zu diesen exekutiven Akten mit unmittelbarer Wirkung gehören auch die Verhängung von Geldbußen und Zwangsgeldern und die Durchführung von Zwangsmaßnahmen und Zwangsvollstreckungen.

c) Auf dem Gebiete der Justiz finden sich Eingriffsakte öffentlicher Gewalt in Gestalt der Urteile und einstweiligen

Anordnungen, die durch den Gemeinsamen Gerichtshof gegen die Rechtsunterworfenen ergehen können.

Alle diese Akte sind unmittelbar verbindlich, Lediglich bei der Vollstreckung von Zahlungstiteln und — im Euratom-Recht — auch anderen Zwangsmaßnahmen bedarf es einer Mitwirkung des betreffenden Mitgliedsstaates, der die Vollstreckungsklausel für die von seinen Organen durchzuführende Vollstreckung zu erteilen hat. Auf dieses Problem ist an späterer Stelle noch kurz zurückzukommen (Art. 92 MUV; Art. 192 EWGV; Art. 164 EAGV).

2. Der deutsche Bürger, der in diesem von der deutschen Staatsgewalt geräumten Bereich der Einwirkung der öffentlichen Gewalt internationaler Gemeinschaften preisgegeben ist, muß auf das stärkste interessiert sein an der Frage, ob und in welchem Umfange ihm die deutsche Verfassungs- und Rechtsordnung einen Schutz gegen eine Verschlechterung seiner Rechtslage durch diesen Wechsel der öffentlichen Gewalt bietet.

Er mag bereits beunruhigt sein durch die Tatsache, daß diese öffentliche Gewalt im Gegensatz zu den unveränderlichen Grundentscheidungen des Art. 20 II GG nicht auf einer Staatsgewalt beruht, die von seinem Volke — und nur diesem — ausgeht, und nicht von einem demokratischen und sozialen Bundesstaat, der von dem Organisationsschema der Gewaltenteilung beherrscht ist. Aber er wird sich als Bürger eines Staatswesens, das aus historischer Erfahrung und psychologischer Neigung die Krönung des Rechtsstaates in einem lückenlosen materiell- und verfahrensrechtlichen Individualrechtsschutz gefunden hat, mit größter Sorge der Frage zuwenden, ob er in einen Raum geminderten Rechtsschutzes verstoßen worden ist. Es muß ihm daher an einer Feststellung liegen,

a) ob jenes als lückenlos empfundene System materieller Grundrechte, das das Grundgesetz in seinem ersten Abschnitt zu verbindlichem Recht besonders erhabenen Ranges erklärt hat, für ihn in seinem Sonderbereiche nicht mehr gilt und

b) ob der verfahrensrechtliche Rechtsschutz ihm versagt wird, der mit der Verfassungsbeschwerde des § 90 BVGG und insbesondere mit Art. 19 IV GG in der Bundesrepublik umfassend dargeboten wird und von Thoma als „Schlußstein im Gewölbe des Rechtsstaates“, von Klein und

Bachof als „rocher de bronce der staatsbürgerlichen Freiheit“[37]) gepriesen worden ist.

3. Forscht man in den drei hier interessierenden Verfassungsverträgen der europäischen Gemeinschaften nach dem Bekenntnis zu Individualgrundrechten der betroffenen Personen und Unternehmen, so findet man nirgends eine spezielle Aufzählung. Diese Gemeinschaftsordnungen sind auf die Verwirklichung konkreter sachlicher Organisationsziele gerichtet, die in ihren Eingangsartikeln ausgebreitet werden. Als solche Organisationsziele werden im Montanvertrag etwa die geordnete Versorgung des Gemeinsamen Marktes, die Festsetzung niedrigster Preise, der Ausbau des Produktionspotentials, die Verbesserung der Lebens- und Arbeitsbedingungen der Arbeiter, die Entwicklung des zwischenstaatlichen Austausches und die Ausweitung und Modernisierung der Erzeugung bezeichnet (Art. 3 MUV), im Vertrag der Europäischen Wirtschaftsgemeinschaft die Errichtung eines Gemeinsamen Marktes innerhalb einer Zollunion, die schrittweise Annäherung der Wirtschaftspolitik der Mitgliedsstaaten, die harmonische Entwicklung des Wirtschaftslebens innerhalb der Gemeinschaft, die beständige und ausgewogene Wirtschaftsausweitung, die größere Stabilität, die beschleunigte Hebung der Lebenshaltung und die Schaffung engerer Beziehungen zwischen den Staaten (Art. 2 EWGV), in dem Vertrag der Europäischen Atomgemeinschaft die Bildung und Entwicklung von Kernindustrien durch Förderung von Forschung und Kenntnissen und durch Investitionen, eine geleitete Versorgung, das gemeinsame Eigentum an Kernbrennstoffen, geeignete Sicherheits- und Überwachungsmaßnahmen und die Schaffung eines gemeinsamen Marktes auf diesem Teilgebiet (Art. 1, 2 EAGV). Das Regime der Sachziele und der dirigistischen Maßnahmen zu ihrer Erreichung beherrscht das Bild der Gemeinschaften.

Die von diesen Zielen und Maßnahmen potentiell betroffenen Einzelpersonen und Unternehmen erscheinen dabei in erster Linie als Adressaten von Anweisungen und Eingriffen, die zur Durchführung dieser dirigistisch verplanten Integration als notwendig gelten. Am wenigsten deutlich wird dieses bei der Europäischen Wirtschaftsgemeinschaft, deren Satzung sich in weitem Umfange an die Mitgliedsstaaten wendet und von diesen Maßnahmen der Liberalisierung, Harmonisierung und Generalisierung verlangt. Schärfer tritt es

[37]) Thoma, Recht — Statt — Wirtschaft, Bd. 3, S. 9; Klein, VVDStRL Heft 8, S. 88 f.; Bachof, Art. 19 Abs. 4 des Bundesgesetzes und das Bundesverwaltungsgericht, in: DRZ 50, S. 246; Maunz-Dürig, Art. 19 Abs. 4 Rdnr. 1, 5.

hervor bei der Montanunion, die unmittelbare begünstigende und beschränkende Eingriffe gegen Einzelpersonen und Unternehmen auf dem Gebiete der Preisgestaltung (Art. 60 ff.), des Wettbewerbswesens (Art. 65), der Kreditgewährung für Investitionen (Art. 50, 51) und der Produktionshöhe und -verteilung (Art. 58, 59) vorsieht. Am deutlichsten endlich wird die Präponderanz des sachlichen Planes gegenüber dem persönlichen Planungsadressaten im Vertrag der Europäischen Atomgemeinschaft. Hier wird nicht nur durch einen stets weiter wirkenden vertraglichen Enteignungsakt ex lege das alleinige Eigentumsrecht der Gemeinschaft an allen von einer Person oder einem Unternehmen erzeugten oder eingeführten Kernbrennstoffen geschaffen (Art. 86), sondern auch ein Bezugsrecht an allen Erzen und Ausgangsstoffen in diesem Sachbereich (Art. 57 ff.), ein Einfuhr- und Versorgungsmonopol an Erzen, Ausgangsstoffen und Kernbrennstoffen (Art. 52 ff.), das Recht auf Zwangslizenzen an Patenten, Patentanmeldungen und Gebrauchsmustern (Art. 14 ff.) und weitgehende Kontrollbefugnisse (Art. 81 ff.). Neben diesen Eingriffsrechten stehen Begünstigungsmöglichkeiten durch Förderung von Forschungs-, Schürfungs- und Anlagevorhaben zumal im Wege finanzieller Investitionshilfe (Art. 6, 70, 46) und durch Vermittlung von Zwangslizenzen (Art. 17 Abs. 1 b). Wesentlich ist dabei, daß eine große Anzahl dieser Bestimmungen als „Kann-Vorschriften“ ausgebildet ist (so etwa Art. 74, 80, 81, 82 III, 83 usw.), so daß dem Ermessen der Kommission ein weiter Rahmen gegeben ist.

Gegenüber dieser großen Zahl von Eingriffsmöglichkeiten verblüfft die geringe Betonung materiellrechtlicher Grenzen zugunsten der Betroffenen. Man erwartet, in deutlicher Form das subjektive Recht der Betroffenen auf Handlungsfreiheit, Gleichheit, die Koalitionsfreiheit und Eigentumsrechte wenigstens dort zu finden, wo, wie in Art. 203 EAGV, durch eine Generalklausel der Gemeinschaft die Möglichkeit gegeben worden ist, ihre Befugnisse autonom über den Vertragsinhalt hinaus dann zu erweitern, wenn „ein Tätigwerden der Gemeinschaft erforderlich“ ist, „um eines ihrer Ziele zu verwirklichen“. Aber auch hier wird man enttäuscht.

Das heißt nicht, daß die genannten rechtsstaatlichen Grundwerte vollends ignoriert würden. So wird an verschiedenen Stellen dem Gleichheitssatz ein gewisser Tribut gezollt. Dabei sind in diesem Zusammenhange uninteressant die Vorschriften, die den einzelnen Staaten, ihren Wirtschaften und Industrien ein „Gleichgewicht“ innerhalb der Gemeinschaft sichern sollen (etwa Art. 4 b, c, d, 61, II, 67, 68 MUV, Art. 85 ff., 92

EWGV), denn hier handelt es sich nicht um das Problem der Gleichheit der Individuen. Ebenso uninteressant in diesem Zusammenhang sind die sogenannten Diskriminierungsverbote, die den Individuen und Unternehmen im Verkehr untereinander die ungleiche Behandlung untersagen (etwa Art. 60 § 1, 65, 66 MUV; Art. 3 f. EWGV), denn hier handelt es sich nicht um das Problem der Gleichheit gegenüber den Maßnahmen der öffentlichen Gewalt. Zu diesem allein interessanten Problem finden sich nur wenige versteckte Bestimmungen. Im Montanunion-Vertrag wird es in Art. 3 b als eine „Aufgabe der Gemeinschaft" bezeichnet, „allen in vergleichbarer Lage befindlichen Verbrauchern des Gemeinsamen Marktes gleichen Zugang zu den Produktionsgütern zu sichern". Ganz abgesehen davon, ob diese Vorschrift über die Aufgaben der Gemeinschaft anwendbares Recht darstellt, erstreckt sie sich nur auf eine Teilgruppe der Beteiligten, nämlich die Verbraucher, und auf einen Teilbestand der rechtlich interessierenden Beziehungen, nämlich der zu den Verbrauchsgütern, endlich offenbar nicht einmal in erster Linie auf Maßnahmen der Gemeinschaft gegenüber den Individuen, sondern auf die schon genannten diskriminierenden Aktionen der wettbewerbsbeschränkenden Produzenten[38]).

Eine Anzahl weiterer Bestimmungen handelt von Verpflichtungen der Staaten und von Zielen der Gemeinschaften, gewisse Gleichheiten und Freiheiten herzustellen, so etwa die Gleichheit der Entlohnung (Art. 69 IV MUV; Art. 48 Ziff. 2 EWGV), die Freizügigkeit der Facharbeiter (Art. 69 I MUV; Art. 48 Ziff. 1 EWGV; Art. 96 EAGV) und die Niederlassungs- und Berufsausübungsfreiheit (Art. 52 ff., 59 ff. EWGV).

Nur in ganz wenigen Fällen ist die Freiheit bereits durch die Verträge als geltendes Recht festgestellt, so etwa bei dem Verbot der Diskriminierung aus Gründen der Staatsangehörigkeit (Art. 7 EWGV) zumal beim Bau von Atomanlagen (Art. 97 EAGV) und aus Gründen des Geschlechtes bei der Entlohnung (Art. 119 EWGV). Aktuelle Grundrechtsbedeutung hat auch die Vorschrift des Art. 2 b EAGV, in der der Atomgemeinschaft die Aufgabe zuerteilt wird, für „regelmäßige und gerechte Versorgung aller Benutzer der Gemeinschaft mit Erzen und Kernbrennstoffen Sorge zu tragen", zumal Art. 52, 53 ff. durch eine anstaltliche Agentur der Gemeinschaft den „Grundsatz des gleichen Zugangs zu den Ver-

---

38) Zur Frage der Rechtssatzqualität des Art. 3 MUV vgl. Steindorff, Die Vertragsziele der Europäischen Gemeinschaft für Kohle und Stahl als Rechtsvorschriften und Richtlinien, in: Berichte der DGV, Heft 2, 1958, S. 94 ff., 110 f.

sorgungsquellen durch eine gemeinsame Versorgungspolitik" sicherstellen will und es verbietet, „einzelnen Verbrauchern eine bevorzugte Stellung zu sichern" oder die Verbraucher „irgendwie unterschiedlich zu behandeln" (Art. 52, Ziff. 1, 2a, b). Denn angesichts des Versorgungsmonopols der Gemeinschaft handelt es sich bei diesen Versorgungsmaßnahmen um Akte öffentlicher Gewalt zwischen einer hoheitlichen Behörde und einem rechtsunterworfenen Individuum. Aber auch diese Gleichheitsbestimmung regelt nur ein sehr spezielles Teilgebiet der hoheitlichen Maßnahmen der Atomgemeinschaft und ist zudem unter den Vorbehalt gestellt, daß die beabsichtigte Verwendung durch den Versorgungsempfänger nicht „unzulässig" ist oder „den Bedingungen widerspricht, von denen die nicht der Gemeinschaft angehörenden Lieferer die Lieferung abhängig gemacht haben." Die Undeutlichkeit der „unzulässigen Verwendung", — zumal wenn man berücksichtigt, daß nach Art. 84 die Verwendung der gelieferten Kernbrennstoffe für militärische Zwecke auf französischen Druck ausdrücklich als zulässig erachtet wird, — beeinträchtigt den Wert der Vorschrift in weitem Maße und stellt sie zur Disposition der verfügenden Behörde.

4. Die Tatsache, daß die Gemeinschaftsstatuten diese Grundrechtswerte zwar eklektisch und punktuell zum Gegenstand von Maßnahmen, nicht aber generell zum Inhalt subjektiver Berechtigungen gemacht haben, bedeutet selbstverständlich nicht ohne weiteres, daß individuelle Grundrechte im Rahmen der Gemeinschaftstätigkeit geleugnet würden. Daß das allen Rechtsordnungen notwendig zugrundeliegende Willkürverbot auch für die Akte der Gemeinschaft gilt, wird dadurch unterstrichen, daß dem Gerichtshof ausdrücklich die Überprüfung des Ermessensmißbrauches zur Aufgabe gemacht wird (Art. 33 I MUV, Art. 173 EWGV, Art. 146 EAGV).

Dagegen ist es zweifelhaft, wieweit andere allgemeine Prinzipien der zivilisierten Rechtsordnungen bei der Anwendung des Gemeinschaftsrechtes heranzuziehen sind.

Bei der Frage der deliktischen Haftung verordnet Art. 215 EWGV und 188 EAGV, daß der Schadensersatz „nach den allgemeinen Rechtsgrundsätzen, die den Rechtsordnungen der Mitgliedsstaaten gemeinsam sind", erfolgt, nachdem die Montanunion diesen Grundsatz bereits ohne entsprechende Satzungsbestimmung angewandt hatte[39]).

---

[39]) Daig, Die Gerichtsbarkeit in EWG und Euratom, AöR 83 (1958) S. 156, Anm. 60, S. 183 f.; RSprMGH III, S. 83 ff.; Daig, Die Rechtsprechung des Gerichtshofs der Europäischen Gemein-

Abgesehen davon, daß diese Vorschrift die grundrechtliche Stellung der Individuen lediglich am Rande berührt, dürfte es bei diesen „allgemeinen Rechtsgrundsätzen lediglich wohl nur um dasselbe wie bei den „general principles" des Art. 38 c des Statutes des Internationalen Gerichtshofes gehen, bei denen es sich nicht so sehr um materielle Rechtsvorschriften handelt, als um allgemeine Gerechtigkeitsprinzipien, wie das Verbot des Rechtsmißbrauchs, und um gemeinsame Strukturprinzipien wie die Grundsätze der Kausalitätsbemessung und Schadensberechnung[40]).

Darüber hinaus hat der Generalanwalt in der Rechtssache 18/57 des Gerichtshofes der Europäischen Gemeinschaft es für „nicht ausgeschlossen" erachtet, „daß etwa im Rahmen der Prüfung des Ermessensmißbrauchs elementare Rechtsprinzipien zu beachten sind, die auch in Bestimmungen der nationalen Verfassung ihren Ausdruck finden"[41]).

Diese vorsichtige Formulierung gegenüber einer Klage, in der die Verletzung mehrerer im Grundgesetz der Bundesrepublik niedergelegter Grundrechte gerügt wurde, zeigt, wie sorgfältig auch die Anwendung der fundamentalsten Grundrechtsvorstellung allenfalls auf Ermessensentscheidungen und damit praktisch auf das Willkürverbot eingeschränkt werden. Damit aber ist die prinzipielle Frage gestellt, ob nicht die Grundrechtsvorstellungen anderer Rechtsordnungen, insbesondere der Europäischen Menschenrechtskonvention oder der Verfassungen der Mitgliedsstaaten, bei der Ausübung öffentlicher Gewalt durch die Gemeinschaften rechtens zu beachten sind.

a) Da nach herrschender Meinung die „Universelle Erklärung der Menschenrechte" der Vereinten Nationen vom 10.12.1948 nur eine programmatische Bedeutung, aber keine rechtlich bindende Wirkung hat[42]), richtet sich hier das Interesse auf die im Rahmen des Europarates geschlossene „Konvention zum Schutze der Menschenrechte und Grundfreiheiten" vom 4.11.1950 (MRK)[43]).

Mit der herrschenden Lehre ist anzunehmen, daß die Bestimmungen der MRK als partikuläres Völkerrecht mit dem Rang

---

schaft für Kohle und Stahl in den Jahren 1956 und 1957, in: IZ 1958, S. 240f.

[40]) Vgl. Verdross, aaO., S. 124 ff.

[41]) Schlußanträge des Generalanwalts Karl Roemer in der Rechtssache 18/57 Nold gegen Hohe Behörde, vorgetragen in der Sitzung des Gerichtshofes vom 4. 12. 1958, hektographiertes Protokoll, S. 43.

[42]) Vgl. Maunz-Dürig, Art. 1 II Rdnr. 56; v. Mangoldt-Klein, S. 678; BVerwGE 3, 175; 5, 160 f.; Dahm, Völkerrecht, 1958, S. 429 f.

eines einfachen Gesetzes Teil der deutschen Rechtsordnung geworden ist, während sie in anderen Mitgliedsstaaten des Europarates zum Teil Verfassungsrang hat[44]). Außerdem ist eine völkerrechtliche Verpflichtung der beigetretenen Staaten zum konventionskonformen Handeln entstanden.

Eine unmittelbare Wirkung auf die Europäischen Gemeinschaften entfällt, da nach Art. 1, 25 der MRK nur die vertragschließenden Staaten durch die Konvention gebunden sind, den Gemeinschaften ein Beitritt sogar verwehrt ist, da nach Art. 65 II MRK, Art. 6 Zusatzprotokoll, Voraussetzung für den Beitritt die Mitgliedschaft im Europarat ist. Es ist nicht uninteressant, daß die gescheiterte Europäische Politische Gemeinschaft nach Art. 3 ihres Vertragsentwurfes die Bindung an die Konvention als integrierenden Vertragsbestandteil festlegen wollte[45]).

Die Frage, ob die einzelnen Mitgliedsstaaten der Gemeinschaft durch die MRK verpflichtet waren, die Grundsätze der Konvention bei der Schaffung der Gemeinschaften sicherzustellen, erledigt sich für die Montanunion dadurch, daß sie vor dem Inkrafttreten der MRK geschaffen wurde und die neu geschaffene Hoheitsfunktion daher durch die MRK nicht eingeschränkt sein kann. Bei den beiden übrigen Gemeinschaften ließe sich im Sinne der Theorie von der „rechtsstaatlichen Hypothek" argumentieren, daß die Mitgliedsstaaten in ihrer eigenen Hoheitsgewalt bereits durch die MRK beschränkt waren und daher auch keine neue gemeinschaftliche Hoheitsgewalt schaffen konnten, die nicht von vornherein denselben Beschränkungen unterlag[46]). Doch ergeben sich — neben den theoretischen Bedenken gegen die Konstruktion einer solchen absolut wirkenden „Hypothek" bei einem Akt der Schöpfung originärer Hoheitsrechte von Gemeinschaften — größte praktische Schwierigkeiten in der Frage, wer Beschwerdegegner bei einer Maßnahme der Gemeinschaft sein soll. Bei Ratsbeschlüssen könnten es alle der MRK beigetretenen Mitgliedsstaaten der Gemeinschaften sein oder nur diejenigen, die für

---

43) BGBl 1952, II, S. 685; 1954, II, S. 14; 1956, II, S. 1879.

44) OVG Münster, Urteil v. 25. 11. 1955, NJW 56, S. 1374 ff.; Maunz-Dürig, aaO., § 1/II, Rdnr. 57 ff.; Golsong, Das Rechtsschutzsystem der Europäischen Menschenrechtskonvention, 1958, S. 9 ff.

45) Golsong, aaO., 1958, S. 57 f.

46) Golsong, aaO., S. 61, 67; Golsong, Zur Frage der Passivlegitimation vor der Europäischen Menschenrechtskonvention, NJW 58, 731 ff. Zur Theorie der „rechtsstaatlichen Hypothek" vgl. Schüle, Grenzen der Klagebefugnis vor dem Montangerichtshof, ZaöRV 16 (1955/56), S. 227 ff., 243 ff.

die Maßnahme aktiv eingetreten sind; bei Beschlüssen der Zentralbehörde wäre eine Lösung kaum auffindbar.

Man wird daher annehmen dürfen, daß unmittelbare praktische Wirkungen durch die MRK auf die Rechtsordnungen der Gemeinschaften nicht ausgeübt werden.

b) Damit sind wir zu der Frage vorgestoßen, ob die Gemeinschaften gehalten sind, bei der Ausübung öffentlicher Gewalt in den Mitgliedsstaaten die nach den dortigen einzelstaatlichen Verfassungen geltenden Grundrechte zu beachten. Die Frage kann nur aus dem eigenständigen Rechtssystem der Gemeinschaft beantwortet werden; sie ist scharf zu scheiden von dem Problem, ob die einzelnen Staaten vermöge ihrer Verfassung befugt waren, ein so strukturiertes eigenständiges Rechtssystem einer internationalen Gemeinschaft zu begründen und ihr Hoheitsgewalt im eigenen Staate anzuvertrauen.

Die drei Satzungen sprechen sich sehr eindeutig darüber aus, welches die Rechtsgrundlagen des Handelns ihrer Organe sind, indem sie übereinstimmend dem Gerichtshof die Aufgabe gesetzt haben, „die Wahrung des Rechts bei der Auslegung und Anwendung dieses Vertrages“ zu sichern. Mit dem Zusatze „bei der Auslegung und Anwendung dieses Vertrages“ ist offenbar keineswegs eine Einschränkung des Rechtsschutzes auf nur einen Teil des bei der Tätigkeit der Gemeinschaften anzuwendenden Rechtes, — nämlich das Vertragsrecht —, gemeint. Das für die Organe der Gemeinschaften geltende Recht soll vielmehr ganz offenbar nur das im Vertrag oder das aufgrund des Vertrages gesetzte Recht sein. Das ergibt sich eindeutig aus der allgemeinen Bestimmung, daß der Gerichtshof „die Rechtmäßigkeit“ des Handelns der Gemeinschaftsorgane überwache und „zu diesem Zwecke“ für Klagen zuständig sei, die „wegen Unzuständigkeit, Verletzung wesentlicher Formvorschriften, Verletzung dieses Vertrages oder einer bei seiner Durchführung anzuwendenden Rechtsnorm oder wegen Ermessensmißbrauchs“ erhoben werden[47]).

Die Rechtmäßigkeit des Handelns der Gemeinschaftsorgane wird daher allein begründet und begrenzt durch seine Übereinstimmung mit dem Vertrag und den vertragstreuen Durchführungsnormen. Das Kriterium für die Legitimität der Rechtsnorm ist allein die Konformität mit dem Vertrag.

---

[47]) Art. 31, 33 MUV; Art. 164, 173 EWGV; Art. 136, 146 EAGV.

Normen aus anderen Rechtsquellen sind für die Rechtmäßigkeit des Organhandelns nicht entscheidend[48]).

Nach ihrem eigenen Selbstverständnis, wie es in den Satzungen zutage tritt, sind die Gemeinschaftsorgane daher allein an das Vertragsrecht der Gemeinschaft gebunden, nicht aber an das Recht der Mitgliedsstaaten und auch nicht an deren völkerrechtliche Verpflichtungen; damit erledigt sich auch die Frage einer Bindung der Gemeinschaft durch die völkerrechtlichen Verpflichtungen der Mitgliedsstaten aufgrund der Menschenrechtskonvention. Die Frage, ob und wie weit die Gemeinschaften ihr Vertragsrecht nach Möglichkeit so auslegen sollten, daß es dem Recht und den völkerrechtlichen Verpflichtungen der Mitgliedsstaaten entspräche, ist komplexer Natur, zumal im Hinblick auf die Divergenzen des einzelstaatlichen Rechtes.

5. Einzige Verbindlichkeitsvoraussetzung allen Handelns der Gemeinschaftsorgane ist mithin die Übereinstimmung mit dem Inhalt der Gemeinschaftsverträge, die der Durchführung konkreter wirtschaftlicher Zwecke dienen. Damit ist der Unterschied zwischen den Geltungsgründen des staatlichen Rechtes und des Gemeinschaftsrechtes deutlich geworden. Das staatliche Recht, — und dies gilt insbesondere auch von dem Grundgesetz —, sieht als seinen Gültigkeitsgrund eine geschlossene Welt transzendenter menschenbezogener Werte, das Gemeinschaftsrecht eine zeitgebundene Zusammenstellung immanenter sachbezogener Zweckhaftigkeiten, die nur matt von recht ernüchterten Hoffnungen auf die Schaffung einer wahrhaften europäischen Lebensgemeinschaft verklärt werden.

## V.

Der von einem Rechtsetzungs-, Verwaltungs- oder Rechtsprechungsakt der Organe internationaler Gemeinschaft betroffene Deutsche kann sich durch sie in zweifacher Art beschwert fühlen. Er kann es rügen, daß dieser Akt nach dem Recht der Gemeinschaft rechtswidrig war, oder er kann der Ansicht sein, daß er zwar dem Gemeinschaftsrecht entsprach, nicht aber den Grundentscheidungen der deutschen staatlichen Verfassung, des Grundgesetzes.

---

[48]) Daig, AöR 83 (1958), S. 150 ff., 154; vgl. auch die Schlußanträge des Generalanwalts Roemer in der Rechtssache 18/57 (Nold gegen Hohe Behörde) vom 4. 12. 1958, S. 42 f., wo insbesondere auf Art. 3, Art. 5, Art. 8, Art. 34 und Art. 35 des MUV hingewiesen wird, die jeweils die Aufgaben der Organe an die Zwecke der Bedingungen „dieses Vertrages" allein binden. (Die Seitenzahl verweist auf das hektographierte Protokoll.)

1. Rügt der Betroffene die immanente Fehlerhaftigkeit des Aktes nach den Grundsätzen des Gemeinschaftsrechtes, so stehen ihm mancherlei Rechtsmittel nach dem Gemeinschaftsrecht zur Verfügung. Er kann gegen Verwaltungsakte und gegen Gesetzgebungsakte, die ihn unmittelbar und individuell treffen, die Nichtigkeitsklage[49]), bei vertragswidriger Untätigkeit der maßgebenden Organe die Vornahmeklage vor dem Gerichtshof erheben[50]).

Ist aber einmal das Urteil des Gerichtshofes ergangen, so soll nach den Vorschriften der Gemeinschaftsstatuten der Streit endgültig entschieden sein. Der Gerichtshof nimmt insoweit ausschließliche Zuständigkeit für sich in Anspruch. Den einzelstaatlichen Gerichten wird ausdrücklich die Zuständigkeit versagt.

Um diese Ausschließlichkeit auch den staatlichen Gerichten gegenüber festzulegen, war bereits in Art. 31 MUV die Bestimmung eingebaut worden: „Der Gerichtshof allein entscheidet verbindlich über die Gültigkeit von Beschlüssen der Hohen Behörde und des Rates, falls bei einem Streitfall vor einem staatlichen Gericht diese Gültigkeit in Frage gestellt wird." Der EWG- und EAG-Vertrag glaubten diese Vorschriften noch eingehender instrumentieren zu müssen, indem sie durch Art. 177 EWGV, Art. 150 EAGV die einzelstaatlichen Gerichte zumal in der obersten Instanz verpflichteten, bei ihnen vorliegende Fragen über die Auslegung des Vertrages und die Gültigkeit und Auslegung der Handlungen der Organe der Gemeinschaft dem Gerichtshof zur bindenden Vorabentscheidung vorzulegen. Damit ist eine konkrete Normenkontrolle geschaffen worden, die Entscheidungen über Auslegung und Anwendung des Vertragsrechtes dem gemeinschaftlichen Gerichtshof unter Ausschluß der staatlichen Gerichte allein vorbehält[51]).

2. Mit diesen Vorschriften, die durch ihre Transformierung durch das Zustimmungsgesetz Teile des deutschen Rechtes ge-

49) Art. 33 II MUV; Art. 173 II EWGV; Art. 146 EAGV.

50) Art. 35 MUV; Art. 175 EWGV; Art. 148 EAGV.

51) Daig, aaO. S. 159 f., 194 ff.; Berié-Miller, Gemeinsamer Markt und Euratom, 1957, Art. 177 EWGV, Anm. 1; eine ähnliche Verpflichtung wurde auch bereits für die Montanunion angenommen: Kraus, Die rechtliche Struktur der Europäischen Gemeinschaft für Kohle und Stahl, in: Festgabe für Smend, 1952, S. 199; Jerusalem, Das Recht der Montanunion, 1954, S. 60 ff.; Ophüls, Gerichtsbarkeit und Rechtsprechung im Schumanplan, NJW 1951, S. 693 ff., 696; Ule, Der Gerichtshof der Montangemeinschaft als europäisches Verwaltungsgericht, DVBl. 1952, S. 65 ff., 72. Vgl. auch Art. 65, 4 MUV; Art. 219, 183 EWGV; Art. 193, 155 EAGV.

worden sind, scheint zugleich die Frage beantwortet zu sein, ob der betroffene Deutsche sich — gleichgültig, ob mit der Rüge der unrichtigen Anwendung des Gemeinschaftsrechtes oder der Nichtanwendung deutscher grundrechtlicher Vorschriften, — an ein deutsches Gericht wenden kann. Es wäre nur zu fragen, ob diese Vorschriften, die nach richtiger Ansicht als transformiertes partikuläres Völkerrecht dem deutschen einfachen staatlichen Recht nicht überlegen sind, nicht hinter Art. 19 IV GG und gegebenenfalls auch hinter § 90 BVGG zurückzutreten hätten, in denen ein umfassender verfahrensmäßiger Rechtsschutz gegen alle Akte öffentlicher Gewalt gewährt wird. Dem wird indessen nicht zuzustimmen sein. Denn unter den in diesen beiden Rechtsschutzbestimmungen genannten Akten öffentlicher Gewalt ist nur die deutsche öffentliche Gewalt zu verstehen. Das ergibt sich einmal aus dem engen Zusammenhang dieser Vorschrift mit den Fragen der Staatshaftung für obrigkeitliches Handeln in öffentlichen Ämtern[52]). Es entspricht auch der durchgängigen Rechtsprechung, die gegen die Wirkungen öffentlicher Gewalt nichtdeutscher Provenienz, insbesondere der Besatzungsgewalt und der Rechtsprechungsgewalt der verschiedenen internationalen Gerichtshöfe, so etwa des Internationalen Gerichtshofes im Saargebiet, des Schiedsgerichtshofes und der Gemischten Kommission für das Londoner Schuldenabkommen sowie des Obersten Rückerstattungsgerichtes, den materiellen und verfahrensmäßigen Rechtsschutz versagt[53]).

Wenn im vorliegenden Falle der deutsche Staat sich zugunsten einer internationalen Gemeinschaft aus der bisher von ihm in Anspruch genommenen Regelung eines gegenständlich bestimmten Lebensbereiches zurückgezogen hat, so hat er sich insofern auch der gerichtlichen Kontrolle der auf diesem Gebiete nunmehr gesetzten Gemeinschaftsakte öffentlicher Gewalt begeben und seine Gerichtsbarkeit beschränkt, was ihm nach Art. 24 I GG erlaubt war[54]). Es ist logisch und

---

[52]) Friesenhahn, Der Rechtsschutz im öffentlichen Recht nach dem Bonner Grundgesetz, DV 49, 478 ff.; 481; Hesse, Der Rechtsschutz durch staatliche Gerichte im kirchlichen Bereich, 1956, S. 87 f.

[53]) Golsong, aaO., S. 62 f. — Zur Frage des Enteignungseingriffes der Besatzungsgewalt vgl. BGHZ 12.52 = NJW 1954, S. 554; Bettermann, Der Schutz der Grundrechte in der ordentlichen Gerichtsbarkeit, in: Bettermann-Nipperdey-Scheuner, Die Grundrechte, Bd. III 2, S. 796.

[54]) Bettermann, Die Unabhängigkeit der Gerichte und der gesetzliche Richter, in: Bettermann-Nipperdey-Scheuner, Grundrechte, Bd. III 2, S. 523 ff., 629; Bettermann, Der Schutz der Grundrechte in der ordentlichen Gerichtsbarkeit, ebendort, S. 801;

systematisch nicht möglich, die eigenständige hoheitliche Regelung einer internationalen Gemeinschaft anzuvertrauen, die gerichtliche Kontrolle dieser Regelung aber dem Gebietsstaat selbst vorzubehalten. Und es ist auch nicht zu sehen, warum die durch Art. 24 GG gestattete Verfassungsdurchbrechung an der Vorschrift des Art. 19/IV GG haltmachen müßte mit dem Ergebnis, daß bei Einräumung von Hoheitsrechten für internationale Gemeinschaften die Möglichkeit einer Nachprüfung der Gemeinschaftsakte durch deutsche Gerichte gewahrt werden müßte.

Der Zwiefältigkeit der beiden Rechtsordnungen, in denen der Betroffene steht, entspricht eine Trennung der beiden Gerichtsordnungen. Sie stehen zueinander weder im Verhältnis des „Überbaus" noch im Verhältnis einer echten „Verklammerung", wie sehr auch die Transformation zumindest der Vertragsinhalte und die durch Empfehlungen und Harmonisierungen geschaffenen Annäherungen den äußeren Eindruck einer solchen Vereinheitlichung erwecken mögen. Tatsächlich handelt es sich um zwei nebeneinander stehende Rechtsmassen aus verschiedenem Geltungsgrund und mit divergierenden Zielrichtungen und Adressaten[55]).

Hier wird wiederum deutlich, wie substantiell verschieden das Verhältnis der Mitgliedstaaten zu den internationalen Gemeinschaften von dem der Gliedstaaten zu einem überhöhenden Bundesstaat sind, wo Recht und Gerichtsbarkeit ohne Interponierungsschwellen ineinander übergehen[56]).

3. Man könnte den Versuch machen, den Rechtsschutz nach deutschem Recht und durch deutsche Gerichte wenigstens dort zu sichern, wo Eingriffsakte der Gemeinschaft zusätzlicher deutscher Vollstreckungsakte bedürfen. Bei der Vollstreckung von Zahlungstiteln der Montanunion und Europäischen Wirtschaftsgemeinschaft und von Zwangsmaßnahmen der Europäischen Atomgemeinschaft wirken die Behörden der Einzelstaaten mit; sie erteilen die Vollstreckungsklausel und führen die Vollstreckung durch. Insofern kommt es hier zu innerstaatlichen Akten öffentlicher Gewalt. Es mag dahingestellt bleiben, ob diese Akte nicht als mittelbare Auswirkungen der Gemeinschaftsgewalt anzusehen sind und insofern der Gemeinschaft zuzurechnen sind. Jedenfalls hat das Gemeinschaftsrecht aber dafür Sorge getragen, daß die einzelstaatlichen Behörden nur die formelle Zulässigkeit der Vollstrek-

---

Breitner, Einige Aspekte der überstaatlichen europäischen Gerichtsbarkeit, in: MDR 58, S. 472 ff.

[55]) Kraus, aaO., S. 199.

[56]) Carl Schmitt, Verfassungslehre, 1928. S. 382.

kung, nicht aber die Rechtmäßigkeit des dahinterstehenden Anspruches zu prüfen befugt sind[57]).

Über Art. 19 IV GG könnte daher allenfalls ein deutsches Gericht zur Prüfung des formellen Vollstreckungsverfahrens in Deutschland angerufen werden, nicht aber zur Beurteilung der dahinterstehenden materiellen Entscheidung.

4. Folgt man dieser Darlegung, so drängt sich der Schluß auf, daß der von den Gemeinschaftsstatuten und ihren Auswirkungen betroffene Deutsche in einen Raum entlassen worden ist, den er als rechtlich geringer ausgestattet empfinden darf, als es derjenige nationale Raum war, aus dem sich die deutsche Staatsgewalt zurückgezogen hat. Er wird befürchten, daß die für ihn jetzt bindende Gemeinschaftsordnung geneigt ist, angesichts des überwiegenden Interesses an der Durchführung organisatorischer Sachplanungen seine materiellen Individualgrundrechte gering zu achten. Sein formeller Rechtsschutz beschränkt sich auf ein Gerichtsverfahren mit nur einer Instanz. Die materiellen Grundrechte des deutschen Grundgesetzes wirken nicht für ihn, und der Rechtsschutz vor dem tief gegliederten System der deutschen Gerichtsbarkeit ist ihm versagt. Ihm muß sich die Sorge aufdränken, daß er in einem Raum geminderter Rechtsstaatlichkeit steht.

## VI.

1. Die Frage spitzt sich darauf zu, ob sich der Bürger mit einer derart politisch-rechtlich gespaltenen Existenz in rechtsstaatlich unterschiedlich ausgestatteten Räumen abfinden muß oder ob ihm das Grundgesetz einen Anspruch verleiht, im Bereich seiner Geltung gegenüber den Akten öffentlicher Gewalt unter einem einheitlichen Himmel struktureller und ideeller Grundentscheidungen zu stehen. Damit ist das Problem der Homogenität der Grundentscheidungen für den hier vorliegenden Fall von Parallelregelungen durch Auswechselung der Träger öffentlicher Gewalt aufgeworfen.

Das Prinzip der Homogenität ist in der Literatur des Bundesstaates seit langem aufgestellt und erörtert worden[58]).

---

57) Art. 92 II, III MUV, in Verbindung mit der Bekanntmachung in BGBl. 54 II, S. 1030; Art. 192 EWGV; Art. 164 EAGV; Golsong, aaO., S. 61.

58) Schmitt, Verfassungslehre, S. 375 ff.; Gross, Verfassungshoheit und Homogenität im Bundesstaat, DVBl. 1950, S. 5 ff.; Kraus, Gutachten in: Der Kampf um den Wehrbeitrag, II, S. 545 ff.; Kruse, Strukturelle Kongruenz und Homogenität, in: Festschrift für Kraus, 1954, S. 112 ff.

Es statuiert als eine Bestandsvoraussetzung des Bundesstaates die Artgleichheit der strukturellen und substantiellen Grundentscheidungen zwischen Bund und Einzelstaaten. Im Grundgesetz hat es seinen Niederschlag in Art. 28 gefunden, wo gefordert wird, daß die verfassungsmäßige Ordnung in den Ländern den Grundsätzen des republikanischen, demokratischen und sozialen Rechtsstaates entsprechen muß, wie sie in Art. 20 und dem den Grundrechtskatalog einleitenden Art. 1 in Verbindung mit Art. 79 III zu unabänderlichen Elementen unserer Verfassung erhoben worden sind.

Für unsere Themenstellung interessiert die Frage, ob die Ermächtigung des Gesetzgebers zur Übertragung von Hoheitsrechten an internationale Einrichtungen im Sinne des Art. 24 GG durch dieselbe Voraussetzung der Homogenität dieser internationalen Einrichtung mit der Bundesrepublik in ihrer rechtsstaatlichen Struktur und Ausstattung beschränkt ist. Wird diese Frage bejaht, so ergibt sich für den Bürger, der durch einen Akt öffentlicher Gewalt internationaler Gemeinschaften beschwert ist, unter Umständen die Möglichkeit, im Wege der Verfassungsbeschwerde die Verbindlichkeit dieses Aktes in der Bundesrepublik anzugreifen. Voraussetzung dafür wäre der Nachweis, daß das Zustimmungsgesetz zu dem internationalen Vertrage, in dem die Bundesrepublik die internationale Gemeinschaft zur Ausübung von Akten öffentlicher Gewalt in ihrem Bereiche ermächtigte, verfassungswidrig war, weil eine solche Einräumung öffentlicher Gewalt im Sinne des Art. 24 mangels Homogenität zwischen Bundesrepublik und internationaler Gemeinschaft gegen das Grundgesetz verstieß. Die Vorschriften der Gemeinschaftsstatuten, die den nationalen Gerichten die Rechtsprechungszuständigkeit bestreiten, würden hier nicht anzuwenden sein, da die Klage sich nicht gegen eine fehlerhafte Anwendung der Statuten, sondern gegen die Schaffung dieser Statuten selbst richtete.

Es ist bekannt, daß die Fragen der Grenzen der Übertragung von Hoheitsrechten gemäß Art. 24 GG in den Gutachten zum Wehrstreit weitgehend erörtert worden sind. Ich fühle mit tief beunruhigt durch die Aussicht, daß eine eigene Stellungnahme das langsam erlöschende Feuer schüren und in der Diskussion unseres Beratungsgegenstandes zu neuer Glut entfachen könnte. Aber die Pflicht zur Abrundung meiner Darlegungen verlangt doch eine Erklärung, die um so kürzer sein kann, als die damals interessierenden Hauptprobleme, — nämlich die Frage, ob es einer Verfassungsänderung zur Begründung und Aktualisierung der Wehrhoheit bedürfe und wie weit in Anwendung des Art. 24 GG die verfassungsmäßige Verteilung der Bund-Länder-Kompetenz übersehen werden dürfe —, im Zusammenhang des heutigen Themas unwesentlich sind.

2. Die „Ewigkeitsentscheidung“, die das Grundgesetz zugunsten der individuellen Menschenrechte und der rechtsstaatlichen Fundamentalstruktur in Art. 79 III GG gefällt hat, ist als eine Abwendung von liberaler Standpunkt- und Hilflosigkeit und eine Besinnung auf unverzichtbare substanzhafte Werte mit Recht als der Schwerpunkt unserer Verfassung festgestellt und gepriesen worden. Der Verfassungsänderung werden damit zwei Komplexe entzogen, einmal die Staatsstrukturprinzipien des Art. 20, nämlich demokratische, soziale und föderative Gestaltung, Rechtsstaatlichkeit und Gewaltenteilung, zum anderen das Wert- und Anspruchssystem der Grundrechtsbestimmungen in seiner grundlegenden Kernformulierung des Art. 1.

Nur eine in der Minderheit gebliebene Meinung hat zu der Annahme geneigt, die Genesis des Art. 24, insbesondere die pathetische Bemühung der Schöpfer des Grundgesetzes, ihren Friedenssicherungswillen zu bekunden, erweise, daß diese Bestimmung „einen das ganze Verfassungssystem überwölbenden integrierenden Bestandteil des Grundgesetzes“ bilde und daher Verfassungsdurchbrechungen auch gegenüber der Vorschrift des Art. 79 Abs. 3 erlaube[59]).

Die ganz überwiegende, wenn auch in Einzelheiten voneinander abweichende Ansicht aber hat sich zu dem von der Bundesregierung im Wehrstreit vorgetragenen Satz bekannt: „Was durch eine Verfassungsänderung nicht geschehen kann, wird auch durch Art. 24 nicht gedeckt[60].“

Dieser Ansicht ist zu folgen. Art. 24 GG sieht zwar nicht eine Verfassungsänderung, sondern eine Verfassungsdurchbrechung vor. Diese legitime Verfassungsdurchbrechung ist aber nicht als ein Sprung in einen unverfaßten Raum anzusehen, sondern als eine Sonderform der Verfassungsbetätigung. Sie gibt im Gegensatz zur Verfassungsänderung die Möglichkeit, für bestimmte Tatbestände von dem üblichen und bestehenbleibenden Verfassungsbild abzuweichen, — es zu durchbrechen, — aber nicht die Vollmacht, legitim aus der gesamten Struktur- und Wertewelt der Verfassung auszubrechen. Sie muß sich also in dem äußersten Rahmen halten,

---

[59]) Thoma, Gutachten in: Der Kampf um den Wehrbeitrag, II, S. 158.

[60]) Stellungnahme der Bundesregierung vom 18. 8. 1952, in: Der Kampf um den Wehrbeitrag, II, S. 31; vgl. auch Kraus, daselbst, II, S. 552; Scheuner, daselbst, II, S. 138; Maunz, daselbst, II, S. 596 ff.

der überhaupt für eine Verfassungsbetätigung gesetzt ist, nämlich dem Rahmen, den auch die verfassungsändernde Gewalt zu respektieren hat. Sonst wäre Art. 24 ein Freibrief zu anarchischer Verfassungsvernichtung. Die ausnahmsweise in Art. 24 GG erlaubte Verfassungsdurchbrechung hat daher dieselben Grenzen wie die Verfassungsänderung. Art. 70 III GG ist als umfassender Rechtsgedanke auch auf sie anzuwenden.

Über die Tragweite dieser Feststellung allerdings bestehen Zweifel, und zwar sowohl, was die Struktur der internationalen Gemeinschaften, als auch, was ihre Grundrechtsbindung anbetrifft.

a) Gegenüber der von Kraus vorgetragenen Ansicht, wonach „die Organe zwischenstaatlicher Einrichtungen des hier in Betracht kommenden supranationalen Typs... den innerstaatlichen verfassungsrechtlichen Organen, deren Tätigkeit ihnen übertragen wird, artgleich sein" müssen[61]), sind mit Recht erhebliche Bedenken angemeldet worden.

Es ist darauf hingewiesen worden, daß es „im Wesen der Internationalisierung" liege, daß nicht ein Staat darauf bestehen könne, daß seine möglicherweise im Widerspruch zu den Verfassungsbildern der übrigen Mitgliedsstaaten stehenden Organstrukturen zum verbindlichen Maß der gesamten internationalen Gemeinschaft erhoben würden[62]). Dem ist zuzustimmen. Die Strukturmodelle auch der westeuropäischen Staaten und gerade derjenigen mit langer demokratischer Tradition sind — zumal in der Frage der scharfen Abgrenzung der Gewalten — höchst unterschiedlich, ohne daß ihre demokratische und soziale Rechtsstaatlichkeit sich ihrem Maß nach an diesen Unterschieden differenzieren ließe. Dazu kommt ein Wichtigeres: Wer eine Artgleichheit der Struktur und der Kooperation der wesentlichsten Verfassungsorgane für die Schaffung „internationaler Einrichtungen" voraussetzt, beschränkt die Möglichkeit solcher Einrichtungen auf bundesstaatsähnliche Verbindungen und wird erkennen müssen, daß selbst in ihnen nur Annäherungswerte in der Artgleichheit erzielt werden, wie Art. 28 GG ausweist. Die aus dem völkerrechtlichen Bereich kommenden und sich aus praktischen Gründen nur langsam der intensiveren Organisationsmittel des Staatsrechts bedienenden internationalen Gemeinschaften werden regelmäßig anders strukturiert sein, als die Bundesrepublik es aufgrund ihrer so jungen und um so mehr organisatorisch perfektionierten Verfassung ist.

---

61) Kraus, Gutachten aaO., S. 551; Kruse, aaO., S. 112 ff., 120.

62) Bundesregierung, aaO., S. 31.

Man wird dazu noch einen weiteren Vorbehalt machen müssen. Das strukturelle Modellbild des Staates paßt nur auf Gemeinschaften, die auf einem menschlich-genossenschaftlichen Substrat, auf einer Personenvielheit aufbauen. Nur bei ihnen spielt die unmittelbare oder mittelbare Wahl gesetzgebender Gremien durch das menschliche Element die Rolle, die die Gemeinschaft als „demokratisch" und „sozial" kennzeichnet. Art. 24 GG aber spricht nicht von der Übertragung von Hoheitsrechten an internationale „Gemeinschaften" in diesem Sinne, sondern an internationale „Einrichtungen". Ich halte diesen Ausdruck für keineswegs schlecht gewählt, da ein großer Teil dieser internationalen Organisationen oder Institutionen nicht körperschaftlich im engeren Sinne, sondern anstaltlich ausgebildet ist. Es ist nicht von ungefähr, daß viele der wesentlichsten internationalen Wirkungseinheiten als „Agenturen", „Ämter" und „Behörden" bezeichnet werden. Man denke etwa an die „Spezialagenturen" („specialized agencies") der Vereinten Nationen, an das Internationale Arbeitsamt, an die Internationale Atomenergiebehörde. Hier werden in erster Linie mit gewissen personellen und sachlichen Mitteln gegenständliche Aufgaben bewältigt, während die beteiligten und betroffenen Personen nicht wesentlich als genossenschaftlich organisierte Willensträger in Erscheinung treten. Es kann nicht zweifelhaft sein, daß auch bei den drei betrachteten europäischen Gemeinschaften der anstaltliche Charakter der Organisation deutlich hervortritt, am deutlichsten bei der Atomgemeinschaft. Eine strukturelle Homogenität zwischen Staatsaufbau und Anstaltsaufbau aber wird schwer vollziehbar sein. Auf der anderen Seite ist es kein Zweifel, daß ein Interesse daran bestehen kann, etwa die Währungs- und Münzhoheit an eine europäische Gemeinschaftsbank zu übertragen, die Post- und Fernmeldehoheit an eine europäische Einheitsbehörde, die hoheitliche Kontrolle der Zivilluftfahrt an eine behördlich arbeitende Weltagentur. Alle diese Anstalten müßten die Möglichkeit zur Ausübung öffentlicher Gewalt bis zu einem bestimmten Grade haben. Nichtsdestoweniger würde ihre Ausstattung mit volksgewählten Parlamenten und gewaltenteilig arbeitenden Spitzenorganen in einem Umfang, der den entsprechenden staatlichen Einrichtungen „artgleich" wäre, der Sachlogik entbehren.

Man wird zu dem Ergebnis kommen müssen, daß es angesichts der Vielheit möglicher internationaler Einrichtungen keine allgemeine Antwort auf die Frage geben kann, in welchem Umfang eine Homogenität des Strukturaufbaues zu fordern ist. Sie wird um so geringer bleiben können, als die anstaltlich zu lösende Sachaufgabe überwiegt, um so deutlicher hervortreten müssen, je mehr das Element der Personalherrschaft hervortritt. Ich bin mir bewußt, daß diese Relativierung des Vorbehaltes struktureller Homogenität der internationalen Einrichtung nicht so brilliant erscheint wie die grundsätzliche Forderung oder Verneinung einer solchen Bindung. Doch scheint mir angesichts der substantiellen Mannigfaltigkeit möglicher internationaler Einrichtungen, insbesondere solcher mit Anstaltscharakter, eine solche Differenzierung unumgänglich.

b) Aus denselben Gründen läßt sich auch die zweite Frage nicht allgemeinverbindlich beantworten, ob Art. 24 in Verbindung mit Art. 79 III und Art. 1 GG eine Einräumung von Hoheitsrechten an internationale Einrichtungen nur dann erlaubt, wenn zugleich die Verbindlichkeit der Grundrechte im Umfange und mit der Schutzfunktion des Grundgesetzes für die Anwendung öffentlicher Gewalt durch diese Gemeinschaften gesichert ist. Die Bundesregierung hatte im Wehrstreit diese Frage offengelassen. Sie war damals auch nicht von vordringlichem Interesse, da Art. 3 § 1 des Vertrages über die Gründung der Europäischen Verteidigungsgemeinschaft (EVG) den grundrechtlichen Schutz zum Inhalt des Gemeinschaftsstatuts erheben wollte mit den Worten: „Die Gemeinschaft ... greift nur ein, soweit dies zur Erfüllung ihrer Aufgabe erforderlich ist; sie wahrt dabei die staatsbürgerlichen Rechte und die Grundrechte des einzelnen“[63]).

Soweit sich die Literatur mit der Frage allgemein beschäftigte, hat sie sich zum Teil unter Berufung auf Art. 79 III und Art. 1 GG dazu bekannt, daß durch die Übertragung der Hoheitsrechte nach Art. 24 der Schutz der Grundrechte der deutschen Verfassung dem deutschen Bürger nicht entzogen werden dürfe[64]).

Von anderer Seite wurde es für hinreichend angesehen, wenn im Hoheitsbereich der internationalen Gemeinschaft jener internationale Mindeststandard an Grundrechten gesichert wurde, wie er sich etwa im Fremdenrecht herausgebildet habe und in der Menschenrechtskonvention des Europarats zum Ausdruck komme[65]).

Diese letzte Ansicht versucht der Schwierigkeit zu entgehen, die sich daraus ergeben würde, daß beim Wirksambleiben der speziellen Grundrechte eines jeden Mitgliedsstaates im Verhältnis zu seinen Angehörigen sich unterschiedliche Berechtigun-

---

[63]) Vgl. auch Art. 19 des Justizprotokolls sowie das Protokoll über die allgemeinen Strafrechtsgrundsätze.

[64]) Maunz, in: Der Kampf um den Wehrbeitrag, II, S. 598.

[65]) Kaufmann, aaO., II, S. 60.

gen der Rechtsunterworfenen der internationalen Gemeinschaft ergeben könnten.

Bei der Suche nach Grundrechten in den Statuten der drei europäischen Gemeinschaften stellten wir fest, daß außer dem allem Recht inhärenten Willkürverbot lediglich einzelne bei konkreten Spezialfragen punktuell, eklektisch und meist nur programmatisch auftretende Bezugnahmen auf Grundrechtswerte, — zumal den der Gleichheit —, zu finden sind. Eine allgemeine und grundsätzliche Gewährleistung der Menschenwürde, Handlungsfreiheit, Gleichheit, Gewissensfreiheit, Koalitionsfreiheit, Freizügigkeit, Freiheit der Berufswahl und Unverletzlichkeit der Wohnung ist dagegen nicht zu sehen, obgleich die Eingriffe der genannten Gemeinschaften durchaus geeignet sein können, diese Freiheiten zu verletzen. Soweit Grundrechte im deutschen Grundgesetz unter dem Vorbehalt des einfachen Gesetzes stehen, erweisen sie sich als schwächer als das Zustimmungsgesetz des Art. 24 I GG, da dieses den Vorbehalt ausfüllt und Art. 24 GG die Vollmacht zur Durchbrechung der Formvorschrift des Art. 19 I Satz 2 GG erteilt. Wegen dieser Durchbrechungsvollmacht gilt dasselbe auch nach den oben getroffenen Feststellungen, soweit die Grundrechte sich durch verfassungsänderndes — und damit auch durch verfassungsdurchbrechendes — Gesetz abwandeln lassen[66]). Aber hier beginnt das große Problem, wie weit denn die oben genannten Grundrechte, die durchweg nicht unter einfachem Gesetzesvorbehalt stehen, durch verfassungsänderndes oder verfassungsdurchbrechendes Gesetz aufgehoben oder verändert werden können.

In jedem Fall ist durch die unabänderliche Festlegung des Art. 1 Abs. 3 nicht nur die Würde des Menschen, sondern auch ein umfassender Bestand der unmittelbar aus dieser Würde hervorgehenden weiteren Grundrechte gegen Verfassungsänderungen absolut gesichert[67]). Die Frage, welchen Umfang dieser Restbestand unantastbarer Grundrechte hat, kann im Rahmen dieses Berichtes nicht im einzelnen geklärt werden.

Räumt die Bundesrepublik internationalen Gemeinschaften Hoheitsrechte ein, ohne dafür Sorge zu tragen, daß die daraus resultierende öffentliche Gewalt dieser Gemeinschaften eine Grenze an diesem Restbestand unveräußerlicher deutscher Grundrechte erfährt, so würde ihr Handeln verfassungs-

---

[66]) Thoma, aaO., II, S. 161 f., will die Grundrechte für das verfassungsändernde Gesetz grundsätzlich disponibel machen. Dagegen Maunz, aaO., II, S. 600.

[67]) So richtig Maunz-Dürig, aaO., Art. 1 II, Rdnr. 75 ff.

widrig sein. Dabei kann es nicht allein darauf ankommen, daß diese Grundrechte in die Rechtsordnung der internationalen Gemeinschaft Aufnahme finden. Es muß zugleich auch dafür gesorgt werden, daß sie durch die Bereitstellung eines geeigneten Rechtsschutzverfahrens für den Betroffenen aktualisierbar sind.

Ich halte es nicht für die Aufgabe dieses keinen unmittelbar praktischen Zielen, sondern einer theoretischen Erkenntnis dienenden Berichtes, durch eine Exegese der Einzelvorschriften festzustellen, ob die Satzungen der drei europäischen Gemeinschaften in ihrer jetzigen Gestalt und in ihrer praktisch möglichen Auswirkung auf die Betroffenen diesen unveränderlichen Kernbestand deutscher Grundrechte sichern.

Käme das Bundesverfassungsgericht im Zuge der Verfassungsbeschwerde eines in diesem Grundrechtskernbereich Betroffenen oder bei einer anderweitigen Normenkontrolle zu einer negativen Entscheidung dieser Frage, so müßte es das unteilbare Zustimmungsgesetz gemäß § 95 III BVGG für nichtig erklären.[68])

Damit würde nicht nur die innerstaatlich deutsche Verbindlichkeit des Gemeinschaftsstatuts beseitigt werden, sondern — wegen der zugleich erwiesenen absoluten Unzuständigkeit der Gemeinschaftsbehörden zur Ausübung öffentlicher Gewalt in der Bundesrepublik — auch die Wirksamkeit der auf dem Statut beruhenden Rechtsakte dieser Gemeinschaftsorgane im Geltungsbereich des Grundgesetzes entfallen. Die Prüfung der Frage, wieweit die völkerrechtliche Verpflichtungswirkung fortbesteht, liegt außerhalb des Rahmens dieses Berichtes.

## VII.

Ich bin am Ende meiner Darlegungen angelangt. Soll ich sie zusammenfassen, so würde ich im Bewußtsein der Gefährlichkeit glatter Formulierungen auf einem erregend neuartigen und noch wenig durchforschten Gebiet etwa sagen:

1. Die Ausübung öffentlicher Gewalt durch internationale Staatengemeinschaften auf gegenständlich abgegrenzten Sachgebieten obrigkeitlicher Regelung im Bundesgebiet spricht nicht gegen die Geschlossenheit der Staatsgewalt der Bundesrepublik und auch nicht für die bundesstaatliche Qualität der internationalen Gemeinschaft.

2. Das dabei betätigte „transnationale" Recht unterscheidet sich der Herkunft nach vom staatlichen Recht, dem Inhalt nach

---

68) Zur verfassungsgerichtlichen Überprüfbarkeit der Zustimmungsgesetze vgl. BVerfGE 1.396 ff. (410); 2.307 ff. (312); 4.157 ff. (162).

vom Völkerrecht und bildet eine dritte Rechtsmasse, die wir das „interne Staatengemeinschaftsrecht“ nennen mögen.

3. Der dem Staatengemeinschaftsrecht unterfallende Herrschaftsbereich kann rechtsstaatlich geringer ausgestattet sein als der dem staatlichen Recht unterliegende Bereich.

4. Diese rechtsstaatliche Unterentwicklung findet ihre Grenzen an dem Gebot der Homogenität struktureller und materieller Fundamentalentscheidungen; doch kann eine Artähnlichkeit der Organe nur verlangt werden, wo es sich um die Ausübung artähnlicher und wirkungsverwandter Funktionen handelt, eine Artähnlichkeit der individuellen Grundrechte nur hinsichtlich des auch für das verfassungsändernde Gesetz unantastbaren Kernbestandes. In dieser begrenzten Affinität erschöpft sich die Beziehung zwischen den Wert- und Strukturentscheidungen von Staat und Staatengemeinschaft.

5. Nur wenn auch diese Gebote nicht beachtet sind, ist die „Übertragung des Hoheitsrechtes“ im Sinne des Art. 24 GG verfassungswidrig. Sie kann auf die Verfassungsbeschwerde hin vom Bundesverfassungsgericht für nichtig erklärt werden mit der Folge, daß auch die darauf beruhenden Akte öffentlicher Gewalt der Organe internationaler Gemeinschaften als Akte absolut unzuständiger Behörden zwangsläufig ihre Wirkung verlieren. Im übrigen ist dem betroffenen deutschen Bürger ein Rechtsschutz vor deutschen Gerichten und nach den Wertentscheidungen der deutschen Verfassung verwehrt.

Nur die Geschichte wird die bange Frage entscheiden können, ob nicht das Grundgesetz in Art. 24 eine zu kostbare Vorleistung erbracht hat, als es die gleichmäßige Geltung der Rechtsstaatlichkeit und die Lückenlosigkeit des materiellrechtlichen und verfahrensrechtlichen Rechtsschutzes im Bundesgebiet, — und damit zwei ihrer wertvollsten Errungenschaften, — zugunsten der Einigung Europas und der Welt preiszugeben sich bereit fand.

## Leitsätze des Berichterstatters über: Das Grundgesetz und die öffentliche Gewalt internationaler Staatengemeinschaften

*I.*

*Öffentliche Gewalt ist hoheitliche Einwirkung auf die Eigensphäre individueller Rechtssubjekte durch Gesetzgebung, Rechtsprechung und Verwaltung.*

*a) Der hier interessierende allgemeine rechtstheoretische Begriff beschränkt sich nicht auf Akte staatlicher Hoheitsgewalt, sondern umfaßt alle Äußerungen hoheitlichen Handelns.*

*b) Auch Staatengemeinschaften können begrifflich öffentliche Gewalt in diesem Sinne innerhalb und außerhalb ihrer Mitgliedsstaaten ausüben.*

*II.*

*Internationale Staatengemeinschaften sind Staatenverbindungen, die nicht auf einem staatsrechtlichen Gründungsakt, sondern auf einem völkerrechtlichen Verpflichtungsverhältnis beruhen.*

*a) Öffentliche Gewalt im genannten Sinne üben von ihnen insbesondere die sogenannten „supranationalen" wirtschaftsbezogenen europäischen Gemeinschaften aus. Sie gehören zu den internationalen Staatengemeinschaften, da sie sich zwar zum Teil bundesstaatlicher Organisationsformen bedienen, ihnen aber die Entscheidungspräponderanz des echten Bundesstaates fehlt.*

*b) Das von ihnen mit Direktwirkung gegenüber individuellen Rechtssubjekten gesetzte „transnationale" Recht unterscheidet sich wegen seines völkerrechtlichen Geltungsgrundes vom Landesrecht, wegen seiner typischen Inhalte und Adressaten vom Völkerrecht und bildet als „Internes Staatengemeinschaftsrecht" eine gesonderte Rechtsmasse.*

*III.*

*Für die Rechtsstellung deutscher Individuen und Unternehmen in dem Bereich, den die Bundesrepublik der öffentlichen Gewalt dieser Gemeinschaften eingeräumt hat, sind grundsätzlich nicht die materiellen und formellen*

*Rechtsschutzvorschriften des Grundgesetzes Art. 1 ff., 19 IV GG) bestimmend, sondern die besonderen Vorschriften des Gemeinschaftsrechtes.*

*a) Die Rechtssysteme dieser Gemeinschaften wollen nicht, wie das Grundgesetz, eine geschlossene Welt transzendenter menschenbezogener Werte verwirklichen, sondern eine zeitgebundene Auslese immanenter sachbezogener Zweckhaftigkeiten.*

*b) Sie enthalten daher auch kein Bekenntnis zu einem System allgemeiner individueller Grundrechte, sondern erwähnen nur punktuell und eklektisch einzelne Grundrechtswerte im Zusammenhang mit bestimmten geplanten Sachmaßnahmen.*

*c) Der von ihnen geschaffene Rechtsschutz soll nur die Vertragskonformität der Eingriffe sichern, nicht aber die Übereinstimmung mit mitgliedsstaatlichen oder völkerrechtlichen Fundamentalnormen.*

*d) Durch die in das Recht der Mitgliedsstaaten transformierte Begründung ausschließlicher Zuständigkeit des Gerichtshofes der Europäischen Gemeinschaften für alle Fragen der Auslegung und Anwendung des Gemeinschaftsrechtes ist grundsätzlich ein Rechtsschutz durch deutsche Gerichte ausgeschlossen.*

## IV.

*Mit der Zulassung öffentlicher Gewalt internationaler Staatengemeinschaften im Sinne des Art. 24 I GG vermag die Bundesrepublik rechtsstaatlich unterschiedlich ausgestattete Räume innerhalb ihres Lebensbereiches zu schaffen und ihre Angehörigen oder Gruppen von ihnen auf einzelnen Gebieten einer rechtsstaatlich gegenüber der allgemeinen Verfassungsgarantie geringer gesicherten Existenz preiszugeben. Sie opfert damit den verfassungsrechtlich besonders betonten Grundsatz der gleichmäßigen Geltung der Rechtsstaatlichkeit und der Lückenlosigkeit des materiellen und formellen staatlichen Rechtsschutzes.*

## V.

*Die verfassungsrechtliche Befugnis zu dieser Preisgabe findet ihre Grenze an dem Gebot der Homogenität struktureller und materieller Fundamentalentscheidungen in Bundesrepublik und Staatengemeinschaft.*

a) *Eine strukturelle Artähnlichkeit der Organe internationaler Gemeinschaften kann nur verlangt werden, wo artähnliche und wirkungsverwandte Funktionen ausgeübt werden, eine materielle Artähnlichkeit der Individualgrundrechte nur hinsichtlich ihres auch für das verfassungsändernde Gesetz unantastbaren Kernbestandes.*

b) *Nur bei einer Verletzung dieser im einzelnen festzustellenden Grenzen ist das zur „Übertragung des Hoheitsrechtes" im Sinne des Art. 24 I GG notwendige Zustimmungsgesetz verfassungswidrig mit der Wirkung, daß es im Wege der Normenkontrolle zumal auf Verfassungsbeschwerde des Verletzten hin vom Bundesverfassungsgericht für nichtig erklärt werden kann und daß damit auch die auf dem Zustimmungsgesetz beruhende Geltung der Akte öffentlicher Gewalt der Staatengemeinschaft zwangsläufig entfällt.*

# Das Grundgesetz und die öffentliche Gewalt internationaler Staatengemeinschaften

2. Mitbericht von Professor Dr. Werner Thieme, Saarbrücken

## I.

Der Abschluß des Vertrages über die Europäische Verteidigungsgemeinschaft[1]) und der sich daran anschließende sog. Wehrstreit haben in der verfassungsrechtlichen Auseinandersetzung zu eingehenden Erörterungen darüber geführt, in welchem Verhältnis das GG zu den zwischenstaatlichen Organisationen und der von ihnen ausgeübten öffentlichen Gewalt steht[2]). Die damals aufgeworfenen Fragen haben weder eine höchstrichterliche Entscheidung erfahren, nachdem der Bundespräsident den Antrag auf Erstattung eines Gutachtens beim Bundesverfassungsgericht zurückgenommen hat[3]), noch sind sie von praktischer Bedeutung geworden, nachdem die französische Nationalversammlung dem Vertrag über die Europäische Verteidigungsgemeinschaft die Zustimmung verweigert hat. Unser Problem hat daher zunächst an Aktualität verloren. Gleichwohl stellt es sich, wie zu zeigen sein wird, auch heute noch und wird sich in Zukunft in vielleicht noch stärkerem Maße stellen, wenn es gelingen sollte, den Vorgang der europäischen Integration weiter voranzutreiben.

Wenn das Thema vom Referenten verlangt, daß er über das GG und die öffentliche Gewalt der zwischenstaatlichen Gemeinschaften spricht, so handelt es sich — so wie ich das Thema aufgefaßt habe — um einen Vergleich des GG mit der öffentlichen Gewalt der zwischenstaatlichen Gemeinschaften. Dieser Vergleich soll nun aber in erster Linie nicht so erfolgen, daß den möglichen Kollisionsfällen im einzelnen nachgespürt wird. Nachgegangen werden soll vor allem der Frage, wie das Problem der Kollision von GG und öffentlicher Gewalt zwischenstaatlicher Gemeinschaften grundsätzlich zu lösen ist. Das aber bedeutet, daß ihr Rang und ihre Wirkungskraft miteinander gemessen werden. Ich habe das Thema wörtlich aufge-

---

1) BGBl. 1954 II S. 342.

2) Der Kampf um den Wehrbeitrag, Veröffentlichungen des Instituts für Staatslehre und Politik e. V. in Mainz, 2 Bde. 1952/53 (im folgenden: „Wehrbeitrag").

3) Wehrbeitrag Bd. II S. 11.

faßt und spreche daher nicht von einem Vergleich der nationalen Rechtsordnung insgesamt mit der zwischenstaatlichen Ordnung, sondern nur vom GG, von der höchsten Norm des geschriebenen Rechts der Bundesrepublik. Das positive Material, aus dem ich schöpfe, entnehme ich grundsätzlich nur dem Recht der drei Europäischen Gemeinschaften, der Montan-Union, der Wirtschaftsgemeinschaft und der Atomgemeinschaft[4]).

Damit ist das Thema im wesentlichen abgegrenzt. Klarzustellen ist noch folgendes. Der Vergleich kann aus verschiedener Sicht erfolgen, einerseits aus der Sicht der Gemeinschaften, andererseits aus der Sicht des Staates. Es kann gefragt werden, wie die Organe der Gemeinschaften Kollisionsfälle ihrer Rechtsordnung mit dem GG lösen, und es kann gefragt werden, wie die staatlichen Organe sich in solchen Kollisionsfällen verhalten.

## II.

Die erste Frage interessiert nur im geringen Maße. Sie gibt zudem auch weniger Probleme auf. Zu ihr kann in aller Kürze das Folgende bemerkt werden:

1. Wenn das Gemeinschaftsrecht mit dem nationalen Recht kollidiert, so sind die Gemeinschaftsorgane verpflichtet, das Gemeinschaftsrecht und nur dieses anzuwenden. Der Einwand, die nach dem Gemeinschaftsrecht vorgeschriebene oder erlaubte Maßnahme sei nach innerstaatlichem Recht unzulässig, ist für sie belanglos. Dagegen kann auch nicht geltend gemacht werden, die Rechtsordnung der Gemeinschaften sei erst von den Mitgliedsstaaten geschaffen worden und deren Möglichkeit rechtlich wirksamen Handelns sei durch ihre innerstaatliche Verfassung beschränkt, sie hätten also die Gemeinschaftsorgane nicht zu einem Tun ermächtigen können, das ihnen selbst verboten sei.

Mit Recht geht — soweit ich sehe — die Meinung einhellig dahin, daß die Gemeinschaftsorgane den Einwand der Verfassungswidrigkeit von Rechtsnormen oder Entscheidungen der Gemeinschaft nicht berücksichtigen können. Der Europäische

[4]) Das Problem stellt sich ferner, wenn auch in etwas anderer Weise im Verhältnis der Europäischen Menschenrechtskonvention zum GG. Vgl. hierzu Brill, Bundestag 1. Wahlperiode, Drucksache Nr. 3338 unter Nr. 2, 2; Weiss, Die Europäische Konvention zum Schutze der Menschenrechte und Grundfreiheiten, 1954, S. 32; Zinn-Stein, Die Verfassung des Landes Hessen, Bd. 1 1954, S. 90; Echterhölter, JZ 1955, 689 ff.; v. Weber, MDR 1955, 386; Hild. Krüger, ZBR 1955, 289 ff.; Herzog, DÖV 1959, 44 ff.; Golsong, Das Rechtsschutzsystem der Europäischen Menschenrechtskonvention 1958, S. 9 mit weiteren Angaben. Für Österreich: vgl. Ermacora, Juristische Blätter, 1959, S. 396 ff.

Gerichtshof muß also, wenn das Gemeinschaftsrecht das fordert, z. B. eine Klage eines deutschen Unternehmens auch dann abweisen, wenn er sich davon überzeugt, daß die Abweisung in der Bundesrepublik mit Rücksicht auf Art. 19 Abs. 4 GG oder ein anderes Grundrecht nicht möglich sein würde. Aus der Sicht der Gemeinschaftsorgane kommt dem Recht der Gemeinschaft und den Entscheidungen von Gemeinschaftsorganen ein Vorrang vor allem nationalen Recht einschließlich dem Verfassungsrecht zu.

Zur Begründung dieser Ansicht läßt sich mehreres anführen. Zum Teil sind es Argumente, die mehr vom Praktischen her gesehen sind. So etwa, wenn auf die Schwierigkeit hingewiesen wird, der die Gemeinschaftsorgane ausgesetzt sind, wenn sie in jedem Fall nicht nur prüfen müssen, ob eine beabsichtigte Maßnahme nach Gemeinschaftsrecht zulässig ist, sondern ob sie auch mit der Verfassung aller Mitgliedsstaaten vereinbar ist. Durchschlagender erscheint mir das folgende, ebenfalls aufs Praktische sehende Argument, daß u. U. das Gemeinschaftsrecht in allen Mitgliedsstaaten unterschiedlich ist, daß einige Bestimmungen oder Entscheidungen nur in einem Teil der Mitgliedsstaaten Geltung haben würden[5]). Wollte man — immer vom Standpunkt der Gemeinschaftsorgane aus gesehen — die Möglichkeit einräumen, daß widersprechendes nationales Verfassungsrecht dem Gemeinschaftsrecht vorgeht, so könnten die Mitgliedsstaaten sogar durch eine Verfassungsänderung die Rechte der Gemeinschaftsorgane einschränken.

Wichtiger als diese Argumentation erscheint mir noch die Tatsache, daß völkerrechtliche Verträge, die in gehöriger Form geschlossen und ratifiziert sind, — vom Standpunkt des Völkerrechts aus auch dann gelten, wenn ihr Abschluß nach innerstaatlichem Recht verboten war. Vom Standpunkt des Völkerrechts handelt der Vertragschließende rechtswidrig, wenn er unter Berufung auf innerstaatliche rechtliche Hindernisse die Ausführung des eingegangenen Vertrages verweigert. Völkerrechtlich hat der Vertragschließende vielmehr die Verpflichtung, seine Rechtsordnung so zu gestalten, daß er die eingegangenen Verträge erfüllen kann[6]).

Das gilt auch im Verhältnis zwischen dem Verfassungsrecht der Mitgliedsstaaten und der Rechtsordnung der Gemeinschaften. Zwar handelt es sich bei dem Recht der Gemeinschaften nicht um Völkerrecht im klassischen Sinne. Die Tatsache, daß hier juristische Personen entstanden sind, die einige Züge von

---

[5]) Münch, Berichte der Deutschen Gesellschaft für Völkerrecht, Heft 2 1957, S. 83 (im folgenden: Münch, Berichte).

[6]) BVerfGE 6, 365; Knöpfle, NJW 1959, 553 ff.

Bundesstaaten in sich tragen und die Hoheitsrechte auf dem Gebiet und gegenüber den Einwohnern der Mitgliedsstaaten ausüben dürfen, verändert die Rechtsqualität der Normen, die die Gemeinschaft regieren. Aber auch die Rechtsordnung der Gemeinschaften gehört insofern dem Völkerrecht an, als es sich um eine überstaatliche Rechtsordnung handelt, die aus der Sicht der klassischen Rechtsordnung, die auf den Staaten als den obersten Einheiten rechtlichen Handelns aufbaut, dem zwischenstaatlichen Bereich zuzuweisen ist[7]). Diese Verwandtschaft zum Völkerrecht oder sogar die Zugehörigkeit zum Völkerrecht im weiteren Sinne erlaubt es, auch hier eine Gültigkeit des Gemeinschaftsrecht aus der Sicht der Gemeinschaften unabhängig von der innerstaatlichen Rechtmäßigkeit zu postulieren[8]). Richtig scheint mit daher das zu sein, was Herbert Krüger[9]) zu dieser Frage gesagt hat, daß das „Übertragen" im Sinne des Art. 24 Abs. 1 GG nicht naturalistisch gedeutet werden dürfe.

Dieses Ergebnis wird durch folgende Überlegungen gestützt. Es handelt sich bei dem Gemeinschaftsrecht um eine Rechtsordnung, die eine gewisse Eigenständigkeit und Geschlossenheit besitzt[10]). Insb. den Gemeinschaftsorganen steht nur diese Rechtsordnung zur Verfügung. Sie können daher nationales Recht überhaupt nicht anwenden, es sei denn, die spezielle Rechtsordnung der Gemeinschaft verweist auf dieses. Das aber gilt, wie die Untersuchung von Pierre Mathijsen gezeigt hat, nur für Ausnahmefälle[11]). Es gilt keinesfalls in dem Sinne, daß die nationalen Rechtsordnungen allgemeine Schranken für das von den Gemeinschaftsorganen anzuwendende Recht enthalten.

2. Allerdings möchte ich hiervon eine Ausnahme machen. Die Grundrechte der nationalen Verfassungen genießen eine Sonderstellung im Rahmen des Gemeinschaftsrechts. Sie sind nicht singuläre Vorschriften einer nationalen Verfassung, sondern kommen im Verfassungsrecht aller sechs Mitgliedsstaaten der europäischen Gemeinschaften vor[12]). Sie sind Ausdruck einer

---

7) Scheuner, Festschrift f. Verdross, 1960, S. 230 f., 235.

8) Ebenso Catalano, in: Actes Officiels du Congrès d'Etudes sur la C. E. C. A. 1957 (im folgenden: Actes Officiels) Bd. 2, S. 208, und de Visscher, ebd. S. 46 f., allerdings mit Einschränkungen. Übereinstimmend Generalanwalt Lagrange, Rspr. GH. EGKS. Bd. 2, S. 266 ff.

9) DÖV 1959, 721 ff. (724).

10) Schlochauer, JZ 1951, 290; Schüle, ZaöRV 16, 244; ähnlich Much, Die Amtshaftung im Recht der EGKS, 1952 (im folgenden: „Amtshaftung"), S. 22.

11) Le Droit de la C. E. C. A., 1958, S. 91 ff.

12) Jerusalem, Das Recht der Montan-Union, 1954, S. 70.

gemeinsamen Rechtsüberzeugung. Am besten bringt ihre Bedeutung wohl die französische Verfassung, sowohl die der vierten als auch die der fünften Republik, zum Ausdruck, wenn sie durch Bezugnahme auf die Erklärung der Menschen- und Bürgerrechte von 1789 den Vorrang der Grundrechte vor aller Staatsgewalt deutlich macht. Soweit in den Rechtsordnungen der Mitgliedsstaaten der Vorrang bestimmter Grundrechte übereinstimmend festgelegt wird, wird man auch für die von ihnen gebildeten Gemeinschaften die Grundrechte als ein Stück ungeschriebenen Verfassungsrechts ansehen können, das auch die Hoheitsgewalt der Gemeinschaftsorgane bindet[13]). Auch hier scheint mir Herbert Krüger[14]) wiederum das Rechte getroffen zu haben, wenn er sagt, daß Verfassungs- und Rechtsstaaten heute als unfähig zur Schöpfung unverfaßter und unverrechtlichter öffentlicher Gewalt angesehen werden müssen.

## III.

1. Ich möchte mich nunmehr der eigentlichen Fragestellung zuwenden und das Problem aus der Sicht der staatlichen Organe angehen. Die Frage lautet präzis so: Wem haben die innerstaatlichen Organe im Konfliktfall zwischen dem GG und dem Gemeinschaftsrecht bzw. Akten von Gemeinschaftsorganen den Vorrang zu geben? Das GG mißt sich selbst — wenn wir einmal von der hier nicht interessierenden Problematik des Art. 79 Abs. 3 absehen — den höchsten Rang in der Normenhierarchie bei mit der Folge, daß alle widersprechenden Normen nicht nur verboten, sondern auch unwirksam sind. Die Frage geht hier dahin, ob das nur im Verhältnis zum innerstaatlichen Recht oder auch zum Gemeinschaftsrecht gilt. Für das gewöhnliche Völkerrecht, das als Pflichtensubjekte grundsätzlich nur die Staaten kennt und das — jedenfalls nach der bei uns herrschenden und wohl auch zutreffenden dualistischen Ansicht — stets der Transformation bedarf, um für die innerstaatlichen Organe wirksam zu werden, und das kraft der speziellen Transformation durch einen Akt, der im Rang unter dem GG steht, selbst einen Rang unter dem GG hat, ergibt sich, daß die Kollision mit einer innerstaatlichen Verfassungsnorm zur Unwirksamkeit der völkerrechtlich vereinbarten Norm führt.

Diese Rechtsfolge, die für das Völkerrecht im allgemeinen gilt, gilt jedoch nicht notwendig für das Verhältnis von GG und

---

13) A. M. Münch, Berichte, S. 76, der im Gegensatz zum staatlichen und zum Völkerrecht bei dem Recht der supranationalen Gemeinschaften ungeschriebene Rechtssätze nicht für möglich hält, da es sich bei diesen Gemeinschaften nicht um notwendige Bindungen unseres Rechtssystems handelt.

14) DÖV 1959, 721 ff. (726).

Staatengemeinschaftsrecht. Der Vorrang der nationalen Verfassung vor dem transformierten Völkerrecht beruht auf der Vorstellung einer Souveränität des Staates, die notwendig alle von außen kommenden Einflüsse bricht, es sei denn, sie nimmt sie freiwillig in ihrem Willen auf. Davon macht auch Art. 25 GG keine Ausnahme, wenn er nach der zutreffenden Ansicht den allgemeinen Regeln des Völkerechts einen Vorrang vor dem nationalen Recht und damit vor dem GG selbst gibt[15]). Es ist auch das nur eine positive Entscheidung, die von dem als souverän vorgestellten Verfassungsgeber kraft eines ausdrücklichen Aktes getroffen worden ist.

Bei den zwischenstaatlichen Gemeinschaften dagegen besteht dieser Tatbestand nicht ohne weiteres und selbstverständlich. Sie üben ein Stück Souveränität auf dem Boden und gegenüber den Bewohnern der Mitgliedsstaaten aus. Die partielle Einschmelzung der Souveränität der Mitgliedsstaaten durch Errichtung der Gemeinschaften[16]) ist derjenige Tatbestand, der alle Überlegungen, die für das Völkerrecht im allgemeinen gelten, hier zweifelhaft macht.

Wenn damit ein möglicherweise bestehender Vorrang des Gemeinschaftsrechts vor dem GG angenommen wird, so sind jetzt zunächst die verschiedenen Möglichkeiten, durch die der Vorrang bestehen könnte, zu prüfen. Es sind zwei verschiedene Fragen ins Auge zu fassen. Einmal ist zu prüfen, ob und in welchem Umfange das GG selbst bereit ist, zugunsten des Rechts und der öffentlichen Gewalt der zwischenstaatlichen Gemeinschaften auf seinen Vorrang zu verzichten. Es ist das die Frage, inwieweit das GG auf Grund des Art. 24 Abs. 1 Verfassungsdurchbrechungen zuläßt. Die andere Frage geht dahin, ob nicht von der Rechtsfolge her selbst eine vom GG nicht zugelassene Verfassungsdurchbrechung doch noch kraft einer Überlegenheit des Gemeinschaftsrechts eine innerstaatliche Wirksamkeit entfaltet. Ich möchte diese beiden Fragen nacheinander behandeln.

2. Ich beginne mit Art. 24 Abs. 1. Diese Bestimmung erlaubt Verfassungsdurchbrechungen zugunsten von zwischenstaatlichen Gemeinschaften in zweifacher Hinsicht. Einerseits bedarf die Übertragung von Hoheitsrechten gemäß Art. 24 nicht nur nicht der qualifizierten Mehrheiten des Art. 79 Abs. 2. Andererseits befreit Art. 24 Abs. 1 auch von der Verpflichtung, bei einer

---

[15]) Menzel, VVDStRL 13, S. 214 Note 49; Münch, Beiträge, S. 86; Kraus, Festschrift f. Laun, 1953, S. 223 ff. (227); v. Mangoldt-Klein, 2. Aufl. S. 680 ff. mit weiteren Angaben. A. M. BVerfGE 6, 363.

[16]) Ähnlich Mosler, Recht—Staat—Wirtschaft III 1951, S. 249, der von einer „teilweisen Fusion der Souveränität" spricht.

materiellen Änderung des Verfassungszustandes den Wortlaut des GG ausdrücklich zu ändern[17]).

Selten ist bei der Entstehung einer Norm so klar zum Ausdruck gekommen, was der Gesetzgeber wollte, wie hier. Mag anhand des Textes des GG zweifelhaft sein, ob das Wort „Gesetz" auch das verfassungsändernde Gesetz mit einschließt, die Tatsache, daß im Parlamentarischen Rat ein Antrag, die Übertragung von Hoheitsrechten von einem verfassungsändernden Gesetz abhängig zu machen, niedergestimmt worden ist, dürfte deutlich genug sein[18]). Ich glaube, man setzt sich nicht dem Vorwurf des Materialienkults aus, wenn man dieses Argument für durchschlagend hält[19]).

Allerdings kann man natürlich auch an dem Gegenargument nicht vorübergehen, daß hier etwas ganz Ungewöhnliches geschehen sei, das in das Schema des GG nicht recht hineinpassen will. Art. 79 gibt dem GG einen absoluten Vorrang und sichert ihn durch qualifizierte Mehrheiten. Im Interesse der Klarheit duldet er keine Verfassungsdurchbrechung. In der Tat ist Art. 24 insofern ein Fremdkörper im GG. Aber das allein berechtigt noch nicht, die hier gefundene Auslegung für falsch zu halten. Die ganze bisherige Auslegungsarbeit am GG hat oft genug gezeigt, daß nicht alles bis ins letzte systematisch zusammenpassen will. Auch an anderen Stellen sind parallele Fälle unter unterschiedliche Regeln gestellt. So stehen auch hier wohl zwei völlig verschiedene Verfahren zur Verfassungsänderung nebeneinander, das allgemeine nach Art. 79 und das den besonderen Fall des Art. 24 treffende, das nur ein einfaches Gesetz erfordert[20]). So auffällig ist die Regelung des Art. 24 auch innerhalb des GG noch nicht einmal, wie sie hingestellt worden ist. Über Art. 25, der ja den Vorrang der allgemeinen Regeln des Völkerrechts auch vor dem Verfassungsrecht bestimmt[21]), ist es möglich, daß nicht einmal die einfache Mehr-

[17]) Ebenso Stellungnahme der Bundesregierung, Wehrbeitrag Bd. 2, S. 29 f.; Scheuner, ebd. S. 140; Thoma, ebd. S. 161; W. Weber, ebd. S. 183; Wolff, ebd. S. 203 f.; Menzel, Bonner Kommentar, Erl. II 1 zu Art. 24 und VVDStRL 13, 211; Kraus, Die auswärtige Stellung der Bundesrepublik Deutschland nach dem Bonner Grundgesetz, 1950, S. 22; K. H. Klein, Die Übertragung von Hoheitsrechten, 1952, (im folgenden: „Übertragung") S. 28. A. M. Forsthoff, Wehrbeitrag, Bd. 2 S. 330 ff.; Loewenstein, ebd. 386; Klein, ebd. 465 f., und in v. Mangoldt-Klein, 2. Aufl., S. 662; Maunz, Wehrbeitrag Bd. 2, S. 594, 604 und Deutsches Staatsrecht, 8. Aufl., S. 264; Schätzel, Wehrbeitrag, Bd. 2, S. 632 ff.

[18]) Vgl. Jahrbuch d. öffl. Rechts. N.F. Bd. 1, 1951, S. 226.

[19]) Ebenso Kaufmann, Wehrbeitrag Bd. 2, S. 52.

[20]) Ebenso Krauss, DÖV 1953, 597 ff.

[21]) Vgl. Note 15.

heit des Bundestags eine Verfassungsdurchbrechung vornimmt, sondern daß die Verfassungsänderung ganz ohne Zutun staatlicher Stellen eintritt, sofern sich das allgemeine Völkerrecht, sei es durch den Wandel der Anschauungen, sei es durch die Rechtsprechung des Internationalen Gerichtshofes, sei es durch ein universalen Abkommen ändert[22]).

Besondere Bedeutung kommt in diesem Zusammenhang der Präambel des GG zu, wenn diese davon spricht, daß das deutsche Volk das GG beschlossen habe, „von dem Willen beseelt, in einem vereinten Europa dem Frieden der Welt zu dienen“. Wenn man bereit ist, der Präambel irgendeine aktuelle rechtliche Bedeutung beizumessen, kommt man an der Tatsache nicht vorbei, daß die Bundesrepublik, selbstverständlich einschließlich ihrer Verfassung, die das ja gerade ausspricht, sich in ein vereintes Europa einordnen will[23]). Die Einordnung in dieses Europa, die notwendig die Übertragung von Hoheitsrechten mit sich bringt, ist Verfassungsziel. Es liegt daher die Folgerung durchaus nahe, daß Maßnahmen, die dieses Verfassungsziel zu verwirklichen suchen, einem Sonderregime unterstellt sind und nicht an die Kautelen gebunden werden, denen Verfassungsänderungen unterliegen[24]).

3. Die Verfassungsdurchbrechungen, die Art. 24 Abs. 1 des GG zuläßt, sind nun, wie heute wohl unzweifelhaft, nicht schrankenlos. Einigkeit besteht dabei vor allem darin, daß nur die Übertragung einzelner Hoheitsrechte, nicht dagegen die Übertragung der gesamten Staatsgewalt zulässig ist. Bei den Verträgen über die Europäische Verteidigungsgemeinschaft und die Europäische Politische Gemeinschaft ist die Frage durchaus aktuell geworden, ob nicht bereits die Grenze dessen, was damit verboten wird, erreicht worden ist. Für die heute bestehenden europäischen Gemeinschaften, ebenso für die NATO, die Westeuropäische Union, den Europarat und die OEEC ist die Frage dagegen bisher, wie ich glaube mit Recht, noch kaum aufgeworfen worden.

Unter den Grenzen, die einer Verfassungsdurchbrechung auf Grund des Art. 24 gezogen sind, wird zumeist Art. 79 Abs. 3 genannt[25]). Allerdings will mir zweifelhaft erscheinen, ob er

---

22) Nicht unwichtig ist in diesem Zusammenhang auch der Hinweis, daß es schon stets internationale Organe gegeben hat, die — wenn auch eingeschränkter — Befehlsgewalt gegenüber ihren Mitgliedern ausgeübt haben; dazu Münch, Festschrift f. Wehberg,

23) Vgl. hierzu v. Mangoldt-Klein, 2. Aufl., S. 40 f., 44.

24) A. M. Maunz, Wehrbeitrag, Bd. 2, S. 598.

25) Vgl. hierzu Stellungnahme der Bundesregierung, in: Wehrbeitrag, Bd. 2, S. 31; Scheuner, ebd. S. 143; Maunz, ebd. S. 596; K. H. Klein, Übertragung, S. 44; Mosler, Festschrift f. Wehberg, S. 273 ff. (299); Schlochauer, ebd. S. 361 ff. (367).

wirklich die Grenze der zulässigen Verfassungsdurchbrechung angibt. Nach seiner systematischen Stellung hat es Art. 79 Abs. 3 nur mit den Verfassungsänderungen nach Art. 79 Abs. 1 und 2 zu tun. Auch der Wortlaut will nicht recht auf Art. 24 passen. Art. 24 nimmt ja nicht, wie es Art. 79 Abs. 3 vorschwebt, eine „Änderung des Grundgesetzes", sondern eine Durchbrechung des GG vor. Es kommt daher allenfalls eine entsprechende Anwendung des Art. 79 Abs. 3 auf die Veränderung der Verfassungsordnung nach Art. 24 in Betracht. Aber auch gegen die entsprechende Anwendung bestehen Bedenken. Wenn man schon im Art. 24 eine selbständige Ermächtigung zur Verfassungsdurchbrechung sieht und damit die Anwendbarkeit der ersten beiden Absätze des Art. 79 ablehnt, so ist es inkonsequent, die Anwendbarkeit des Absatzes 3, der sich auf die beiden ersten Absätze bezieht, zu bejahen. Man könnte allenfalls mit dem argumentum a fortiori arbeiten und die Schranken des Art. 79 Abs. 3 erst recht für die vereinfachte Verfassungsdurchbrechung nach Art. 24 fordern. Das scheint mir eine mögliche Erwägung zu sein. Aber dann ist es nicht der Art. 79 Abs. 3, der die Grenzen angibt, es sind vielmehr andere Tatsachen. Der Art. 24 hat, wenn er benutzt wird, um in verfassungsändernder Weise Hoheitsrechte zu übertragen, andere Grenzen, Grenzen, die ihm selbst immanent sind und die wesentlich enger als die Grenzen des Art. 79 Abs. 3 sind.

4. Besondere Beachtung verdient die Frage, in welchem Umfang die organisatorischen Vorschriften des GG durch die Übertragung von Hoheitsrechten berührt werden dürfen. Zweifellos ist es gerade der organisatorische Teil des GG, bei dem die Möglichkeit der Verfassungsdurchbrechung nach Art. 24 aktuell wird. Um so mehr ist es notwendig, für ihn die Grenzen zu ermitteln.

Die willkürliche Übertragung an irgendwelche Organe ist unzulässig. Herbert Kraus hat in diesem Zusammenhang von dem Erfordernis der „strukturellen Kongruenz" gesprochen[26]). Dabei hat er u. a. die Sicherung des Grundsatzes der Gewaltenteilung in den Gemeinschaften, auf die die Hoheitsrechte übertragen werden, gefordert. Dieser Forderung möchte ich grundsätzlich zustimmen. Allerdings wird man sie nicht überspannen dürfen. Die Teilung der Gewalten als Verfassungsgrundsatz ist in einer völlig anderen soziologischen und verfassungsgeschichtlichen Lage entstanden. Das GG, das die Ge-

---

[26]) Wehrbeitrag, Bd. 2, S. 551; Kruse, Festschrift f. Kraus, 1954, S. 112 ff.; ähnlich v. Mangoldt-Klein, S. 663; K. H. Klein, Übertragung, S. 22; Schlochauer, Festschrift f. Wehberg, S. 367.

waltenteilung im Art. 20 Abs. 3 auch zu einem obersten Verfassungsgrundsatz des geltenden Rechts erhebt, zeigt selbst an vielen Stellen, daß die radikal verstandene Gewaltenteilung nicht durchführbar ist und daher auch im Art. 20 nicht gemeint sein kann.

Ist schon insofern eine Einschränkung zu machen, so gilt das um so mehr, als sich die für die Staaten entwickelten Verfassungsgrundsätze nicht ohne weiteres auf zwischenstaatliche Einrichtungen übertragen lassen[27]). Die zwischenstaatlichen Gebilde, die die heutige völkerrechtliche Praxis kennt, reichen ja von den Büros, die Informationen sammeln und anschaulichen, über locker verbundene Koordinierungsinstanzen oder gerichtsartige Einrichtungen bis hin zu staatenbunds-- und bundesstaatsähnlichen Gebilden[28]). Für sie alle, ohne Rücksicht auf die Aufgabenstellung, eine Gewaltenteilung nach dem Muster der modernen Verfassungsstaaten zu fordern, scheint mir unmöglich. Man wird es sehr genau darauf abstellen müssen, welche Aufgaben (Normsetzung, Einzelakte oder Streitentscheidung) im Vordergrund stehen. Ferner wird man bedenken müssen, daß die Integrationsgewalt[29]), die ja ein Stück der auswärtigen Gewalt ist, in ihrer Durchführung auch nach dem GG in erster Linie der Exekutive zukommt. Die Vorstellungen der Gewaltenteilung gelten ja grundsätzlich nur für die nach innen gerichtete Staatstätigkeit, während gerade in der Außenpolitik das Parlament naturnotwendig eine nur geringe Wirkung entfalten kann. Wenn daher den Ministerräten der zwischenstaatlichen Gemeinschaften in erheblichem Maße Aufgaben der Normsetzung zustehen, so kann das noch nicht als Verletzung des Gewaltenteilungsgrundsatzes angesehen werden. Auch die drei europäischen Gemeinschaften sind in ihrem Aufbau mehr von dem üblichen Schema internationaler Organisationen gesehen, die regelmäßig einen Rat von Vertretern der Exekutive als oberstes Organ kennen, als vom Schema des staatlichen Aufbaus. Und in der Tat stehen auch sie den gewöhnlichen internationalen Organisationen noch näher als Staaten, da ihnen gerade ein wesentliches Element des Staates, die Möglichkeit zu echter politischer Entscheidung, fehlt. Erst dann, wenn die Integration einmal so weit vorangetrieben sein sollte, daß ein

---

27) Ebenso Scheuner, Wehrbeitrag, Bd. 2, S. 139; Mosler, in: Festschrift f. Wehberg, S. 273 ff. (274, 284); vgl. auch v. Merkatz, in: Festschrift f. Bilfinger, 1954, S. 223 ff. — A.M. Schriftsatz der SPD-Fraktion, Wehrbeitrag, Bd. 2, S. 281.

28) Zu den möglichen Formen internationaler Organisationen vgl. Münch, Festschrift f. Wehberg, S. 312 ff.

29) Zu ihr als besondere Ausformung der auswärtigen Gewalt vgl. Grewe, VVDStRL 12, 143.

staatsähnliches Gebilde entsteht, kann die Forderung nach einer dem staatlichen Vorbild entnommenen Teilung der Gewalten erhoben werden.

Allerdings darf nicht vergessen werden, daß dem Gedanken der Gewaltenteilung auch der Grundsatz der Hemmung der Gewalten immanent ist. Dieser Gewaltenhemmung nun kommt eine Bedeutung zu, die über die staatliche Organisation hinausgeht. Gewaltenhemmung ist Milderung der Macht. Nicht zu Unrecht werden Grundrechte und Gewaltenhemmung seit der Erklärung der Menschen- und Bürgerrechte von 1789[30]) in einem Atemzuge genannt. Diese grundrechtlichen Aspekte der Gewaltenteilung sind eine Schranke, die bei der Übertragung von Hoheitsrechten nach Art. 24 zu beachten ist. Es darf also in der Hand eines einzigen Organs der Gemeinschaft keine Machtkonzentration stattfinden, die die Freiheit gefährdet. Das heißt aber nicht, daß das Spiel der Kräfte zwischen den Gemeinschaftsorganen in den Einzelheiten ebenso ausgestaltet sein muß, wie es im Staat üblich ist[31]). Es ist sogar zweifelhaft, ob eine echte Hemmungswirkung zwischen zwei unitarischen Organen, etwa einem europäischen Parlament und der Kommission der Europäischen Wirtschaftsgemeinschaft zustande kommen könnte. Die hemmende Wirkung tritt ja nicht schon dann ein, wenn überhaupt zwei Organe vorhanden sind, sondern erst dann, wenn die verschiedenen soziologischen Kräfte, die zusammen und gegeneinander wirken, in bestimmten Organen zum Ausdruck kommen. Die Gewaltenhemmung ist daher z. B. viel besser garantiert, wenn Ministerrat und Kommission sich gegenseitig hemmen. Im übrigen gilt, gerade bei den drei europäischen Gemeinschaften, daß die erforderliche Hemmung und damit Milderung der Macht schon durch eine weitgehende gerichtliche Kontrolle gesichert ist.

5. Auf ein Sonderproblem möchte ich in diesem Zusammenhang eingehen. Walter Strauß[32]) hat die Frage aufgeworfen, ob nicht der in Art. 100 des EWG-Vertrages vorgesehene Erlaß von Richtlinien zur Angleichung des Wirtschaftsrechts der Mitgliedsstaaten durch den Ministerrat bedeutet, daß die Rechtsetzung auf die Exekutive übergegangen und der innerstaatliche Verfassungsaufbau ausgehöhlt worden ist. Angesichts der großen Reichweite des Art. 100 ist die Frage in der Tat in allem Ernst zu stellen. Wenn die dort geforderte „An-

---

[30]) Art. 16.

[31]) Ebenso v. Meibom, BB 1959, 127.

[32]) Fragen der Rechtsangleichung im Rahmen der europäischen Gemeinschaften, Schriften des Instituts für ausländisches und internationales Wirtschaftsrecht, Nr. 9, 1959.

näherung" auch keine Vereinheitlichung bedeutet, und wenn auch „Richtlinien" keine Einzelausführung gestatten, wenn also das Gesetzgebungsrecht auch keineswegs ausgeschaltet ist, so ist doch die Tatsache auffällig, daß der Ministerrat, also die vereinigten Vertreter der Exekutive, den Rahmen angeben, innerhalb dessen die nationalen Parlamente ihre Entscheidungen zu treffen haben. Es ist hier also das Verhältnis von Exekutive und Legislative gerade umgekehrt. Gegenüber dem Einwand einer Verletzung der Gewaltenteilung wird man allerdings darauf hinweisen dürfen, daß durch den Vorschlag der Kommission, der notwendige Voraussetzung des Erlasses der Richtlinien ist, ferner durch das Anhörungsrecht der Versammlung und des Wirtschafts- und Sozialausschusses, eine Verteilung auf mehrere Organe und damit auch eine Gewaltenteilung gewährleistet sei[33]). Es handelt sich im übrigen ja auch bei der Entscheidung des Ministerrats nicht um die Entscheidung der einzelnen Minister, sondern um die in einem supranationalen Organ zusammengefaßten Minister mehrerer Länder, wobei sogar eine Majorisierung möglich ist[34]). Das Verhältnis ist etwa dieses wie bei einer Rechtsverordnung, die die Bundesregierung mit Zustimmung des Bundesrats erläßt, die Bundesrecht schafft und damit die Länder, einschließlich ihrer Landtage, bindet.

Das Problem liegt im Grunde überhaupt nicht bei der Gewaltenteilung, sondern bei der demokratischen Legitimation[35]). Das mag das folgende Beispiel zeigen. Der Rat der Europäischen Wirtschaftsgemeinschaft erließ 1958 zwei Verordnungen über die soziale Sicherheit der Wanderarbeiter[36]). Diese Verordnungen waren als Abkommen zwischen den Mitgliedsstaaten der EWG verhandelt und hätten, wenn sie als solche geschlossen worden wären, der Ratifizierung durch die nationalen Parlamente bedurft. In diesem Fall erwies sich die Übertragung der Hoheitsrechte auf eine zwischenstaatliche Gemeinschaft als ein Weg, die Mitwirkung des Parlaments auszuschalten. Hieran zeigt sich auch die Grenze des Vergleichs mit den Verordnungen, die die Bundesregierung mit Zustimmung des Bundesrates erläßt. Im Bund ist eine demokratische Legitimation vorhanden. Die unabhängigen Gemeinschaftsorgane dagegen besitzen diese Legitimation nicht. Sie werden weder von der Versammlung

---

[33]) Vgl. dazu Jaenicke, ZaöRV 19, 175.

[34]) Vgl. EWG-Vertrag Art. 148.

[35]) Abendroth, Europa-Archiv 1951, S. 4385 ff. (4391), sowie ders. Außenpolitik 1952, 623 ff. (631). Dazu auch Jaenicke, ZaöVR 19, 179, sowie den Bericht in ZaöVR 20, 88 ff. (139 ff.).

[36]) VO Nr. 3 v. 25. 9. 1958, Eur. Gem. ABl. S. 561, und Nr. 4 v. 3. 12. 1958, ebd. S. 597. Zum Folgenden vgl. Everling, BB 1959, 52 ff.

gewählt noch unterstehen sie ihrer Verantwortung in einer wirksamen Weise.

Damit stellt sich das Problem, ob diese Gestaltung nicht die in Art. 24 gegebenen Möglichkeiten einer Übertragung von Hoheitsrechten überschreitet, ob die immanenten Schranken des Art. 24 hier nicht verletzt sind. Ich möchte die Antwort allgemein geben. Stets ist zu bedenken, daß zwischenstaatliche Einrichtungen keine Staaten sind, daß für sie die Grundsätze des demokratischen Staatsaufbaus daher auch nur nach Maßgabe ihrer Annäherung an staatliche Verhältnisse, d. h. aber nur dann gelten können, wenn bei ihnen eine Machtzusammenballung eintritt, die denjenigen Rahmen, der herkömmlich von der auswärtigen Gewalt der Exekutive gehandhabt zu werden pflegt, eindeutig erreicht[37]).

6. Die Möglichkeit von Verfassungsdurchbrechungen durch Art. 24 Abs. 1 ist noch nach einer weiteren Richtung hin auszuloten. Es ist zu fragen, ob diese Bestimmung auch einen Eingriff in die Grundrechte und grundrechtsähnlichen Rechtspositionen erlaubt. Diese Frage möchte ich verneinen[38]). Die Gesetzesfestigkeit der Grundrechte, soweit das Grundgesetz sie nicht selbst einschränkt, wird durch Art. 24 nicht berührt.

Die Möglichkeit der Verfassungsdurchbrechung bezieht sich ausschließlich auf die organisatorischen Bestimmungen. Als übertragbar kommen schon deshalb nur diejenigen Hoheitsrechte in Betracht, die die Verfassung dem Staat zuweist, weil der Vorgang des Übertragens neben dem Verzicht auf die Ausübung eigener Hoheitsrechte und der Ermächtigung der Gemeinschaft zur Ausübung der Hoheitsrechte auch die Verpflichtung enthält, die innerstaatlichen Voraussetzungen der Wahrnehmung von Hoheitsrechten durch die Gemeinschaftsorgane zu schaffen[39]). Eine solche Einräumung kann auch unter Art. 24 nur in dem Umfang erfolgen, den das GG allgemein der Staats-

---

[37]) Ähnlich Seeler, Die Europäische Einigung und das Problem der Gewaltenteilung, 1957, S. 79 f.

[38]) Ebenso Kaufmann, Wehrbeitrag, Bd. 2, S. 59 f.; Ballerstedt, Übernationale und nationale Marktordnung, 1955 (im folgenden: „Marktordnung"), S. 59. Etwas abweichend Münch, Berichte, S. 88, der Grundrechtsdurchbrechungen zulassen will, wenn dadurch die Grundrechte wirksam verteidigt werden können. Dieser Standpunkt ist schon deshalb nicht ungefährlich, weil darin eine Relativierung der Grundrechte liegt. Ob das durchbrechende Gesetz oder die Grundrechte den höheren Wert verkörpern, läßt sich objektiv kaum entscheiden. Dann aber bedeutet die Durchbrechung, daß an die Stelle der Wertung des GG die Wertung des einfachen Gesetzgebers tritt.

[39]) Dazu Scheuner, Wehrbeitrag, Bd. 2, S. 139; Münch, Beiträge, S. 78 f.; Mosler, Festschrift f. Wehberg, S. 294.

gewalt gegenüber dem Bürger einräumt. Sicherlich ist das „Übertragen" nicht naturalistisch zu verstehen, aber hinter dem vom GG gewählten Wort steckt im Verhältnis von Staat und Bürger doch ein Stück des Rechtsgedankens des „nemo plus juris transferre potest quam ipse habet". Zwar hat Herbert Krüger[40]) die Anwendbarkeit dieses Rechtsgedankens unter Hinweis darauf abgelehnt, daß das „Übertragen" von Hoheitsrechten nichts mit der privatrechtlichen Rechtsübertragung zu tun habe. Demgegenüber möchte ich jedoch zu bedenken geben, daß ähnlich wie im Zivilrecht auch im Art. 24 von der Rechtsordnung an Willensäußerungen Rechtsfolgen angeknüpft werden, wobei das Nicht-Dürfen mit der Rechtsfolge der Unwirksamkeit, d. h. mit dem rechtlichen „Nicht-Können" verbunden ist. Allerdings wirkt sich das — und insoweit stimme ich mit Herbert Krüger wieder überein — nur im innerstaatlichen Bereich aus. Hier scheint mir eine der immanenten Grenzen der verfassungsdurchbrechenden Kraft des Art. 24 zu liegen.

Damit sind die Grenzen der Verfassungsdurchbrechung im Rahmen des Art. 24 Abs. 1, die im Zusammenhang mit unserem Thema interessieren, im wesentlichen angegeben. Nur in diesem Bereich ist das GG bereit, ohne formelle Abänderung in dem Verfahren nach Art. 79 hinter dem Recht zwischenstaatlicher Gemeinschaften und der von ihnen ausgeübten öffentlichen Gewalt zurückzutreten. Nur insoweit können daher, auch vom Standpunkt des GG aus, echte Kollisionen nicht stattfinden.

## IV.

Ich wende mich nunmehr der Frage zu, wie der Konflikt zwischen dem GG und der öffentlichen Gewalt zwischenstaatlicher Gemeinschaften zu lösen ist. Daß es sich dabei nicht nur um theoretische Fragen, sondern um aktuelle Probleme handelt, mögen einige Beispiele zeigen. Ich greife hierzu zwei Fallgruppen heraus. Zunächst möchte ich mich mit der Frage beschäftigen, ob in der Europäischen Gemeinschaft für Kohle und Stahl der durch Art. 19 Abs. 4 gewährleistete Rechtsschutz gesichert ist. Sodann möchte ich die Frage besprechen, ob das Haftungsrecht der Gemeinschaft für Kohle und Stahl mit Art. 34 GG vereinbar ist.

1. Carl Hermann Ule hat die Frage aufgeworfen, ob nicht die in Art. 33 Abs. 1 Satz 2 des Montan-Vertrages eingeschränkte Nachprüfung der Würdigung der wirtschaftlichen Gesamtlage durch den Europäischen Gerichtshof den Art. 19

[40]) DÖV 1959, 722 f.

Abs. 4 verletzt[41]). Ihr ist im folgenden nachzugehen. Daneben sind als weitere Fragen des Rechtsschutzes zu besprechen: das fehlende Klagerecht montanfremder Unternehmen, die beschränkte Nachprüfungsbefugnis allgemeiner Entscheidungen und die Klaglosigkeit gegenüber einem avis, d. h. einer unverbindlichen Stellungnahme der Hohen Behörde.

Für die zuerst genannte Frage ist davon auszugehen, daß Art. 19 Abs. 4 nicht nur die Überprüfung der Rechtsfrage, sondern auch die Überprüfung der Tatfrage durch ein Gericht gewährleistet. Wenn nun Art. 33 Abs. 1 Satz 2 des Montanvertrages bestimmt, daß die Nachprüfung durch den Europäischen Gerichtshof sich nicht auf die Würdigung der sich aus den wirtschaftlichen Tatsachen und Umständen ergebenden Gesamtlage erstrecken darf, es sei denn, die Hohe Behörde habe ihr Ermessen mißbraucht oder die Bestimmungen des Vertrages oder einer bei seiner Durchführung anzuwendenden Rechtsnorm offensichtlich verkannt, so liegt in dieser Bestimmung keine Verletzung des Art. 19 Abs. 4. Zunächst ergibt der Wortlaut eindeutig, daß die Nachprüfung von Tatsachen in keiner Weise eingeschränkt ist. In den Fällen, in denen eine Würdigung der wirtschaftlichen Gesamtlage nötig ist, etwa der „offensichtlichen Krise" des Art. 57 und der „Mangellage" des Art. 58 des Montanvertrages, kann der Gerichtshof die Tatsachen, die die Hohe Behörde zur Begründung heranzieht, unbeschränkt nachprüfen. Er kann nur nicht seine eigene Bewertung an die Stelle der Würdigung durch die Hohe Behörde setzen. Dabei ist der unüberprüfbare Raum seinerseits doppelt beschränkt. Die Würdigung durch das Gericht ist möglich, wenn ein Ermessensmißbrauch oder wenn eine offenbare Rechtsverletzung vorliegt[42]). Hierbei erscheint wichtig, worauf Ernst Steindorff[43]) hingewiesen hat, daß der maßgebliche französische Text nicht das in diesen Fällen sonst übliche Wort „manifeste", sondern das ungebräuchliche Wort „patente" für „offenbar" gebraucht. Es ist also etwas Besonderes gemeint. „Offensichtlich" in diesem Sinne ist eine Rechtsverletzung immer dann, wenn die Abweichung in der Bewertung durch die Hohe Behörde und das

[41]) DVBl. 1953, 491 ff. (496 f.); ferner ders. DVBl. 1952, 65 ff. (69) und Der Betrieb 1952, 244 ff. (246). Dagegen Schlochauer, AVR 3, 385 ff. (404) und Der Rechtsschutz gegenüber der Tätigkeit internationaler Behörden, 1952, S. 31 ff.; ferner Jaenicke, ZaöRV 14, 778; Münch, Festschrift f. Laun, 1953, 123 ff. (130); Breitner, Der Gerichtshof der Montangemeinschaft und seine Anrufung bei fehlerhaften Organakten, 2. Aufl. 1954, S. 84; abweichend ferner Ophüls, NJW 1951, 291.

[42]) Ophüls, NJW 1951, 693 ff. (695).

[43]) Die Nichtigkeitsklage im Recht der EGKS, 1952, S. 137 ff. (im folgenden: Steindorff, Nichtigkeitsklage).

Gericht derart ist, daß auch bei Anlegung unterschiedlicher Bewertungsmaßstäbe die Abweichung für das Gericht keinesfalls mehr tragbar ist.

Es handelt sich bei diesem Problem im Grunde um nichts anderes als um die Frage, ob der Verwaltungsbehörde ein vom Gericht nicht nachprüfbarer Beurteilungsspielraum zustehen soll[44]). Wenn man einen solchen Beurteilungsspielraum für verfassungswidrig hält, wird man auch die beschränkte Nachprüfungsbefugnis des Europäischen Gerichtshofes für unzulässig halten müssen. Allerdings will mir scheinen, ohne daß ich das gesamte Problem hier in seinen Einzelheiten aufzurollen gedenke, daß unsere heutigen Erkenntnisse von der Funktion des richterlichen Urteilens, nach der richterliche Entscheidungen notwendig auch subjektive Wertungen enthalten, und ferner die Tatsache, daß im Gewaltenteilungssystem der Verwaltungsbehörde legitimerweise die Regelung bestimmter Sachverhalte zukommt, notwendig dazu führen, die Lehre vom unüberprüfbaren Beurteilungsspielraum zu bejahen[45]).

2. Ebenfalls mit dem GG vereinbar dürfte — jedenfalls grundsätzlich — das fehlende Klagerecht der montanfremden Unternehmen sein[46]). Wenn Art. 33 Abs. 2 des Montanvertrages den „Unternehmen" ein Klagerecht gibt, so bezieht sich das zweifellos nur auf die in Art. 80 genannten Produktionsunternehmen auf dem Gebiete von Kohle und Stahl. Nun kann aber, etwa durch eine Preisregelung der Hohen Behörde, auch ein Händler oder Verbraucher betroffen werden, wie es das Verbot von Vorzugspreisen an Großverbraucher, worunter z. B. auch die Bundesbahn fiel, gezeigt hat[47]). Der Gedanke eines Klageerzwingungsverfahrens des betroffenen montanfremden Unternehmens gegen die eigene Regierung[48]) ist angesichts der kurzen Anfechtungsfrist, die auch für die Mitgliedsstaaten als Kläger gelten[49]), kaum realisierbar. Auch mit einem Schadensersatzanspruch gegen den Staat, falls er nicht Klage erhebt, kommt man nicht weiter. In den meisten Fällen wird die Nichterhebung der Klage nicht schuldhaft sein. Der von Ernst Steindorff[50]) gewiesene Weg einer analogen Anwendung

[44]) Matthies, ZaöRV 16, 427 ff. (444); Daig, AöR 83, 132 ff. (175); ähnlich Steindorff, Nichtigkeitsklage, S. 91 ff., 105 ff., 136 f., 141 mit rechtsvergleichenden Hinweisen; ferner ders. AVR 8, 68.

[45]) Im Ergebnis ebenso Much, BAnz 1951, Nr. 120, S. 6 ff. (7).

[46]) A. M. Knöpfler, NJW 1959, 553.

[47]) Entscheidung Nr. E 25/53 der Hohen Behörde v. 8. 3. 1953, Hdbuch d. Montanunion B 541, S. 3.

[48]) Vgl. dazu Steindorff, Nichtigkeitsklage, S. 51.

[49]) Montanvertrag Art. 33, Abs. 3.

[50]) Nichtigkeitsklage S. 52 f.; ferner ders. JZ 1953, 718 ff.

der Art. 63 und 66 des Montanvertrages, in denen montanfremden Unternehmen ausnahmsweise ein Klagerecht eingeräumt ist, dürfte ebenfalls nicht gangbar sein, da es sich um Spezialfälle handelt, die keine Verallgemeinerung zulassen. Dagegen könnte man, wie es Adolf Schüle[51]) vorgeschlagen hat, so helfen, daß der Verbraucher vor einem nationalen Gericht inzidenter geltend macht, die Anordnung der Hohen Behörde sei für ihn nicht gültig. In diesem Falle kann er den nötigen Rechtsschutz erlangen, wenn er überhaupt einen Ansatzpunkt für eine Klage findet. Bei den Entscheidungen der Hohen Behörde, die zumeist auf privatrechtliche Verhältnisse einwirken, wird das grundsätzlich der Fall sein. Dabei bedeutet es keine Einschränkung, wenn Art. 41 des Montanvertrages die präjuduzielle Vorabentscheidung durch den Europäischen Gerichtshof anordnet, da es sich bei ihm um ein Gericht handelt, das die Anforderungen, die Art. 19 Abs. 4 an ein Gericht stellt, erfüllt[52]). Fehlt der Ansatzpunkt für einen bürgerlich-rechtlichen Rechtsstreit, so ist in der Tat der Rechtsschutz der montanfremden Unternehmen geringer, als es der Norm des Art. 19 Abs. 4 GG entspricht[53]). Es bliebe hier allenfalls noch die in der Satzung und der Verfahrensordnung des Gerichtshofes vorgesehene Nebenintervention[54]) und Drittwiderspruchsklage[55]). Allerdings setzt sie voraus, daß der Adressat der Entscheidung selbst Klage erhebt, wozu er oft gar keine Veranlassung hat.

3. Bemängelt worden ist auch die Tatsache, daß Unternehmen und Verbände gegen allgemeine Entscheidungen und Empfehlungen der Hohen Behörde[56]) nur dann Klage erheben können, wenn sie einen Ermessensmißbrauch geltend machen. Zu fragen ist hier, ob die dadurch eingeschränkte Klagemöglichkeit grundgesetzwidrig ist. Auch hier kommt es darauf an, ob die fehlende unmittelbare Anfechtungsmöglichkeit vor dem Europäischen Gerichtshof durch einen anderen Rechtszug ersetzt wird, bei dem die Gültigkeit der allgemeinen Entscheidung der Hohen Behörde präjudiziell ist. Das wird man grundsätzlich

---

51) ZaöRV 16, 227 ff. (245).

52) Ule, DVBl. 1953, 491 ff. (493); vgl. dazu auch Matthies, JZ 1954, 305 ff.; ferner Morelli, ZaöRV 19, 269 ff.

53) So wohl auch Ballerstedt, S. 61.

54) Art. 34 Protokoll über die Satzung des GH; ferner Art. 71 der früheren Verfahrensordnung des GH. Dazu Breitner, aaO., (Note 41) S. 36, und Schüle, aaO. (Note 51). Art. 93 der neuen Verfahrensordnung, Eur.-Gem. ABl. 1959, S. 349.

55) Art. 73 der früheren Verfahrensordnung. Dazu Breitner, S. 85. Art. 97 der neuen Verfahrensordnung.

56) Zum Begriff der „allgemeinen“ Entscheidung oder Empfehlung vgl. Rspr. GH. EGKS Bd. 2, 87 ff., 223 ff., 250; ferner Steindorff, AVR 8, 65 ff.

bejahen können. Da die allgemeinen Entscheidungen in den meisten Fällen Normcharakter haben werden, bedeutet das, daß sie irgendwie durch Einzelmaßnahmen, die ihrerseits der Anfechtung unterliegen, zu konkretisieren sein werden. Diese Einschränkung der Klagemöglichkeit bedeutet daher zumeist wohl nur, daß der Möglichkeit der abstrakten Normenkontrolle durch Unternehmen und Unternehmensverbände enge Grenzen gesetzt sind[57]).

4. Schließlich ist unter Art. 19 Abs. 4 GG noch die Frage zu erörtern, ob die Nichtzulassung der Klagemöglichkeit gegen ein avis, d. h. eine unverbindliche Stellungnahme der Hohen Behörde durch den Gerichtshof den Art. 19 Abs. 4 verletzt. Franz Jerusalem hat diese Frage, wie mir scheint, mit Recht bejaht[58]). Die Rechtsverletzung im Sinne des Art. 19 Abs. 4 liegt ja nicht nur dann vor, wenn subjektive Rechte im engeren Sinne verletzt sind, sondern schon dann, wenn in die Interessensphäre eingegriffen ist. Gerade im wirtschaftlichen Leben kann eine bloße Stellungnahme den good will und damit auch die vermögensrechtliche Stellung eines Unternehmens oft mehr schädigen als ein effektiver Eingriff in subjektive Rechte. Wenn der umfassende Rechtsschutz verwirklicht werden soll, den Art. 19 Abs. 4 anstrebt, darf jedenfalls grundsätzlich die Klagemöglichkeit gegen reine Stellungnahmen nicht ausgeschlossen werden.

5. Einzugehen ist auch auf die Amtshaftungsbestimmungen des Montanvertrages, da sie im Vergleich mit Art. 34 GG dem Geschädigten weniger geben, mithin die Verfassungsgarantie des GG verletzen[59]). Das Hauptbedenken bei Art. 34 des Montanvertrages richtet sich gegen die Tatsache, daß die Schadensersatzpflicht die vorherige Nichtigerklärung der schadenstiftenden Maßnahmen der Hohen Behörde durch den Gerichtshof fordert[60]). Das heißt, daß überall dort ein Schadensersatz ausgeschlossen ist, wo kein oder nur ein beschränktes Anfechtungsrecht besteht, sei es daß ein montanfremdes Unternehmen geschädigt ist, oder sei es, daß eine allgemeine Entscheidung oder eine unverbindliche Stellungnahme in Frage steht.

6. Nicht mit dem GG vereinbar ist auch Art. 40 des Montanvertrages, der die nicht vom Art. 34 des Montanvertrages erfaßten Schadensfälle regelt. Art. 40 übernimmt die Unterschei-

---

57) Im Ergebnis übereinstimmend,, allerdings mit abweichender Begründung Steindorff, Nichtigkeitsklage, S. 49.

58) NJW 1958, 410 f.; ebenso Steindorff, Nichtigkeitsklage, S. 49.

59) Dazu umfassend Much, Amtshaftung; ferner Ballerstedt, Marktordnung, S. 67.

60) Much, S. 60.

dung des französischen Rechts zwischen der „faute de service“, dem Amtsfehler, und der „faute personelle“, dem persönlichen Fehler des Bediensteten[61]). Liegt eine faute personelle vor, worunter auch Schadenszufügungen in Ausübung des Amtes fallen, so haftet in erster Linie der Bedienstete. Die durch den französischen Staatsrat entwickelte kumulative Haftung von Bedienstetem und Dienstherrn ist mit Vorbedacht nicht in das Montanrecht aufgenommen worden[62]). Die Gemeinschaft haftet nur subsidiär und auch nicht notwendig. Art. 40 gibt dem Gerichtshof vielmehr einen Ermessensspielraum, ob und inwieweit er trotz Vorliegens der gesetzlichen Voraussetzungen die Gemeinschaft zur Schadensersatzleistung heranziehen will. Mit dieser Regelung ist das wesentliche Anliegen des Art. 34 GG, die primäre Staatshaftung, gerade in ihr Gegenteil verkehrt und der Geschädigte grundsätzlich an den zumeist nicht zahlungsfähigen Bediensteten verwiesen[63]).

## V.

Nach diesen Beispielen, die die praktische Bedeutung des Problems zeigen sollten, ist nunmehr der Versuch einer grundsätzlichen Lösung zu unternehmen. Dabei möchte ich von folgender Überlegung ausgehen:

1. Wenn die Frage geprüft wird, ob auch im innerstaatlichen Bereich dem Gemeinschaftsrecht der Vorrang vor dem GG zukommt, so geschieht das vor allem deshalb, weil den Gemeinschaften, denen Hoheitsrechte übertragen worden sind, insoweit der Charakter eines Bundesstaates zukommt. Mit Recht ist einhellig die Ansicht abgelehnt worden, die Gemeinschaften seien Bundesstaaten[64]). Aber innerhalb des beschränkten Bereiches, den sie mit ihrer Zuständigkeit bestreichen, haben sie doch unverkennbar Züge eines Bundesstaates oder sind jedenfalls bundesstaatsähnlich[65]). Daher muß die Frage gestellt werden, ob im Verhältnis zwischen ihnen und den Mitgliedsstaaten nicht der Grundsatz „Bundesrecht bricht Landesrecht“

---

61) Much, S. 69; Ophüls, NJW 1951, 696.

62) Much, S. 76, Schlochauer, AVR 3, 409.

63) Allerdings wird die praktische Bedeutung dieser Schlechterstellung nicht erheblich sein, vgl. dazu Much, Amtshaftung, S. 79.

64) z. B. Münch, Festschrift f. Wehberg, S. 319, und Berichte, S. 76; Schlochauer, Festschrift f. Wehberg, S. 371; Mosler, Recht—Staat—Wirtschaft, Bd. 3, S. 256; Scheuner, Festschrift f. Verdross, 1960, S. 231.

65) Schlochauer, JZ 1951, 290; ferner ders. in AVR 3, 385 und Festschrift f. Wehberg, S. 372; Steindorff, Europa-Archiv 1951, S. 3955; v. d. Heydte, Festschrift f. Laun, 1953, 115, 117; K. H. Klein, Übertragung, S. 37.

gilt. Fritz Münch[66]) hat dagegen geltend gemacht, weil sie nicht Staaten, sondern nur Gemeinschaften mit beschränkter Zuständigkeit seien, könnten allgemeine Grundsätze des Staatsrechts auf sie nicht Anwendung finden. Dagegen ließe sich nun allerdings sagen, daß innerhalb ihres Zuständigkeitsbereiches kraft der Verträge gewisse Regeln des Bundesstaates Anwendung finden, und es ist zu fragen, warum diese Regeln nicht innerhalb des beschränkten Bereiches durch die entsprechenden Regeln des ungeschriebenen Rechts ergänzt werden sollten.

a) Allerdings wäre natürlich zunächst festzustellen, ob wirklich ein Satz des allgemeinen Staatsrechts besteht, daß Bundesrecht Landesrecht bricht. Das deutsche Recht ist hier wenig beweiskräftig, da alle Verfassungen, die Bismarck'sche Verfassung, die Weimarer Verfassung und das GG, den Satz ausdrücklich enthalten. Ein Überblick über andere bundesstaatliche Regelungen zeigt uns, daß es durchaus zweifelhaft ist, ob ein solcher Satz selbstverständlich gilt[67]). Ich verweise insofern auf das, was Ludwig Adamovich[68]) für das österreichische und Max Imboden[69]) für das schweizerische Recht gesagt haben.

Im übrigen ergibt auch die folgende Überlegung, wie zweifelhaft der Satz des allgemeinen Staatsrechts ist. Selbstverständlich hat eine bündische Rechtsordnung, in der sowohl der Zentralstaat als auch die Gliedstaaten eine Kompetenz zur Rechtsetzung haben, nur dann einen Sinn, wenn das Recht des Oberstaates sich gegenüber dem Recht der Gliedstaaten durchsetzt. Aber dieser höhere Rang braucht nun nicht derart zu sein, daß er unmittelbar gilt. Er kann auch in der Weise bestehen, daß die Gliedstaaten verpflichtet sind, das Recht des Oberstaates bei sich einzuführen. Man kann gegen diese Argumentation sagen, dann läge gerade kein Bundesstaat mehr vor. Ob das zutrifft, ist eine Frage der Definition des Bundesstaatsbegriffes. Mir geht es nur darum, zu zeigen, daß bündische Gestaltungen möglich sind, bei denen kraft des Bundesvertrages zwar die Absicht besteht, dem Bundesrecht den Vorrang zu geben, bei denen aber aus der Sicht der Glieder — und darauf kommt es hier an — noch nicht notwendig ein unmittelbarer Vorrang des Bundesrechts vorhanden ist. Wenn die europäischen Gemeinschaften in bestimmtem Umfang die Möglichkeit haben, unmittelbar auf die Mitgliedstaaten einzuwirken, so ist damit

---

66) Beiträge, S. 77.

67) Münch, aaO.; Dennewitz, Bonner Kommentar Erl. III zu Art. 31.

68) Grundriß des österreichischen Verfassungsrechts, 4. Aufl. 1947, S. 231 f.

69) Bundesrecht bricht kantonales Recht, Diss. Zürich 1940.

noch kein Beweis dafür erbracht, daß das auch für das Verhältnis der Rechtsordnung gelten muß.

b) Man könnte nun versuchen, die Frage, ob der unbedingte Vorrang des GG begrenzt ist, aus dem Verfassungssystem des GG selbst zu entscheiden. Das GG nimmt für sich den obersten Rang mit unmittelbarer Wirkung gegenüber allen verfassungswidrigen Äußerungen in Anspruch, soweit es nicht selbst über Art. 24, 25 und 79 Abs. 1 Satz 2 Verfassungsdurchbrechungen gestattet. Damit könnte das Problem für uns entschieden sein. Allerdings ist dieser Rang des GG nicht so ohne weiteres gesichert. Daß das GG sich gegenüber allen grundgesetzwidrigen Zuständen durchsetzt, ist nicht ohne weiteres klar. Für die Weimarer Verfassung jedenfalls war das noch ein erhebliches Problem. Man mag gegen eine solche Argumentation mit der Weimarer Verfassung einwenden, daß das einer der entscheidenden Fortschritte des GG sei, daß es sich stets durchsetzen könne, weil es durch eine umfassende Verfassungsgerichtsbarkeit geschützt sei. Aber wir sollten damit vorsichtig sein. Ich möchte an den verfassungswidrigen Verwaltungsakt erinnern. Die Tatsache, daß ein Verwaltungsakt verfassungswidrig ist, macht ihn grundsätzlich noch nicht nichtig[70]). Wird der verfassungswidrige Verwaltungsakt nicht angefochten, so bleibt er bestehen und kann vollstreckt werden. Unsere Rechtsordnung schränkt damit den Schutz der Verfassung gegenüber der Verwaltung in der Weise ein, daß sie einen durch die Verwaltung geschaffenen verfassungswidrigen Zustand hinnimmt, wenn er nicht innerhalb der Monatsfrist in gehöriger Form geltend gemacht worden ist. Hiergegen mag noch eingewandt werden, daß die Rechtsordnung, wenn auch durch verfahrensrechtliche Vorschriften beschränkt, so doch immerhin die Möglichkeit gibt, den verfassungsmäßigen Zustand herzustellen. Im Verhältnis zum Gesetz gilt das aber nicht. Zwar besteht die Möglichkeit der Normenkontrolle, die zu einer Nichtigkeit der Norm mit Wirkung gegen jedermann führen kann. Diese Nichtigkeit gilt aber nach § 79 BVerfGG — abgesehen von Strafgesetzen — erst mit Wirkung ex nunc. Das heißt wiederum, daß unsere Rechtsordnung bereit ist, in gewissen Grenzen verfassungswidrige Zustände hinzunehmen[71]).

Ich möchte hieraus kein Prinzip machen. Alle Erwägungen, die ich gebracht habe, sind Gegenargumenten ausgesetzt. Aber sie zeigen doch jedenfalls, daß der absolute Vorrang der Verfassung auch nach innerstaatlichem Recht nicht völlig gesichert

[70]) Vgl. OVG Münster, VRspr. 11, 160 ff.

[71]) Vgl. hierzu die aufschlußreichen Ausführungen in BVerfGE 2, 405 f.; sowie die Materialien zu § 79 BVerfGG (Zitate ebd.).

ist. Ich will durch diese Beispiele nur darauf hinweisen, daß wir nicht ohne weiteres von dem Grundsatz ausgehen können, daß das GG allem vorgehe. Wir müssen schon genau prüfen, bis zu welchem Grade das geschieht und wie die Sicherungen, die den Vorrang verwirklichen sollen, beschaffen sind.

c) Die folgende Betrachtung soll daher der Frage gelten, welche Sicherungen des GG im Verhältnis zum Staatengemeinschaftsrecht besitzt. Diese Frage kann nur anhand des positiven Staatengemeinschaftsrechts, das hierfür in Frage kommt, d. h. anhand des Rechts der drei europäischen Gemeinschaften getroffen werden.

Wenn wir das Staatengemeinschaftsrecht im Hinblick hierauf werten wollen, so können wir nicht an den Entstehungsvorgang anknüpfen. Bei der Entstehung waren die Mitgliedsstaaten Herr über den Vertragsinhalt. Bei der Schaffung von derartigen Gemeinschaften allerdings handelt es sich nicht nur um die Erfüllung gegenseitiger Verpflichtungen der Gründer. Mit der Erfüllung ihrer Verpflichtung, bei der Errichtung der Gemeinschaftsorgane mitzuwirken, tun sie mehr, als wenn sie eine obligatorische Verpflichtung erfüllen. Sie schaffen eine neue, auch von ihnen selbst unabhängige Organisation. Es handelt sich, wie es Léontin Constantinesco[72]) genannt hat, um einen institutionell-konstitutionellen Vorgang, der einen supranationalen und objektiven Charakter trägt. Diese Eigenart ist zu bedenken. Die Konstituierung eines neuen zwischenstatlichen Gebildes löst dieses weitgehend vom staatlichen Recht[73]). Wenn die Gründer vereinbaren, eine solche Gemeinschaft zu schaffen, so tun sie das auf das bewußte und gewollte Risiko, daß sich die Selbständigkeit u. U. auch gegen sie selbst kehrt und ihnen ein Stück Staatlichkeit raubt. Die Frage der innerstaatlichen Geltung der Rechtsordnung der Gemeinschaft läßt sich daher nicht einfach nach Maßgabe der jeweils geltenden nationalen Transformationsnormen lösen. Entscheidend ist vielmehr die von den Mitgliedern selbst gewollte und ermöglichte Selbständigkeit. Ich möchte daher Franz Jerusalem[74]) zustimmen, wenn er zum Montanvertrag gemeint hat, die Rechtsordnung der Gemeinschaft könne durch Umstände, die die Unterzeichner selbst nicht vorgesehen haben, zu einer größeren Unabhängigkeit von den Gründern und Mitgliedsstaaten heranwachsen. Daß so etwas möglich ist und sogar zu einer Bedrohung oder Vernichtung der Staatlichkeit oder gar der Existenz der Gründer führen kann, hat die deutsche Ver-

---

72) in: Actes Officiels Bd. 2, S. 211 ff. (218).
73) Kraus, Festgabe f. Smend, 1952, S. 189 ff. (205 f.).
74) Das Recht der Montan-Union, 1954, S. 16 f.

fassungsgeschichte gezeigt. Es käme dann nur darauf an, jeweils zu prüfen, welches Stadium der Entwicklung erreicht ist[75]).

Betrachten wir unter diesen Gesichtspunkten die drei europäischen Gemeinschaften, so fällt zunächst die lange Zeitdauer auf. Die Wirtschaftsgemeinschaft und die Atomgemeinschaft sind auf unbegrenzte Zeit geschlossen[76]). Da sie ein Kündigungsrecht nicht vorsehen, dürfte ihnen der Charakter eines ewigen Bundes zukommen. Demgegenüber ist zwar die Montan-Union nur auf 50 Jahre geschlossen. Aber Paul Reuter[77]) hat dazu mit Recht bemerkt, daß es sich auch hier um eine völlig unübliche, besonders lange Vertragsdauer handelt. Im übrigen weist der Gegenstand des Vertrages als Zoll- und Wirtschaftsgemeinschaft schon seiner Natur nach darauf hin, daß er auf die Dauer angelegt ist[78]). Schließlich bedeutet die beschränkte Dauer heute, daß der Montanvertrag, da seine Gegenstände auch unter die Europäische Wirtschaftsgemeinschaft fallen würden, nach Zeitablauf in diese überzuleiten wäre.

Die Eigenständigkeit der Vertragswerke wird auch durch das Änderungsverfahren gekennzeichnet[79]). Zwar bedürfen die Änderungen der Gemeinschaftsverträge grundsätzlich der Ratifizierung durch die Mitgliedsstaaten. Aber die Mitgliedsstaaten können von sich aus keine Änderung beschließen. Das Änderungsverfahren sieht notwendig eine Mitwirkung von Organen der Gemeinschaften vor, mögen hierbei auch die föderalistischen Organe gegenüber den unitarischen Organen ein Übergewicht haben. Die einmal ins Leben gerufene Gemeinschaft kann nicht durch actus contrarius frei aufgelöst werden[80]). Bemerkenswert ist auch, daß die Gemeinschaften die Möglichkeit haben, ohne Mitwirkung der Staaten, d. h. also autonom, kleine Vertragsänderungen zu beschließen[81]). Weiter sind sie durch ihr wenn auch beschränktes Verordnungsrecht in der Lage, die Verträge, die ja nicht nur das Verfassungsrecht, sondern auch das materielle Recht der Gemeinschaften enthalten, zu ergänzen und weiter zu entwickeln[82]). Wichtig

---

[75]) Ähnlich K. H. Klein, Übertragung, S. 35 f.

[76]) EWG-Vertrag Art. 240; EAG-Vertrag Art. 208.

[77]) La Communauté Européenne du Charbon et de l'Acier, Paris 1953, S. 33 f.

[78]) Vgl. dazu Kordt, Festschrift f. Laun, 1953, S. 91 ff.

[79]) EWG-Vertrag Art. 236; EAG-Vertrag Art. 204; vgl. ferner Kraus, Festschrift f. Smend, S. 201.

[80]) Vgl. dazu den Bericht in ZaöRV 20, 88 ff. (147); a.M. Scheuner, Festschrift f. Verdross, 1960, S. 237.

[81]) Art. 95 Montan-Vertrag; Art. 235 EWG-Vertrag; Art. 76, 85, 90, 203 Euratom-Vertrag.

[82]) z. B. Art. 58, 59, 61, 63 u. 74 Montan-Vertrag; Art. 21; 43; 44; Abs. 3, 49; 63, Abs. 2; 69; 70; 75; 87; 94; 100; 127; EWG-Vertrag; Art. 9, Abs. 2; 31; 32; 54, Abs. 2 f.; 69; 96, Abs. 2; 98, Abs. 2 Euratom-Vertrag.

ist in diesem Zusammenhang auch die Tatsache, daß die Aufnahme neuer Mitglieder nicht in der Hand der Mitgliedsstaaten liegt. In der EWG beschließt der Rat in seiner Eigenschaft als Organ der Gemeinschaft über die Aufnahme. Nur die Festlegung der Aufnahmebedingungen unterliegt der Ratifizierung durch die Mitgliedsstaaten[83]).

Dieser relativ starken Stellung der Gemeinschaften gegenüber ihren Mitgliedern steht nun allerdings die Tatsache gegenüber, daß die Gemeinschaften im Rahmen der Durchführung des Vertrages nur eine sehr schwache Stellung haben. Zwar können sie verbindliche Entscheidungen treffen, die die Mitgliedsstaaten und z. T. auch deren Bürger binden. Aber es fehlt an einer durchgebildeten Gemeinschaftsaufsicht und vor allem an einem Gemeinschaftszwang. Die Verträge sehen zwar die Möglichkeit der Zwangsvollstreckung durch die Gemeinschaftsorgane vor[84]); das aber gilt nicht für die Fälle der Vertretungsverletzung durch die Mitgliedsstaaten. Nur der Montanvertrag enthält Ansätze eines Zwangsverfahrens bei Verletzung der Pflichten durch einen Mitgliedsstaat. Aber auch er verzichtet darauf, sich im Ernstfall durchzusetzen, sondern überläßt alles dem Rat[85]).

Es ist zweifellos eine ganze Reihe von Ansätzen zu finden, die eine Überordnung der Gemeinschaften und ihres Rechts über die Mitgliedsstaaten ausdrücken. Aber alle diese Bestimmungen sind doch nur zaghafte Versuche. Gerade die Tatsache, daß die Mitgliedsstaaten es nicht gewagt haben, ein wirklich entscheidendes Stück ihrer Souveränität aufzugeben, daß sie zwar den Gemeinschaften erlaubt haben, auf ihrem Gebiet und gegen ihre Bewohner Hoheitsrechte in Anspruch zu nehmen, aber es peinlich vermieden haben, sich selbst im Verhältnis zu den Gemeinschaften irgendwie wirksam zu unterwerfen, erscheint mir kennzeichnend. Mit dinglicher Wirkung — wenn ich mich so ausdrücken darf[86]) — hat das Recht der Gemeinschaften gegenüber dem innerstaatlichen Recht und insbesondere gegenüber dem nationalen Verfassungsrecht daher keinen Vorrang erlangt. Es bleibt selbstverständlich die obligatorische, d. h. die einfache völkerrechtliche Verpflichtung, den Vertrag zu erfüllen und den rechtmäßigen Anordnungen der Gemeinschaftsorgane nachzukommen. Aber die Erfüllung dieser Verpflichtung bleibt letzten Endes seitens der Gemeinschaften

[83]) Art. 237 EWG-Vertrag; vgl. auch Art. 205 Euratom-Vertrag.

[84]) Art. 64, 91 f. Montan-Vertrag; Art. 192 EWG-Vertrag; Art. 83, 164 Euratom-Vertrag.

[85]) Art. 88 Montan-Vertrag.

[86]) Ich übernehme hier einen Ausdruck von Herzog, DÖV 1959, 44 ff.

nicht durchsetzbar. Ist das aber grundsätzlich so, so wird man, jedenfalls aus innerstaatlicher Sicht, von einem Vorrang des Gemeinschaftsrechts nicht sprechen können[87]).

2. Dieses Ergebnis, daß im Falle der Kollision zwischen dem Grundgesetz und dem Gemeinschaftsrecht die Gemeinschaftsorgane dem Gemeinschaftsrecht, die innerstaatlichen Organe dagegen dem Grundgesetz den Vorrang zu geben haben, ist nunmehr in seinen Konsequenzen zu durchdenken. Es ist zu fragen, was das für die Maßnahmen, die auf Grund des Gemeinschaftsrechts getroffen werden, bedeutet. Dabei sind drei Fallgruppen zu unterscheiden, a) die Durchführung von Gemeinschaftsrecht oder von Maßnahmen der Gemeinschaftsorgane durch innerstaatliche Stellen, b) die Verweigerung des Rechtsschutzes durch den Gerichtshof der Gemeinschaften und c) die Versagung der Ersatzleistung für Schäden, die die Gemeinschaft zugefügt hat.

a) Die erste Frage betrifft die Fälle, in denen Gemeinschaftsrecht, sowohl von den Mitgliedern vereinbartes als auch von den Organen der Gemeinschaften autonom gesetztes, das dem Grundgesetz widerspricht, bei einer Einzelmaßnahme anzuwenden ist. Dabei ist, entsprechend der hier zugrunde gelegten Fragestellung nur die Frage der Anwendung des grundgesetzwidrigen Gemeinschaftsrechts durch nationale Stellen, Verwaltungsbehörden und Gerichte, zu erörtern.

Handelt es sich um eine Verwaltungsbehörde, so ist die Entscheidung relativ einfach. Eine verfassungswidrige Norm des Gemeinschaftsrechts kann sie nicht anwenden. Sie hat ihr den Gehorsam zu versagen. Sicherlich besteht die Verpflichtung, möglichst eine Auslegung zu finden, die eine Übereinstimmung zwischen dem Grundgesetz und dem nationalen Recht ermöglicht. Läßt sich diese Übereinstimmung aber nicht erzielen, so bleibt nur die Verweigerung des Gehorsams gegenüber dem Gemeinschaftsrecht.

Handelt es sich um die Entscheidung eines Gerichts, so hat dieses eine Vorabentscheidung des Europäischen Gerichtshofes einzuholen[88]). Die Voraussetzungen dieser Verpflichtung sind

[87]) Ebenso Jerusalem, Das Recht der Montan-Union, 1954, S. 70; Ballerstedt, Marktordnung, S. 60; Münch, Berichte, S. 90; Scheuner, Festschrift f. Verdross, S. 242. A. M. offenbar Catalano, La Communità Europea e l'Euratom, Milano 1957, S. 60, vgl. jedoch Note 7 ebd.; ferner Matthies, JZ 1954, 306, und Beyer, RabelsZ 17, 330, beide allerdings ohne auf die hier behandelte verfassungsrechtliche Problematik einzugehen. A. M. ferner Mathijsen, Le Droit de la C. E. C. A. 1958, S. 93, Vgl. hierzu auch Bebr, Columbia Law Review 58 (1958), 767 ff.

[88]) Art. 177 EWG-Vertrag, Art. 150 Euratom-Vertrag.

in den einzelnen Verträgen unterschiedlich formuliert; grundsätzlich aber besteht diese Verpflichtung. Entscheidet der Europäische Gerichtshof, daß die in Frage stehende Norm anzuwenden sei, so ist damit — jedenfalls nach dem Willen der Vertragschließenden, die diesen Willen in innerstaatliches Recht transformiert haben — das nationale Gericht gebunden. Es ist jedoch fraglich, ob eine solche Bindung möglich ist. Diese Bindung bedeutet ja, daß das nationale Gericht gehindert ist, alle rechtlichen Gesichtspunkte zu berücksichtigen, die nach dem für das Gericht maßgeblichen Recht in Frage kommen. Es ist das eine verfahrensrechtliche Gestaltung, die nicht dem umfassenden, von Art. 19 Abs. 4 GG gewollten Rechtsschutz entspricht. Das zwingt zu dem Ergebnis, daß in den Fällen, in denen die Befolgung der Vorabentscheidung des Europäischen Gerichtshofes zu einem grundgesetzwidrigen Zustand führen würde, der Vorabentscheidung der Gehorsam zu versagen ist.

Schließlich gehört es zur ersten Fallgruppe, wenn die Entscheidung eines Gemeinschaftsorgans, sei es des Gerichtshofes, sei es eines anderen Organs, in der Bundesrepublik zu vollstrecken ist. Die Vollstreckung erfolgt durch deutsche Behörden, die dabei nicht befugt sind, die Rechtmäßigkeit der zu vollstreckenden Entscheidung in Zweifel zu ziehen[89]). Immerhin scheint es mir, wenn man für die Vollstreckungsbehörden den Vorrang des GG vor dem Gemeinschaftsrecht bejaht, ein ernstes Problem zu sein, ob sie einem von ihnen erkannten grundgesetzwidrigen Zustand durch ihre eigenen Maßnahmen Raum geben sollen. Hier ist die Lage etwas anders als bei der Anwendung grundgesetzwidrigen Gemeinschaftsrechts. Hier entsteht eine stärkere Bindung an die Maßnahmen der Gemeinschaft, wenn auch die nationalen Vollstreckungsbehörden in dieser Eigenschaft zweifellos nicht Organe der Gemeinschaft sind.

Man könnte die Frage nun so zu lösen versuchen, daß man sich auf den Standpunkt zurückzieht, die Entscheidung der Gemeinschaft, die grundsätzlich rechtskräftig sein müßte, um überhaupt vollstreckt werden zu können, besitze eben Rechtskraft und die Rechtskraftwirkung sei eine beachtliche Tatsache, die unter allen Umständen, wenn nicht ein ganz unerträglicher Zustand hervorgerufen wird, Vorrang haben müssen[90]). Diese Lösung möchte ich nicht bejahen. Die Rechtskraft soll Rechtsfrieden auch für den Fall schaffen, daß die zur Rechtsanwendung berufene Behörde sich geirrt hat. Dabei wird allerdings

---

89) Art. 92 Montan-Vertrag; Art. 192 EVG-Vertrag; 164 Euratom-Vertrag.

90) So im Ergebnis Matthijsen, aaO., S. 97; ferner Krawielicki, Das Monopolverbot im Schuman-Plan, 1952, S. 90.

vorausgesetzt, daß die Behörde den Willen gehabt hat, das Recht anzuwenden. Dieser Fall liegt aber im Verhältnis zwischen den Gemeinschaftsorganen und dem Grundgesetz im Falle einer echten Kollision nicht vor. Die Stelle, die die zu vollstreckende Entscheidung produziert, hat ja bewußt das Grundgesetz nicht angewandt. In diesem Falle scheint mir der Grundgedanke des § 767 ZPO brauchbar zu sein, der auch im Vollstreckungsverfahren noch eine Berufung auf solche Umstände zuläßt, die bei der Fällung der zu vollstreckenden Entscheidung nicht berücksichtigt werden konnten. Allerdings wäre dann, in Abweichung von der Regelung der ZPO, nicht das Prozeßgericht, sondern ein nationales Gericht zuständig, um diese — und nur diese — Bedenken zu berücksichtigen. Daß das einen Konflikt zwischen der betroffenen Gemeinschaft und Bundesrepublik herbeiführen würde, ist offenbar, läßt sich aber angesichts des grundsätzlichen Verhältnisses von Gemeinschaftsrecht und nationalem Verfassungsrecht nicht vermeiden.

b) Die zweite Fallgruppe, mit der wir uns zu beschäftigen haben, betrifft die Verweigerung des Rechtsschutzes durch den Europäischen Gerichtshof gegen Entscheidungen und sonstige Maßnahmen der Gemeinschaftsorgane. Hier stellt sich die Frage, ob hilfsweise das nationale Gericht angerufen werden kann, wenn durch die Verweigerung des Rechtsschutzes ein Zustand entsteht, den Art. 19 Abs. 4 nicht billigt. An einer nicht verfassungsrechtlichen Norm, die diese Möglichkeit eröffnet, fehlt es. Im Gegenteil, die Verträge, die ja auch als innerstaatliches Recht gelten, schließen einen derartigen zusätzlichen Rechtsschutz gegen Maßnahmen der Gemeinschaftsorgane ausdrücklich aus. Zu fragen ist jedoch, ob sich der Rechtsschutz nicht unmittelbar aus Art. 19 Abs. 4 Satz 2 GG ergibt, das ja für die nationalen Gerichte dem Verfassungsrecht vorgeht. Entscheidend kommt es dabei darauf an, ob die öffentliche Gewalt der Gemeinschaften auch „öffentliche Gewalt" im Sinne des Art. 19 Abs. 4 GG ist. Ich möchte diese Frage verneinen. Art. 19 Abs. 4 hat es nur mit der staatlichen öffentlichen Gewalt zu tun. Für das GG und damit auch für Art. 19 Abs. 4 sind die zwischenstaatlichen Einrichtungen im Sinne des Art. 24 Abs. 1 etwas, das nicht in die Regelung einbezogen ist. Art. 24 Abs. 1 macht das selbst deutlich, wenn er von der Übertragung von Hoheitsrechten spricht. Daher kann gegen Maßnahmen der Gemeinschaftsorgane, denen gegenüber der Europäische Gerichtshof in einer das GG verletzenden Weise den Rechtsschutz versagt, ein deutsches Gericht nicht angerufen werden[91]).

[91]) Im Ergebnis ebenso Schüle, ZaöRV 16, 243 ff.

c) Nun ist noch ein Wort zu der allerletzten Frage zu sagen, ob es möglich ist, mit innerstaatlichen Rechtsbehelfen gegen die Versagung der Entschädigung durch Gemeinschaftsorgane vorzugehen. Es ist vor allem die Frage zu stellen, ob nicht der Bund, der durch die Übertragung von Hoheitsrechten und die Einwilligung in eine im Sinne des Art. 34 GG mangelhafte Schadensregelung die fehlende Ersatzmöglichkeit verursacht hat, in die Haftung eintreten muß. Gegen diesen Gedanken ist eingewandt worden, daß ein solcher Schadensersatz u. U. eine unzulässige Subventionierung bedeute. Das ist richtig, allerdings nur aus der Sicht des Gemeinschaftsrechts, auf die es in diesem Zusammenhang nicht ankommt. Aber auch aus der innerstaatlichen Sicht besteht keine Möglichkeit, die fehlende Haftung im Gemeinschaftsrecht zu ersetzen. Das, was dem Bund vorzuwerfen wäre, wäre der Abschluß und die innerstaatliche Inkraftsetzung eines Vertrages, der gegen das GG verstößt. Das ist ein Fall des sogenannten legislativen Unrechts[92]). Dieses aber findet seine Lösung nicht über Art. 34 GG und die ihm zugrunde liegenden Vorschriften des einfachen Gesetzes. Insofern ist auch hier durch die Übertragung der Hoheitsrechte ein Einbruch in die innerstaatliche Rechtsstaatlichkeit möglich geworden.

Ich bin damit am Ende meiner Ausführungen. Das Ergebnis läßt sich wie folgt zusammenfassen: Art. 24 Abs. 1 GG beschränkt durch die Möglichkeit der Verfassungsdurchbrechung die Wahrscheinlichkeit der Kollision zwischen dem GG und der öffentlichen Gewalt der zwischenstaatlichen Gemeinschaften. Immerhin bleibt diese Kollisionsmöglichkeit gerade im Bereich der Grundrechte und der grundrechtsähnlichen Rechtspositionen trotz des Art. 24 in vollem Umfang erhalten. Tatsächlich treten die Kollisionen vor allem beim Rechtsschutz und bei der Staatshaftung auf. Das Problem der Kollision findet seine Lösung derart, daß die Gemeinschaftsorgane dem Gemeinschaftsrecht und die nationalen Organe dem nationalen Recht den Vorzug geben. Dabei stellt sich heraus, daß alle grundgesetzwidrigen Maßnahmen der Gemeinschaftsorgane durch innerstaatliche Maßnahmen korrigiert werden können, mit Ausnahme der Verweigerung des Rechtsschutzes und der Ersatzleistung bei Schädigungen durch die Gemeinschaftsorgane.

---

[92]) Vgl. dazu Katzenstein, MDR 52, 195; Schack, MDR 53, 514 ff.; auch Hamann, Kommentar zum GG, 1956, S. 52; aus der Rechtsprechung: OLG Tübingen und LG Freiburg MDR 53, 564; BGHZ 24, 302.

# Leitsätze des Mitberichterstatters über: Das Grundgesetz und die öffentliche Gewalt internationaler Staatengemeinschaften

*I.*

1. *Im Falle einer Kollision des Staatengemeinschaftsrechts mit dem nationalen Recht, einschließlich des nationalen Verfassungsrechts, wenden die Gemeinschaftsorgane das Staatengemeinschaftsrecht an.*
2. *Zum ungeschriebenen Verfassungsrecht der Staatengemeinschaften gehören auch diejenigen Grundrechtsbestimmungen, die in übereinstimmender Weise in allen Mitgliedstaaten nationales Verfassungsrecht sind.*

*II.*

3. *Art. 24 Abs. 1 GG gibt die Möglichkeit der Verfassungsdurchbrechung. Er dispensiert von den Vorschriften des Art. 79 Abs. 1 Satz 1 und Abs. 2. Er mindert damit die Kollisionsmöglichkeiten zwischen dem Grundgesetz und dem Staatengemeinschaftsrecht.*
4. *Die Möglichkeit dieser Verfassungsdurchbrechung ist eng. Sie ist nicht durch Art. 79 Abs. 3, sondern durch immanente Grenzen bestimmt.*
5. *a) Der Grundsatz der „strukturellen Kongruenz", der eine immanente Grenze des Art. 24 Abs. 1 bildet, fordert nicht, daß zwischenstaatliche Einrichtungen sich in ihrem organisatorischen Aufbau an Grundsätze halten, die für die staatliche Verfassung gelten.*

   *b) Je staatsähnlicher jedoch ein zwischenstaatlicher Zusammenschluß ist, desto mehr müssen die für den Staat geltenden Grundsätze (z. B. Gewaltenteilung, demokratische Legitimation) im Aufbau der Gemeinschaft Berücksichtigung finden.*
6. *Art. 24 Abs. 1 ermächtigt nicht zu Eingriffen in die Grundrechte.*

*III.*

7. *Art. 33 Abs. 1 Satz 2 des Montanvertrages verstößt nicht gegen Art. 19 Abs. 4 GG, wenn er die Würdigung der wirtschaftlichen Gesamtlage der gerichtlichen Überprüfung entzieht.*

8. *Das fehlende Klagerecht der montanfremden Unternehmen sowie die fehlende Anfechtungsmöglichkeit gegenüber den allgemeinen Entscheidungen der Hohen Behörde in Art. 33 Abs. 2 des Montanvertrages verstößt jedenfalls grundsätzlich nicht gegen Art. 19 Abs. 4 GG.*

9. *Die fehlende Anfechtungsmöglichkeit gegenüber Stellungnahmen der Hohen Behörde verstößt grundsätzlich gegen Art. 19 Abs. 4 GG.*

10. *Art. 34 des Montanvertrages verletzt Art. 34 GG insofern, als er die Nichtigerklärung von Maßnahmen der Hohen Behörde zur Voraussetzung der Schadensersatzleistung macht.*

11. *Art. 40 des Montanvertrages verletzt Art. 34 GG insofern, als im Falle der „faute personnelle" der Dienstherr nur subsidiär haftet.*

## *IV.*

12. *Die Frage, ob das GG aus der Sicht der nationalen Organe einen Vorrang vor widersprechendem Staatengemeinschaftsrecht besitzt, entscheidet sich nicht ausschließlich nach Maßgabe der innerstaatlichen Transformationsnorm. Zu berücksichtigen ist auch, inwieweit die Staatengemeinschaften bei der Fortentwicklung ihrer eigenen Rechtsordnung und ihres Mitgliederbestandes von den Mitgliedsstaaten unabhängig sind.*

13. *Bei den derzeit bestehenden Staatengemeinschaften besitzt danach (Leitsatz 12) das GG aus der Sicht der nationalen Organe den Vorrang vor dem Staatengemeinschaftsrecht.*

14. *Bei Anwendung des Staatengemeinschaftsrechts und bei Durchführung von Anordnungen der Gemeinschaftsorgane haben die deutschen Stellen daher stets zu prüfen, ob das GG nicht verletzt ist und gegebenenfalls dem Staatengemeinschaftsrecht den Gehorsam zu verweigern.*

15. *Dasselbe gilt im Verhältnis zu Vorabentscheidungen des Europäischen Gerichtshofes innerhalb eines Verfahrens vor einem deutschen Gericht.*

16. *Es gilt ferner selbst dann, wenn deutsche Behörden eine Entscheidung von Gemeinschaftsorganen zu vollstrecken haben, sofern der Vollstreckungsschuldner die Grundgesetzwidrigkeit der zu vollstreckenden Entscheidung geltend macht.*

17. *Das Staatengemeinschaftsrecht erweist sich jedoch insofern dem GG überlegen, als*

   a) *der unvollkommene, gegen Art. 19 Abs. 4 GG verstoßende Rechtsschutz des Montanvertrages (Leitsätze 8 und 9) nicht durch den Rechtsweg vor nationalen Gerichten ersetzt werden kann und*

   b) *die unvollkommene, gegen Art. 34 GG verstoßende Haftung der Montan-Union (Leitsätze 10 und 11) nicht durch eine subsidiäre Haftung des Bundes ausgeglichen wird.*

# Das Grundgesetz und die öffentliche Gewalt internationaler Staatengemeinschaften

## Aussprache und Schlußworte

**Bachof:** Die Herren Referenten haben mit mir die Möglichkeiten einer Diskussionsgliederung besprochen. Es scheint uns, daß in den Referaten vor allem folgende drei zentrale Problemkreise angesprochen sind:

1. Möglichkeiten und Grenzen einer Verfassungsdurchbrechung nach Art. 24 GG.
2. Sind die Einrichtungen der Staatengemeinschaften bei der Rechtsanwendung an die Grundrechtsnormen der Mitgliedstaaten, insbesondere etwa an die allen Mitgliedstaaten gemeinsamen Fundamentalnormen, gebunden?
3. Haben die nationalen Organe (insbesondere die Gerichte) die Möglichkeit, Akte der Staatengemeinschaften auf ihre Verfassungsmäßigkeit zu prüfen, und welche Folgerungen können sie aus einer etwaigen Feststellung der Verfassungswidrigkeit solcher Akte ziehen?

Wir waren uns darüber im klaren, daß eine scharfe Grenzziehung zwischen diesen Fragenkomplexen nicht möglich ist. — Trotzdem möchten wir vorschlagen, bei der Diskussion die obige Reihenfolge nach Möglichkeit einzuhalten, wobei unvermeidbare Überschneidungen natürlich zugestanden sind.

**Merk:** Ich würde nicht von einer Verfassungsdurchbrechung sprechen. Es handelt sich doch um die Durchführung des Art. 24 GG. Soweit es der Zweck der Gemeinschaften erfordert, reicht auch die Ermächtigung des Art. 24 GG. Ich gebe zu, daß die Änderung von Grundrechten nicht unter diese Ermächtigung fällt, im Hinblick auf die Bindung der Gesetzgebung an die Grundrechte nach Art. 1 Abs. 3 GG und demgemäß auch des nach Art. 24 GG ergehenden Gesetzes über die Übertragung von Hoheitsrechten. Mit Recht ist schon gesagt worden, wenn Hoheitsrechte übertragen werden sollen, dann kann es sich nur um den organisatorischen Teil der Verfassung des übertragenden Staates handeln. Grundrechte sind nur beschränkbar, soweit der Vorbehalt des Gesetzes bei den einzelnen Grundrechtsartikeln reicht. Bezüglich der Organisation der Staatengemeinschaften werden die Mitgliedstaaten im allgemeinen bestrebt sein, die Einrichtung in Anlehnung an ihre eigenen Verfassungen vorzunehmen. So sehen wir z. B. bei der Gemeinschaft für Kohle und Stahl in gewissem Umfange auch den Grundsatz der Gewaltenteilung verwirklicht mit Hoher Behörde, Ministerrat, Gemeinsamer Versammlung und Gerichtshof.

**Hans Schneider:** Herr Thieme hat sich auf die Materialien des Parlamentarischen Rates bezogen, wonach die Übertragung von Hoheitsrechten in erleichterter Form geschehen soll. Darf ich an Herrn Thieme die Frage richten, ob damit unter Umständen das Zustimmungserfordernis, das etwa aus Art. 84, 85 GG herrührt, für ein solches Gesetz entfällt? Die Übertragung von Hoheitsrechten auf eine internationale Gemeinschaft greift ja unter Umständen auch in die Landesorganisationshoheit ein. Wenn Sie der Ansicht sind, daß ein einfaches Gesetz dieses ermöglichen könnte, so bestünde die Möglichkeit, den föderalistischen Vorbehalt der Art. 84 und 85, der praktisch die größte Rolle spielt, aus den Angeln zu heben. Man könnte also durch einfaches Gesetz etwa eine internationale Lebensmittelbehörde schaffen, was sonst innerstaatlich (auf Bundesebene) nie möglich wäre.

**Thieme:** Diese Konsequenz ergibt sich aus dem, was ich gesagt habe. Aber ich darf vielleicht in diesem Zusammenhang auf eine parallele Frage hinweisen, die ich absichtlich nicht behandelt habe: die Übertragung von Hoheitsrechten der Länder. Auch hier droht ja die Aushöhlung der föderalistischen Struktur der Bundesrepublik. Wie ich auch die Möglichkeit solcher Übertragung bejahen würde, würde ich im Grundsatz auch die andere, von Herrn Schneider gestellte Frage bejahen, wobei ich mir vorbehalten müßte, bei näherer Prüfung der Frage Einschränkungen zu machen.

**Bachof:** Weitere Wortmeldungen zum ersten Punkt? Es stehen sich hier ja in einer wichtigen Frage zwei Thesen von Herrn Erler und von Herrn Thieme gegenüber: Herr Thieme will nur „immanente Grenzen" der Verfassungsdurchbrechung anerkennen — was die Frage aufwirft, wie diese immanenten Grenzen gefunden und gezogen werden können, während Herr Erler doch wohl, wenn ich richtig verstanden habe, stärker auf eine vergleichsweise Heranziehung des Art. 79 Abs. 3 GG abstellt?

**Erler:** Ich habe Art. 79 Abs. 3 GG nicht unmittelbar angewandt, sondern gesagt: Die Grenze für Verfassungsdurchbrechungen auf Grund von Art. 24 GG liegt da, wo auch die

Grenze für Verfassungsänderungen liegt. So liegt die Grenze für Grundrechtsänderungen bei ihrem unabänderlichen Restbestand, während, wenn ich recht verstehe, Herr Thieme den gesamten Grundrechtsbestand gegenüber der Übertragung gesichert wissen will.

**Thieme:** Ich bin der Meinung, daß nach Art. 24 I GG Verfassungsdurchbrechungen in geringerem Ausmaß zulässig sind, als dies nach Art. 79 III GG der Fall ist. Wo die immanenten Schranken liegen, kann nur im Einzelfall bestimmt werden. Jedenfalls dürfen durch ein Gesetz nach Art. 24 I GG Grundrechte nicht abgeändert oder beseitigt werden.

**Merk:** Da wir europäische Grundrechte nach dem Abkommen zum Schutze der Menschenrechte und Grundfreiheiten haben, ist dieser Streit doch wohl praktisch bedeutungslos, insofern die Staaten, die es unterzeichnet und ratifiziert haben, daran gebunden sind.

**Bachof:** Dem möchte ich widersprechen. Die europäischen Grundrechte binden die Staatengemeinschaften nicht unmittelbar. Staatengemeinschaften können nicht Mitglieder der europäischen Menschenrechtskonvention sein.

**Erler:** Das ist auch meine Meinung. Die Mitgliedstaaten waren nicht gehalten, beim Abschluß des Montanvertrages die Konvention zum Schutze der Menschenrechte zu beachten, weil diese damals noch nicht in Kraft war, beim Abschluß der beiden weiteren Gemeinschaften, weil sie originär neue Hoheitsgewalten schufen. Man darf auch die praktischen Schwierigkeiten nicht übersehen. Gegen wen sollte sich denn eine Beschwerde richten, wenn ein Verstoß gegen die Konvention vorliegen sollte? Die Gemeinschaften selbst sind ja nicht Mitglieder der Konvention.

**v. d. Heydte:** Man muß hinsichtlich der Menschenrechtskonvention die materiellen Vorschriften, die sie formuliert, und die Verfahrensvorschriften, die sie festlegt, unterscheiden.

Die materiellen Vorschriften gelten zweifellos auch für die europäischen Gemeinschaften: Wenn für die Mitglieder einer völkerrechtlichen Staatengemeinschaft bestimmte Völkerrechtsnormen gelten, dann gelten diese Normen auch für eine von diesen Staaten später geschaffene Staatengemeinschaft. Hinzu kommt, daß in Art. 1 der europäischen Menschenrechtskonvention die vertragschließenden Parteien sich verpflichten, ihren Staatsbürgern jedenfalls bestimmte Rechte zu gewährleisten. Diese Konvention ist früher abgeschlossen worden als die Verträge über die europäischen Gemeinschaften von 1957. Sie ist also eine der Grundlagen, die schon vorhanden waren, als die Satzung der europäischen Wirtschaftsgemeinschaft und der Atomgemeinschaft unterzeichnet wurden. Es ist aber eine selbstverständliche Regel des Völkerrechts, daß früher abgeschlossene Verträge die Staaten bei einem späteren Vertragsabschluß binden. Insoweit gelten meiner Ansicht die materiell-rechtlichen Vorschriften der Konvention jedenfalls auch für die europäischen Gemeinschaften.

Anders steht es mit dem verfahrensmäßigen Schutz, den die Konvention von Straßburg gewährt. Hier allerdings teile ich die Bedenken, die Herr Erler geäußert hat. De lege ferenda wird zu erwägen sein, ob diese Lücke nicht durch Verträge zwischen den Staaten und den Gemeinschaften geschlossen werden kann.

**Erler:** Darf ich dazu darauf hinweisen, daß z. B. der Gleichheitssatz in bezug auf die Geschlechter gar nicht in den Rechtsordnungen aller beteiligten Staaten existiert und daß Frankreich die Konvention bis heute nicht unterzeichnet hat?

**v. d. Heydte:** Das Problem Frankreich besteht zweifellos. Wir dürfen allerdings nicht übersehen, daß Frankreich nicht aus Rücksicht auf das Mutterland, sondern auf Gebiete, die zum Teil den europäischen Gemeinschaften gar nicht angehören, sondern ihnen höchstens assoziiert sind, die Menschenrechtskonvention bis heute noch nicht ratifiziert hat. Wenn in Zukunft eine solche Gemeinschaft andere als europäische Staaten umfaßt, können zweifellos Schwierigkeiten auftauchen. Ich spreche aber nicht von zukünftigen Gemeinschaften, sondern von bestehenden.

**Erler:** Die EWG reicht heute schon weit über europäische Gebiete hinaus. Sie umfaßt mit den assoziierten überseeischen Ländern und Hoheitsgebieten z. B. auch die an Frankreich und Belgien angeschlossenen Gebiete Afrikas mit z. T. arabischer Bevölkerung.

**v. d. Heydte:** Ein Problem stellt praktisch nur mit das in einer Bürgerkriegssituation befindliche Algerien!

**Erler:** Nein, die gesamten französischen Dependenzen und Mitgliedstaaten der Communauté Francaise.

**Pfeifer:** Ich wollte ungefähr dasselbe wie der Vorredner, Herr v. d. Heydte, ausführen. Wir müssen im Ergebnis dazu gelangen, daß auch die Gemeinschaften an die Europäische Menschenrechtskonvention (EK.) gebunden sind. Bereits in der Geburtsurkunde des Europarates ist dieser Gedanke zu finden. Art. 3 der Satzung des Europarates besagt: „Jedes Mitglied des Europarates erkennt den Grundsatz der Vorherrschaft des Rechtes und den Grundsatz an, daß jeder, der seiner Hoheitsgewalt unterliegt, der Menschenrechte und Grundfreiheiten teilhaftig werden soll." Ich stehe auf folgendem Standpunkt: Wenn alle Vertragsstaaten zur Einhaltung der Konvention verpflichtet sind, dann sind es auch die aus solchen Staaten gebildeten Staatengemeinschaften. Ich meine also, daß die Staatengemeinschaften zwar nicht an die nationalen Grundrechte, wohl aber an die in der Menschenrechtskonvention niedergelegten europäischen Grundrechtsnormen gebunden sind.

Die Lösung des Problems Frankreich stelle ich mir so vor, daß Frankreich wenigstens mit Wirkung für sein europäisches Gebiet die Konvention ratifizieren muß. Es gibt auch einen auf ein bestimmtes Gebiet des beigetretenen Landes begrenzten Anwendungsbereich (Art. 63 E K.).

**Bachof:** In diesem Zusammenhang darf ich auf eine Parallele aus dem nationalen Recht hinweisen: Etwa im Jahre 1950 hat der Stuttgarter Verwaltungsgerichtshof einmal entschieden, daß die Verfassungsgrundsätze des deutschen Beamtenrechts, so wie sie in den einzelnen Ländern galten, auch für das Vereinigte Wirtschaftsgebiet gelten müßten; das Vereinigte Wirtschaftsgebiet sei nur eine Zusammenfassung der deutschen Länder und könne sich, infolge der Ableitung seiner Hoheitsbefugnisse von den Ländern, den den Ländern gemeinsamen Verfassungsgrundsätzen nicht entziehen.

**Ermacora:** Zunächst ein Punkt, der eine Äußerung Professor Erlers betrifft, und zwar das Argument, daß der Gleichheitssatz im Hinblick auf die Integration außereuropäischer Länder eine Rolle spielen könnte: Art. 14 der Konvention, der diesen Gleichheitssatz ausspricht, spricht ihn nicht schlechthin aus, sondern nur im Verhältnis zu den in der Konvention gewährleisteten Rechten. Also das Problem der Gleichheit der Geschlechter kann hier keine Rolle spielen.

Dann eine zweite Bemerkung: Ich glaube, wenn man sich auf die drei Wirtschaftsgemeinschaften allein beschränkt, so muß man zu der These gelangen, daß tatsächlich die Menschenrechtskonvention in den europäischen Gemeinschaften unberücksichtigt geblieben ist; ferner, daß allein das Grundgesetz auf transzendentem Grund ruht, während das Gemeinschaftsrecht seinen Grund nur in Sachbezügen hat, und daß man schließlich vom Vorrang des Gemeinschaftsrechts nicht sprechen kann.

Aber hier taucht nun die entscheidende Frage auf: Worin unterscheidet sich dann dieses Gemeinschaftsrecht, das nur auf Sachbezügen ruht, vom Gemeinschaftsrecht der volksdemokratischen Staaten? Ich glaube, einzig und allein durch das Inbeziehungsetzen zur Konvention der Menschenrechte. Denn sie enthält grundlegend Wertbezüge, sie enthält für alle Staaten Gemeinsames und sie bezieht sich auf eine Gewalt, die über den einzelnen Staaten steht. Ich erinnere nur an die problematische Frage, wie Akte der Kommission für Menschenrechte und Akte des Gerichtshofes für Menschenrechte im innerstaatlichen Recht durchgesetzt werden können.

Mir scheint es gerade wichtig, den Drittbezug herauszustellen: Wirtschaftsgemeinschaftsrecht, Menschenrechtskonvention und staatliches Recht, um zu untersuchen, in welchem Verhältnis gerade die Normen der Menschenrechtskonvention zu dem zwischenstaatlichen Recht stehen. Ich glaube nicht, daß es zutreffend ist — um das nur mit einem Satz anzudeuten —, daß die Konvention kraft ihrer Struktur auf die Wirtschaftsgemeinschaft keine Anwendung finden könnte.

Ich vermochte nicht zu verstehen, warum die Referenten sich ausschließlich auf diese drei Wirtschaftsgemeinschaften bezogen und nicht auch die Konvention für Menschenrechte mit einbezogen haben.

**Ipsen:** Ich möchte Herrn Ermacora auf seine letzten Bemerkungen erwidern. Für die Beschränkung auf die drei Wirtschaftsgemeinschaften sehe ich einen entscheidenden sachlichen Grund. Das Leben dieser drei Gemeinschaften stellt ein Sonderdasein dar.

Dann zu Bemerkungen von Herrn Thieme, wonach die Gemeinschaften, wenn sie einmal kreiert worden sind, ihr Eigendasein führen, daß sie sich emanzipieren von ihren Schöpfern und eine eigene Ordnung fortentwickeln mit gewissen Kompetenzen zur Selbsterneuerung und Selbstausweitung, die ihnen mitgegeben sind, unterstützt durch die Judikatur des Gerichtshofes.

Es erscheint mir wesentlich, daß es sich hierbei um Sachbereiche ökonomischer Art handelt, in denen die Träger wirtschaftlicher Funktionen in der weit überwiegenden Mehrzahl der Fälle irgendwelche — ich nenne sie absichtlich so — „sociétés anonymes" sind. Das sind keine Menschen von Fleisch und Blut, die uns da mit Grundrechtsansprüchen entgegentreten. Ihnen fehlt für eine typische Grundrechtsbeeinträchtigung in der Regel die „Leidensfähigkeit". In der Frage der Grundrechtsberührung werden in den Wirtschaftsgemeinschaften andere Probleme aufgeworfen als im Bereich der Menschenrechtskonvention. Sie paßt hier nicht hinein.

Überprüfen wir doch einmal, wenn wir von der Grundrechtsbeeinträchtigung durch Träger der öffentlichen Gewalt dieser Wirtschaftsgemeinschaften sprechen, welche Grundrechte in Frage stehen. Gehen wir einmal den klassischen Grundrechtskatalog durch. In Frage wird stehen der Gleichheitssatz, zum anderen das Eigentum. Welche Rechte noch? Die Berufsfreiheit wäre schon mit Fragezeichen zu versehen. Wenn Sie einmal den klassischen Grundrechtskatalog durchprüfen, so werden Sie sehen, daß sehr vieles aus der Betrachtung ausscheidet, was uns sonst interessieren könnte und was auch im Hinblick auf Art. 19 IV GG im innerstaatlichen Bereich für die Menschen, die Grundrechtsträger sind, durchaus relevant sein möchte. Unter solchen Aspekten scheint mir das, was man „Durchgriff" der öffentlichen Gewalt nennen könnte, den entscheidenden Punkt zu berühren.

Nach meiner Meinung treten die innerstaatlichen Grundrechte gegenüber den dosiert zugemessenen Befugnissen der internationalen Gemeinschaften sehr an Bedeutung zurück. Ich neige zu der Auffassung, daß Berufung auf innerstaatliche Grundrechtspositionen gegenüber Gemeinschaftsakten im allgemeinen nicht in Frage steht, sondern daß die Sicherungen, die wir im ökonomischen Bereich benötigen, im Recht der internationalen Gemeinschaften selbst angelegt sind. Das sind etwa die Respektierung des Gleichheitsgebots, das Willkürverbot, das verfahrensmäßig gesicherte Prozedieren der Organe mit der Gerichtsbarkeit des Europäischen Gerichtshofes. Einen Rückgriff auf nationale Grundrechtspositionen kann man, im Prinzip gesehen, allgemein nicht befürworten. Ich neige also der Meinung zu, daß man die grundrechtsähnlichen Gewährleistungen den Verträgen selbst entnehmen kann und daß sie sich dort auch im großen und ganzen in genügender Intensität finden.

Eine letzte Bemerkung zu den Äußerungen von Herrn Thieme. Wenn er zu dem Schluß kommt, daß gewisse Vorschriften des Montanvertrages (z. B. über die Amtshaftung und über die Unzulässigkeit der Klage von montanfremden Unternehmen) dem Art. 19 IV GG nicht entsprechen, so zieht Herr Thieme daraus bemerkenswerterweise nicht den Schluß, daß subsidär die nationale Gerichtsbarkeit einrücke, sondern er folgert: insoweit besteht kein Rechtsschutz. Positive Konsequenzen vermag er daraus nicht herzuleiten. Mir scheint, dadurch wird meine Grundauffassung, daß das nationale Recht hier nicht nachzurücken vermag, unterstrichen.

**v. d. Heydte:** Herr Ipsen hat uns — wohl ohne es zu wollen — auf das Grundproblem zurückgeführt, das dieser ganzen Diskussion zugrundeliegt, nämlich auf das Verhältnis des Völkerrechts zum innerstaatlichen Recht. Die beiden Referenten sind unausgesprochen von der These ausgegangen, daß es sich hier um zwei verschiedene Rechtskreise handelt (dualistische Auffassung). Wenn man von einer anderen These — nämlich von der monistischen vom Primat des Völkerrechts — ausgeht, kommt man notwendig auch zu anderen Schlüssen. Ich will dies nicht vertiefen, aber ich möchte doch auf diese petitio principii hinweisen, die beiden Referaten zugrundelag.

**Merk:** Gegen die Leitsätze III 8 bis 11 des Herrn Thieme habe ich schwere Bedenken. Auszugehen ist davon, daß Art. 24 GG weitgehende Freiheiten gewährt. Ich möchte der Auffassung entschieden widersprechen, wonach Grundrechte nicht eingeschränkt werden können. Im besonderen zu Art. 34 GG ist zu bemerken, daß es sich hier um kein Grundrecht im förmlichen Sinne des 1. Abschnitts des GG (Art. 1 bis 19) handelt. Art. 19 IV GG gilt auch nicht im Bereich überstaatlicher Gemeinschaften. Wegen Art. 24 I GG habe ich gegen die bestehenden Verträge keine Bedenken. Es kann ja auch nicht daran gedacht werden, daß jeder Staat bei der Schaffung solcher Gemeinschaften seine besondere Rechtsordnung, z. B. mit Bezug auf die Staatshaftung, voll durchsetzt.

**Kaiser:** Ähnlich wie Herr Merk möchte ich noch einmal zur Frage des Art. 24 zurückführen. In der Argumentation von Herrn Thieme findet sich ein Satz, den ich anzweifeln muß, weil er, wie mir scheint, die Rolle einer Prämisse einnimmt. Das ist der Satz, daß die Grundrechte als Voraussetzung für die Ausübung der Staatsgewalt angesehen werden müssen und daß darum im Fall des Art. 24 die Staaten auch an die Grundrechte gebunden sind. Dieser Auffassung kann ich mich nicht anschließen. Ich glaube, die Folgerungen, die Herr Thieme daraus gezogen hat, führen in Richtung der sog. Hypothekentheorie, die heute morgen von Herrn Erler mit Recht zurückgewiesen worden ist. Man hat doch die Grundrechte bisher weniger unter die Voraussetzungen der Ausübung der Staatsgewalt als vielmehr unter die Bindungen und Schranken für die Ausübung der Staatsgewalt gerechnet! Und zwar sind diese Schranken durch den Verfassungsgesetzgeber selber gesetzt. Vorstaatlich sind sie nach der Meinung des Grundgesetzgebers allenfalls nur insoweit, als Art. 79 III sie der Verfassungsänderung entzieht. Ich kann deshalb nicht einsehen, warum es nicht möglich sein sollte, durch Übertragung nach Art. 24 einzelne Grundrechte einzuschränken.

Mir ist auch das Verhältnis der Leitsätze I 2 und II 6 bei Herrn Thieme nicht ganz klar. In dem einen Satz heißt es, daß zum ungeschriebenen Verfassungsrecht der Staatengemeinschaften auch die übereinstimmenden Grundrechtsbestimmungen gehören; im anderen Satz heißt es weit darüber hinausgehend, daß die Grundrechte überhaupt rezipiert werden müßten, also offenbar nicht nur die, in denen die sechs Mitgliedstaaten übereinstimmen.

Wenn ich im übrigen zur Frage der Grundrechte auf der Ebene der Staatengemeinschaften etwas beitragen darf, so folgenden Gesichtspunkt: Ich glaube, daß man auf den Willen der Vertragspartner zurückgehen und etwa so konstruieren könnte, daß die Vertragsschöpfer wohl kaum wesentlich hinter dem in den sechs Mitgliedstaaten bereits erreichten Grundrechtsstandard zurückbleiben wollten. Ich möchte dies also zu einer Frage der Auslegung der Verträge machen, und mir scheint, daß die europäische Menschenrechtskonvention, wenn sie von allen sechs Staaten ratifiziert worden ist, einige Hinweise dafür abgeben könnte, worin man sich einig ist; ich meine jedoch, daß die Konvention nicht unmittelbar angewandt werden kann.

Ich glaube, daß die Parallele, die von Herrn Bachof zur Diskussion gestellt wurde, jene Entscheidung des Stuttgarter Verwaltungsgerichtshofs, hier nicht unmittelbar etwas aussagt. Denn beim Vereinigten Wirtschaftsgebiet hatten wir es mit einem bundesstaatlichen Gebilde zu tun, während es sich hier ja um ganz andersartige Gebilde handelt.

Ich glaube weiter, daß Herr Ermacora in seinen Darlegungen die Staatengemeinschaften viel zu sehr in die Nähe der Staaten gerückt hat, wenn er sagte, daß das Recht der Staatengemeinschaften, weil es nicht auf Werte bezogen sei, mit dem Recht der Ostblockstaaten verglichen werden könnte. Diesen Vergleich halte ich deshalb für unzutreffend, weil ja die Staatengemeinschaften Zweckgemeinschaften sind, und weil ihnen damit auch nicht die Würde und die existentielle Bedeutung der Staaten zukommt. Und aus diesem Grunde halte ich auch die Äußerung von Herrn Thieme nicht für ganz zutreffend, daß es gewissermaßen ein ewiger Bund sei, den die sechs Staaten geschlossen hätten. Dieser Terminus weckt verfassungsgeschichtliche Assoziationen, die für unsere Gemeinschaften nicht passen.

**Bachof:** Ohne Herrn Thieme vorgreifen zu wollen, darf ich zu dem einen von Herrn Kaiser angeschnittenen Punkt bemerken: Herrn Thiemes Thesen I 2 und II 6 scheinen mir nicht miteinander in Widerspruch zu stehen. These I 2 behandelt die Frage, welches Recht die Gemeinschaftsorgane anzuwenden haben: dazu ist Herr Thieme der Ansicht, daß hier diejenigen Grundrechtsnormen anzuwenden seien, die in allen Mitgliedsstaaten gemeinsam gelten. Bei These II 6 handelt es sich dagegen nur darum, was der deutsche Gesetzgeber, wenn er von Art. 24 Abs. I GG Gebrauch macht, tun darf und — auch das steckt vielleicht mit darin — was er rechtswirksam überhaupt tun kann. Das sind doch wohl zwei verschiedene Fragen, und deshalb sehe ich in den beiden Thesen — zu denen ich sachlich jetzt nicht Stellung nehmen will — keinen Widerspruch.

**Kaiser:** Darf ich zur Klärung meiner Position noch einen Satz sagen: Die Antwort von Herrn Bachof hat meine Frage an Herrn Thieme nicht erledigt. Ich habe bisher nicht von einem Widerspruch zwischen den Leitsätzen gesprochen, frage mich jedoch erneut, wie in der Konsequenz des Leitsatzes II, 6 gefordert werden kann, daß die Übertragung von Hoheitsrechten nur erfolgt unter der Voraussetzung der Rezeption aller Grundrechte eines einzelnen Mitgliedstaates, hier der Bundesrepublik, durch die Staatengemeinschaft, während sich der Referent in dem Leitsatz I, 2 mit der Geltung der allen Mitgliedstaaten gemeinsamen Grundrechte begnügt.

**Erler:** Die Referate gehen von anderen Prämissen aus als Herr v. d. Heydte. Das ist aber ein völkerrechtliches Problem. Wir glauben freilich aus Art. 25 GG Hinweise für diese Prämisse zu finden, die wir vielleicht als Prämisse des aufgeklärten Dualismus bezeichnen können. Sie scheint uns bei der Exegese des GG, zu der wir aufgerufen waren, eine Stütze zu verleihen. Ich glaube nicht, daß es richtig ist, daß wir hier in völkerrechtliche Glaubensfragen eintreten.

Herr Ermacora rügte, daß nur die drei wirtschaftlichen Gemeinschaften von uns angezogen seien, nicht aber z. B. die Menschenrechtskonvention. Ein Grund dafür ist die Zeitnot. Wesentlicher noch ist ein logischer Grund: Die durch die Menschenrechtskonvention geschaffenen Organe üben keine öffentliche Gewalt aus. Wenn sie ein Urteil fällen, so bedeutet das nichts anderes, als daß die nationalen Staatsorgane nunmehr gemäß diesem Urteil etwas zu tun haben. Aber es wird nicht dadurch öffentliche Gewalt im Sinne der unmittelbaren Rechtseinwirkung auf Einzelpersonen ausgeübt.

**Thieme:** Herr Erler hat im wesentlichen das gesagt, was ich auch sagen würde. Ich habe, so glaube ich, an einer Stelle meines Vortrages wörtlich gesagt, daß ich die dualistische Theorie vertrete. Daraus ergibt sich der scheinbare Widerspruch zwischen dem Leitsatz I 2 und dem Leitsatz II 6, weil es sich eben um zwei verschiedene (für mich jedenfalls zwei völlig verschiedene) Rechtsordnungen handelt. Ich glaube also, daß der Vorwurf, hier zwei Dinge nicht in Übereinstimmung gebracht zu haben, jedenfalls von m e i n e m Standpunkt aus unbegründet ist.

Wenn Herr Merk festgestellt hat, daß die Leitsätze 8—11 nicht haltbar seien, so erwidere ich, daß dies nur konsequent meine These verdeutlicht, wonach über Art. 24 I GG Grundrechte nicht abgeändert werden können. Daß Art. 34 etwas Grundrechtsähnliches ist, möchte ich allerdings behaupten. Hinter dem Art. 34 steht die Einrichtung einer umfassenden Staatshaftung. Um etwa ein — zwar nicht praktisches — Beispiel zu nennen: Die Aufhebung des hinter dem Art. 34 stehenden § 839 BGB wäre wegen des Art. 34 verboten. Das ist eine Auslegung, die sich darbietet, wenn man den Art. 34 in Zusammenhang mit dem Gesamtverhältnis des Rechtsstaates des Grundgesetzes sieht.

Ich möchte auch Herrn Kaiser antworten. Ich bin mir nicht bewußt, gesagt zu haben, daß die Grundrechte Voraussetzung der Ausübung der Staatsgewalt sind. Ich glaube, ich bin mit ihm einig darin, daß die Grundrechte Schranken der Ausübung der Staatsgewalt sind. Meine Ausführungen führen nicht zu der Hypothekentheorie. Ich vertrete allerdings die Ansicht, daß sich das Gesetz nach Art. 24 GG nicht über die Grundrechte hinwegsetzen darf. Von da her komme ich zu dem Ergebnis, daß einige Bestimmungen des Montanvertrages mit den bezeichneten Grundgesetzartikeln nicht vereinbar sind.

**Merk:** Ich halte daran fest, daß Art. 34 GG kein förmliches Grundrecht ist, wie denn auch Art. 1 Abs. 3 von den „nachfolgenden Grundrechten" spricht, was auf Art. 34 nicht bezogen werden kann. Art. 34 kann auch nicht ohne weiteres einem Grundrecht gleichgestellt werden. Entgegen der Ansicht von Herrn Thieme vermag ich auch keinen Widerspruch zu Art. 19 IV GG zu erkennen. Art. 19 IV GG bezieht sich nur auf die heimische Staatsgewalt. Allerdings muß man für jeden Staat gesondert prüfen, inwieweit er bei der Übertragung von Hoheitsrechten mit seiner Verfassung übereinstimmt. Insoweit kann die Verfassungmäßigkeit des Übertragungsgesetzes durch das inländische Gericht nachgeprüft werden.

**Bachof:** Darf ich einmal einen Redner, nämlich Herrn Ipsen, zu einem Diskussionsbeitrag herausfordern? Ich weise dazu auf die Meinungsverschiedenheiten hin, die mir zwischen ihm und Herrn Thieme zu bestehen scheinen. Herr Ipsen hat auf die „Eigengesetzlichkeit" der Staatengemeinschaft abgehoben. Folgert er daraus, daß sich die Staateng e m e i n s c h a f t e n von denjenigen Grundvorstellungen und Grundnormen lossagen können, welche den S t a a t e n , die diese Gemeinschaften gegründet haben, gemeinsam sind? Herr Thieme meint, daß die Übertragung von Hoheitsrechten überhaupt nur im Rahmen der nationalen Grundrechte erfolgen könne; wenn Herr Ipsen demgegenüber die Eigengesetzlichkeit der Staatengemeinschaften betont, so wirft das die Frage auf, ob diese Gemeinschaften sich von den (gemeinsamen) Grundrechten ihrer Mitgliedsstaaten freizeichnen können.

**Ipsen:** Wenn ich zunächst ergänzen darf: Freizeichnen in dem Sinne, daß sich der Anwendung des Art. 24 weite Möglichkeiten eröffnen, was ich — als zu Punkt 1 der Diskussion gehörig — nicht ausschließen will, sondern unterstellt habe.

Das haben die vertragsschließenden Staaten, von uns aus gesehen, mit Hilfe des Art. 24 getan. Es ist kein dringendes Bedürfnis sichtbar, jenen rechtsstaatlichen Standard, den die Gemeinschaftsstatuten vermitteln, innerstaatlich aufzuwerten. Darum stellte ich die Frage, in welchen Grundrechtsbereichen ein solches Anliegen denn einmal erwachsen sollte? Wenn ich die Referate recht verstanden habe, ist das im wesentlichen im Hinblick auf die Eröffnung von Rechtsschutzmöglichkeiten (Stichwort: Art. 19 IV GG) verfochten worden. Ich habe kein anderes Grundrecht nennen hören, zu dem solche Gesichtspunkte wesentlich wären. Man hätte meinetwegen den Art. 14 mobilisieren können. Dann hätte man aber der Frage nähertreten müssen, daß alle Unternehmer, die dem direkten Zugriff der Gemeinschaftsorgane unterliegen, sich in einer Eigentumsposition befinden, die gegenüber derjenigen des Art. 14 schon eine andere geworden ist. Ich spreche mich für eine Eigenständigkeit des rechtsstaatlichen Niveaus der Gemeinschaftsverträge aus und glaube, daß in diesem Bereich die Verträge über die Gemeinschaften das Gebotene getan haben. Ein Aufwertungsbedürfnis innerstaatlicher Provenienz ist daher so sehr nicht gegeben.

**Bachof:** Das mag für die derzeit bestehenden Verträge richtig sein. Aber damit ist die grundsätzliche Frage wohl kaum beantwortet. Man muß sich doch fragen, inwieweit auf die gemeinsamen Grundrechte zurückgegriffen werden kann, wenn künftige Verträge einmal nicht das beinhalten, was auch Sie, Herr Ipsen, als den notwendigen rechtsstaatlichen Mindeststandard ansehen. Dann könnte doch das innerstaatliche „Aufwertungsbedürfnis", das Sie vielleicht mit guten Gründen für die gegenwärtigen Verträge verneinen, durchaus aktuell werden!

**v. d. Heydte:** Ich muß nochmals auf die viel zitierte Menschenrechtskonvention zurückkommen. Ein solches „innerstaatliches Aufwertungsbedürfnis" kann — zumindest für die Staaten, die die Menschenrechtskonvention ratifiziert haben — kaum bestehen, so lange diese Staaten gewillt sind, ihre völkerrechtliche Verpflichtung aus der Konvention von Straßburg zu erfüllen.

**Bachof:** Sie, Herr v. d. Heydte, sprechen aber wieder nur von der Verpflichtung der Staaten, während Herr Ipsen — insoweit in Übereinstimmung mit Herrn Thieme — aus der Verpflichtung der Staaten eben nicht auch die Verpflichtung der Gemeinschaft herleitet.

**v. d. Heydte:** Darf ich darauf antworten: Art. 1 der Menschenrechtskonvention verpflichtet die Signatarstaaten, wenn sie sich zu einer Gemeinschaft zusammenschließen, diese jedenfalls so zu gestalten, daß auch in ihr der Schutz der Menschenrechte gewährleistet ist. Der Inhalt der Menschenrechtskonvention muß daher in die Gründungsverträge der europäischen Gemeinschaften gewissermaßen „hineingelegt", diese Verträge im Sinn der Konvention interpretiert werden. Dies ist bei den Gründungsverträgen der existenten europäischen Gemeinschaft möglich. Sollte dies bei einer kommenden Gemeinschaft der gleichen Staaten nicht mehr möglich sein, weil diese Gemeinschaft anders struktuiert ist als die drei bestehenden europäischen Gemeinschaften, so würden die Staaten gegen die Konvention von Straßburg verstoßen. Ich glaube nicht an eine unmittelbare Bindung der Gemeinschaften an die Konvention im Sinne einer vertraglichen Bindung der Gemeinschaften als solche: Die Menschenrechtskonvention ist — wenigstens insofern — kein Vertrag zu Lasten Dritter. Es besteht jedoch die unmittelbare Verpflichtung der Staaten in einer solchen Gemeinschaft, diese Menschenrechtskonvention als Grundlage für ihr gesamtes Handeln auch innerhalb der Gemeinschaft zu nehmen.

**Küchenhoff:** Wenngleich wir hier die völkerrechtlichen Probleme ausklammern wollen, so können wir doch nicht die andere Frage ausklammern: Ganzheitliche Rechtsauffassung oder dualistische Rechtsauffassung? Es gibt nämlich nicht nur die ganzheitliche Auffassung im Verhältnis des Völkerrechts zum Staatsrecht, sondern es gibt sie im gesamten Bereich des Rechts, auch im Verhältnis des Staates zum einzelnen. Vom ganzheitlichen Standpunkt aus bietet es keine Schwierigkeiten anzunehmen, daß auch Gemeinschaften Grundrechtspositionen haben. Es muß nach meinem Dafürhalten gelingen, bei aller grundsätzlichen Divergenz zwischen ganzheitlicher Rechtsauffassung und einer mehr dualistischen Auffassung, das M i n i m u m a n Ü b e r e i n s t i m m u n g einmal herauszuarbeiten. Ich darf daher methodisch zweierlei bemerken: 1. wir können die Problematik ganzheitlich oder dualistisch nicht ausklammern; 2. wir können zugleich versuchen, von der Verschiedenartigkeit der einzelnen Standpunkte aus ein Minimum an Gemeinsamkeit festzustellen.

Der Grundrechtsposistion, die Herr Erler heute früh entwickelt hat und die m. E. nicht nur dualistisch auf den einzelnen zum Staat bezogen ist, kann ich von der ganzheitlichen Richtung her zustimmen. Es ist möglich, daß die Staaten ihre Hoheitsrechte an Dritte übertragen, also z. B. an überstaatliche Gebilde. Ich halte es aber für unmöglich, daß die Staaten über die Grundrechte ihrer Staatsbürger und vor allem über die vorstaatlich gegebenen Grundrechte ihrer Staatsbürger verfügen. Daher sehe ich in den Konsequenzen eine weitgehende Übereinstimmung mit Herrn Erler, der im Grunde in seinen Ausführungen zu Art. 79 auch um einen festen Stand von Grundrechtspositionen ringt, die vorstaatlich sind. In einer geordneten Rechtssituation muß meine Grundrechtsposition bestehen gegenüber jedem, der Übermacht hat, mag diese Macht vom Staate kommen, oder mag mein Staat diese Macht anderen eingeräumt haben, mögen diese anderen über- oder unterstaatliche Gebilde sein.

Ich glaube es ist späteren Ausführungen vorbehalten, das Verhältnis Völkerrecht und Staatsrecht näher zu erörtern und die Frage, ob wir dann noch das Zwischenglied eines besonderen Staatengemeinschaftsrechtes brauchen. Jedenfalls hat es mir gut gefallen, daß trotz zivilrechtlicher Bedenken Herr Erler den Satz „nemo plus iuris transferre potest quam ipse habet“ anwendet. Der Satz bezieht sich ja nicht nur auf das Zivilrecht, sondern auf den allgemeinen Teil des Rechts, und dieser Satz des allgemeinen Teils des Rechts besagt: Ich kann nicht über etwas verfügen, was mir nicht zusteht.

**Erler:** Ich habe diesen Satz keineswegs allgemein angewandt, sondern nur im Verhältnis von Staat und Bürger, nicht dagegen im Verhältnis von Staat und Staatengemeinschaft.

**Merk:** Wenn von einem „ewigen Bunde“ mit Bezug auf die europäischen Gemeinschaften gesprochen worden ist, so möchte ich darauf hinweisen, daß der Vertrag über die Gemeinschaft von Kohle und Stahl eine Vertragsdauer von 50 Jahren vorsieht (Art. 97), wogegen der Vertrag über die EWG und der sog. Euratomvertrag ausdrücklich auf „unbegrenzte Zeit“ abgeschlossen worden sind (Art. 40 bzw. 208). Es ist also nicht so, wie Herr Erler meinte, es stünde nichts darüber in den Verträgen. Daraus ergibt sich, daß nach allgemeinen völkerrechtlichen Grundsätzen der Rücktritt von den Gemeinschaften bei wesentlich geänderten Verhältnissen (clausula rebus sic stantibus) möglich wäre.

**Pfeifer:** Ich möchte nur darauf hinweisen, daß es im französischen Text der Menschenrechtskonvention heißt: „Les Hautes Parties Contractantes reconnaissent à toute personne ... les droits et libertés“, also: „sie anerkennen“. Nach französischem Text *anerkennen* die vertragsschließenden Teile diese Rechte als schon bestehende Rechte. Das nur als Ergänzung zu den Ausführungen von Herrn Küchenhoff.

**Bachof:** Darf ich mir — mit einem Blick auf die Uhr — den Vorschlag erlauben, daß wir jetzt zur dritten Frage übergehen. Ich wiederhole sie nochmals: Haben die nationalen Organe, insbesondere die Gerichte, die Möglichkeit, Akte der Staatengemeinschaften auf ihre Verfassungsmäßigkeit zu prüfen? (Was natürlich von der Hypothese ausgeht, daß diese Akte überhaupt irgendwie am nationalen Recht meßbar sind — was Herr Ipsen wohl verneinen würde). *Wenn* wir von der Hypothese ausgehen, daß diese Akte am nationalen Recht meßbar sind — beide Referenten haben das ja wohl in gewissem, wenn auch verschiedenem Umfange bejaht — dann stellt sich der Frage zweiter Teil so: Können nationale Organe die Akte der Staatengemeinschaft prüfen, und bejahendenfalls, welche *Folgen* können sie aus der etwaigen Feststellung einer „Verfassungwidrigkeit“ solcher Akte ziehen? Eine Frage, deren Lösung u. a. auch *rechtstechnisch* sehr schwierig ist, weil es sich ja nicht nur um die Abwehr von Eingriffen, sondern auch um die Durchsetzung von Leistungsansprüchen handelt. Es genügt also ggf. nicht ein bloßes „Nichtanwenden“ internationalen Rechts oder internationaler Akte seitens der nationalen Organe, sondern es geht um viel weitergehende Folgerungen.

**Merk:** Alle überstaatlichen Gemeinschaften bestimmen, daß Verstöße gegen ihre Rechtsordnung in bestimmter Weise abgestellt werden können. Dafür sind Gerichtshöfe eingesetzt. Die

Erörterung dieses Punktes führt wieder zu der Frage, welche Befugnisse die Gerichte auf Grund des Art. 24 haben. Was sich im zwecknotwendigen Rahmen dieser Bestimmung hält, das ist m. E. verfassungmäßig, und dagegen kann ein nationales Gericht nicht angerufen werden. Ich sehe gar keine Möglichkeit dazu, nachdem Art. 24 die Befugnis gibt, Hoheitsrechte abzutreten. Es fragt sich nur, in welchem Rahmen das geschehen kann. In diesem Rahmen scheiden die nationalen Gerichte aus. Insoweit sorgen die verschiedenen Gerichtshöfe dieser Gemeinschaften dafür, daß die Übereinstimmung mit den abgeschlossenen Gemeinschaftsverträgen besteht.

**Friesenhahn:** Herr Bachof hat zwischen der Auffassung von Herrn Ipsen und derjenigen des Herrn Referenten sehr scharf unterschieden. Ich kann diese scharfe Trennung nicht ganz zugeben. Wie Sie eben mit Recht sagten, sieht Herr Ipsen in den vorhandenen Verträgen doch das Minimum als gegeben, das auch Herr Erler fordert. Man müßte also Herrn Ipsen fragen, wie es wäre, wenn eine Staatengemeinschaft gegründet würde, bei der jene rechtsstaatlichen Garantien, die Herr Ipsen aus den Verträgen heraus entwickelt, n i c h t vorhanden wären. Dann müßte doch auch Herr Ipsen von seinem Standpunkt aus zugeben, daß solche Verträge nach deutschem Verfassungsrecht nicht geschlossen werden könnten. Sie, Herr Ipsen, haben betont: Das „g e b o t e n e" rechtsstaatliche Verfahren sei in den Verträgen enthalten. Auf dem Wort „geboten" liegt, glaube ich, der Ton. Woher entnehmen Sie das, was „geboten" ist, und wer prüft die Einhaltung des „Gebotenen" nach?

**Ipsen:** Die Antwort kann nur die Art und Weise geben, in der Art. 24 ausgelegt wird. W e n n ich aus Art. 24 die Möglichkeit ableite, daß Grundrechtsbeschränkungen in höherem Umfange erlaubt werden, als dies das Grundgesetz außerhalb des Art. 24 zuläßt, so würde meine Antwort lauten müssen: Auch das Eingehen einer s o l c h e n vertraglichen Grundlegung für eine Gemeinschaft müßte hinzunehmen sein. Aber dem Zögern, mit dem ich diese Worte sage, mögen Sie entnehmen, daß ich versuche, noch über die Konsequenzen nachzudenken. Ich habe das alles bisher unter dem Aspekt der vorhandenen Gemeinschaften gesehen.

**Bachof:** Herr Ipsen spricht von einer Einschränkbarkeit der Grundrechte in einem „höheren" Umfang, als das Grundgesetz es zuläßt. Aber schon in diesem Komparativ ist wohl enthalten, daß auch nach Herrn Ipsens Ansicht Art. 24 keine Einschränkung im „vollen" Umfange zuläßt; daß vielmehr irgendwo eine

Grenze für diese Einschränkbarkeit besteht. Diese Grenze mag an einer anderen Stelle liegen als dort, wo Herr Thieme sie zieht, der die Grundrechte schlechthin für uneinschränkbar hält. Sie mag vielleicht auch anders verlaufen als wie Herr Erler sie ziehen will, der nur einen „Kernbestand“ für unabdingbar hält. Irgendwo will doch aber auch Herr Ipsen dieser Einschränkbarkeit eine Grenze ziehen?

**Ipsen:** Das ist für mich besonders schwer zu beantworten, da ich wohl einer der ganz wenigen in diesem Kreise bin, der kein Gutachten zu Art. 24 gemacht hat!

**Hans Schneider:** Die Herren Referenten hätten vielleicht die Möglichkeit gehabt, eine Grenze der Einschränkbarkeit, die wir eben angeschnitten haben, durch die Berufung auf den „ordre public“ zu gewinnen. Darf ich die beiden Herren Referenten fragen, ob sie nicht aus diesem Begriff etwas herleiten wollen? Kann eine Staatenordnung es zulassen, daß u. U. Vollstreckungshilfe gegenüber der internationalen Staatengemeinschaft geleistet werden muß, auch wenn es sich um eine Maßnahme handelt, die gegen den nationalen „ordre public“ verstößt?

**Menzel:** Dem Vorschlag von Herrn Schneider, den ordre public-Gedanken gegenüber Integrationsverträgen anzuwenden, vermag ich nicht zuzustimmen. Wenn ein Staat derartige Verträge abschließt, kann er nicht hinterher einwenden, die Eigenart seiner inneren Rechtsordnung verbiete ihm die Befolgung der Vertragsbestimmungen. Ein solches Verhalten würde gegen das Estoppelprinzip und das Verbot des venire contra factum proprium verstoßen. Außerdem ist es auch aus dogmatischen Gründen bedenklich, in diesem Zusammenhang vom ordre public zu sprechen. Der ordre public-Gedanke bedeutet eine Schranke gegen die Anwendung fremden Rechts. Integrationsrecht ist aber nicht schlechthin fremdes, sondern mindestens zum Teil auch eigenes Recht. Die Übertragung dieses Begriffs aus dem Internationalen Privatrecht in das Integrationsrecht ist daher m. E. verfehlt. Wenn man nach Schranken sucht, so könnte man — mit Schwarzenberger — von einem „europäischen Standard“ als Maßstab sprechen.

Zweitens möchte ich auf eine Vorschrift des Grundgesetzes aufmerksam machen, die eigentümlicherweise von den beiden Herren Referenten nur ganz am Rande angedeutet worden ist. Es handelt sich um Art. 79 Abs. 1 S. 2 GG. Anläßlich des Wehrbeitragsstreits hat nämlich der Verfassungsgesetzgeber einen interessanten Kompromiß zwischen der Geltung der Verträge und dem Vorrang der innerstaatlichen verfassungsmäßigen Ordnung geschlossen. Er hat die Möglichkeit eröffnet, daß mit verfassungsändernder Mehrheit festgestellt werden kann, gegen den Vertrag seien Einwendungen aus dem Grundgesetz unzulässig. Dies ist zwar mit der wenig glücklichen „Klarstellungs"-Klausel verdeckt und als Auslegungsfrage deklariert worden. Im Grunde handelt es sich aber um den echten Konfliktfall. Wenn der Parlamentarische Rat diese Komplikationen im Bereich der Auswärtigen Gewalt vorausgeahnt hätte, würde er wohl entweder wie die niederländische Verfassung von 1953 den Primat der Verträge festgelegt oder wenigstens die jetzige Lösung des Art. 79 Abs. 1 S. 2 auf alle internationalen Abkommen ausgedehnt haben. Wir stehen jetzt vor der eigenartigen Situation, daß die Regelung des Art. 79 Abs. 1 S. 2 zwar für die dort genannten Gruppen von Verträgen gilt — deren weite Interpretation immerhin eine große Erleichterung darstellt — während gegen die auf Grund des Art. 24 zustandegekommenen Verträge nach allgemeiner Ansicht verfassungsrechtliche Bedenken geltend gemacht werden können. Man sollte aber die den Privilegierungstatbestand des Art. 24 erfüllenden Verträge nicht schlechter stellen als diejenigen nach Art. 79 Abs. 1 S. 2. Der Sinn der Privilegierung des Art. 24 besteht doch gerade darin, daß die Verträge nicht der Zustimmung der verfassungsändernden Mehrheit bedürfen, sondern nur eine einfache Mehrheit erfordern. Hinsichtlich der möglichen oder nicht möglichen Einwände aus der Verfassungsordnung gibt es also drei Gruppen von Verträgen: Die nach Art. 24 GG privilegierten Verträge (ohne verfassungsändernde Mehrheit), die in Art. 79 Abs. 1 S. 2 hervorgehobenen Verträge (mit verfassungsändernder Mehrheit) und die gewöhnlichen Verträge, die sich alle verfassungsrechtlichen Einwände gefallen lassen müssen, weil wir eine Vorrangklausel zwar für die allgemeinen Regeln des Völkerrechts (Art. 25), aber im Gegensatz zur französischen Verfassung von 1946 und der niederländischen Verfassung von 1953 nicht für völkerrechtliche Verträge besitzen.

Nun ist in den Referaten und der Diskussion auf Art. 79 Abs. 3 GG als letzte Schranke hingewiesen worden. Wenn ich die Ausführungen richtig verstanden habe, soll damit die These vertreten werden, daß gegenüber Integrationsverträgen zwar nicht jede Verfassungsbestimmung mobilisiert werden kann, aber jedenfalls die Vorschrift über das „änderungsfeste Verfassungsminium" immer druchgreifen soll. Doch scheint diese Lösung deshalb nicht praktikabel zu sein, weil nicht einzusehen ist, in welcher Weise völkerrechtliche Verträge mit den dort genannten Bestimmungen in Konflikt geraten können.

Geschützt ist zunächst die Beachtung der Menschenwürde (Art. 1). Es wird keinen Integrationsvertrag geben, der hiergegen verstößt. Eine weitere Grenze soll Art. 20 darstellen. Aber auch hier ist eine Kollisionsmöglichkeit nicht vorhanden: Es handelt sich um die Staatszielbestimmung (Republik, Rechtsstaat, Bundesstaat, Sozialstaat, Gewaltenteilung). Wie soll eine Vertragsvorschrift damit kollidieren? Dies ist nur möglich, wenn wir etwa von den Integrationsgemeinschaften verlangen, daß sie eine ähnliche Struktur aufweisen wie die Bundesrepublik. Das wäre aber falsch, da das GG nur für die innerstaatliche Ordnung gilt und außerdem die Montanunion oder die EWG als Nicht-Staaten auch keine nur für Staaten geltende Strukturform aufweisen können. Im übrigen müßten wir jedem anderen an diesen Integrationsgemeinschaften beteiligten Land das gleiche Recht der Anwendung seiner innerstaatlichen Maßstäbe einräumen, womit eine völlige Rechtsunsicherheit eintreten würde. Und schließlich ist in Art. 79 Abs. 3 der förderative Aufbau der Bundesrepublik geschützt (Gliederung in Länder und deren Teilnahme an der Gesetzgebung). Auch hier ist nicht ersichtlich, wie Vertragsbestimmungen dagegen verstoßen sollen, denn es handelt sich nur um die grundsätzliche Verankerung des förderativen Systems, nicht etwa um die Kompetenzverteilung zwischen Bund und Ländern. Wenn aber ein Verstoß der Integrationsverträge gegen Art. 79 Abs. 3 GG kaum möglich ist, so ist diese Verfassungsbestimmung als Schranke ungeeignet. Man kann sie auch nicht dahin erweitern, daß Art. 1 gewissermaßen als Muttervorschrift für alle Grundrechte angesehen wird und so der Vorrang aller Grundrechte statuiert wird, denn Art. 79 Abs. 3 schützt eben nur Art. 1 und Art. 20, nicht aber Art. 1 bis 20. So sinnvoll es auf den ersten Blick erscheinen mag, das änderungsfeste Minimum als Tabu auch für die Integrationsverträge anzusehen, so wenig hält diese Ansicht einer genauen Prüfung stand.

Ganz allgemein sei bemerkt: Der verfassungsrechtliche Perfektionismus, den wir aus Gründen der Rechtsstaatlichkeit im innerstaatlichen Recht zur Anwendung bringen, darf nicht im gleichen Ausmaß für Akte der auswärtigen Gewalt gelten. Internationale Verträge sind Ausdruck des Kompromisses nicht nur zwischen den unterschiedlichen staatlichen Interessen, sondern auch der verfassungsrechtlichen Ordnungen. Wir können nicht verlangen, daß sich jedermann nach unserer verfassungsrechtlichen Ordnung richtet.

Die gilt in erster Linie für Einwände aus der förderalistischen Struktur der Bundesrepublik. Der Beitritt zu einer internationalen Gerichtsbarkeit (Art. 24) wäre dann kaum möglich, weil er eine Beeinträchtigung der Justizhoheitsgewalt der Länder bedeuten kann. Im Bereich der kulturellen Fragen haben wir die gleiche Erscheinung. Die sich daraus ergebende Problematik der Kulturabkommen ist bekannt. Es gibt kaum einen Vertrag, der nicht irgendwie aus der förderalistischen Kompetenzverteilung heraus anfechtbar wäre. Die Vereinigten Staaten haben im sog. Zugvögelfall (Missouri v. Holland) eine annehmbare Lösung gefunden. Wir sind aber über unsere Auseinandersetzungen bei der Bonner Tagung (1953) noch nicht wesentlich hinausgelangt. Das gilt vor allem für die Einwände aus der förderalistischen Struktur. Ihnen gegenüber sei betont, daß der förderative Aufbau nur innerstaatliche Bedeutung haben sollte. In der Außenwirkung, d. h. den anderen Staaten gegenüber, darf es keinen Unterschied machen, ob ein Staat förderativ oder unitarisch konstruiert ist. Diese Probleme dürfen nicht immer nur staatsrechtlich, sondern müssen völkerrechtlich betrachtet werden. Im zwischenstaatlichen Recht ist aber z. B. für den Bereich der Staatshaftung der Grundsatz der nicht-unterschiedlichen Behandlung von föderativen und unitarischen Staaten ausgeprägt worden. Er sollte auch für die innerstaatliche Geltung gerade der Integrationsverträge maßgeblich sein. Wenn sich diese Ansicht durchsetzt und man ferner bedenkt, daß Art. 24 und Art. 79 Abs. 1 S. 2 den Konfliktfall mit dem grundsätzlichen Vorrang des Vertrages zu lösen vorschreiben (mit und ohne verfassungsändernder Mehrheit), wird ein großer Teil der gegenwärtigen Streitfragen entfallen. Es muß jedenfalls bei diesen Privilegierungstatbeständen bezweifelt werden, ob überhaupt Einwände aus dem Grundgesetz möglich sind. Die Hervorhebung dieser beiden Vertragsgruppen besteht doch gerade in dem Freistellen von verfassungsrechtlichen Bedenken. Möglicherweise können derartige Einwände nur die anderen — also die nicht privilegierten — Verträge treffen, aber auch hier sollten Anzweiflungen aus der föderativen Kompetenzverteilung zwischen Bund und Länder ebenso entfallen wie Einwände aus Art. 79 Abs. 3, der Rechtsgüter schützt, die nicht Gegenstand vertraglicher Abmachungen sein können.

Zusammenfassend lassen sich demnach folgende Forderungen aufstellen: Keine Anwendung des ordre public-Gedankens, Untauglichkeit des Art. 79 Abs. 3 als Gültigkeitsschranke für Verträge, keine Übertragung des Verfassungsperfektionismus in den Bereich des Vertragsabschlußrechts, Ausschaltung der Einwände aus der föderativen Struktur, stärkere Hervorhebung des Privilegierungscharakters der Verträge nach Art. 24 und 59 Abs. 1 S. 2.

**Erler:** Herr Schneider warf die Frage auf, ob man nicht den „ordre public" gegenüber Akten der Staatengemeinschaft heranziehen könne. Ich gerate in Schwierigkeiten, weil ich entgegen der von Herrn Thieme vorgetragenen Ansicht es nicht für möglich halte, daß überhaupt die deutschen Gerichte in Verlegenheit kommen könnten, über Akte der internationalen Gemeinschaften zu entscheiden, weil ihnen ja nach den Statuten der internationalen Gemeinschaften eine solche Entscheidungsmöglichkeit genommen ist. Weil sie die Streitfrage dem Gemeinschaftsgericht zur Vorabentscheidung vorlegen müssen, weil die Statuten der internationalen Gemeinschaften transformiertes deutsches Recht geworden sind, dürfen die deutschen Gerichte gar nicht entscheiden. Sie könnten an internationale Akte überhaupt nur herankommen in dem von mir gebrachten Grenzfall, in dem schon das Zustimmungsgesetz zum Vertragsstatut verfassungswidrig war. Aber selbst wenn man annähme, daß man mit dem „ordre public" arbeiten könnte, so müßte man doch diesen Begriff etwas mehr klären, denn er ist außerordentlich schillernd. Wenn „ordre public" alles das ist, was die verfassungsmäßige Ordnung im Sinne der Gesamtrechtsordnung der Bundesrepublik ist, dann kann selbstverständlich der „ordre public" nicht angewandt werden: denn Art. 24 gibt ja gerade das Recht, aus dieser allgemeinen Ordnung auszusteigen, und fraglich sind gerade nur die Grenzen der Befugnis zum Aussteigen. Wenn „ordre public" aber nur der fundamentale Restbestand der Entscheidungen ist, auch der grundrechtlichen Entscheidungen, deren Grenze ich zu ziehen versucht habe (Art. 1 und die auf Art. 1 beruhenden Entscheidungen), dann kommen wir auf dasselbe hinaus, was ich auch schon vorgetragen habe. Ich halte es aber gar nicht für möglich, daß man gegen den Einzelakt bei Bestehenbleiben des Statuts überhaupt angehen kann.

Was Herr Menzel sagte, kann ich zum größten Teil unterschreiben. Er wies auf Art. 79 I 2 hin, der alle Einwendungen gegen die aufgeführten Verträge abschneidet. Das ist richtig. Allerdings möchte ich dazu zu bedenken geben, daß Art. 79 I 2 unter Art. 79 III steht. Art. 79 III ist letztlich doch immer noch die Grenzmauer, und wir kommen deswegen auch wieder zu den letzten Fundamentalentscheidungen. Also gibt auch Art. 79 I 2 keine völlige Freiheit. M. E. könnte man auch ein verfassungsänderndes Gesetz nach Art. 79 I 2 als verfassungswidrig im Sinne von Art. 79 III ansehen, wenn es gegen die Grundgesetze von Art. 20 usw. verstößt. Das sind dann aber doch wieder etwa dieselben Grenzen, die ich aufzuzeigen versucht habe.

**Bachof:** Eine Zusatzfrage an Herrn Erler: Herr Erler hat gesagt, ein deutsches Gericht oder eine deutsche Behörde komme an einen Staatengemeinschaftsakt nur heran, wenn schon das *Gesetz* nach Art. 24 verfassungswidrig sei. Darf ich die Frage stellen: Käme das Gericht selbst in diesem Fall wirklich an die Prüfung heran? Herr Erler meint, wenn das Gesetz vom Bundesverfassungsgericht für nichtig erklärt werde, entfalle damit („zwangsläufig") zugleich die Geltung der auf dem Gesetz beruhenden Akte der Staatengemeinschaft. Das ist fraglich; denn auch nach innerdeutschem Recht entbehrt ein Verwaltungsakt, der auf einem nichtigen Gesetz beruht, keineswegs schlechthin der Geltung, er ist vielmehr in der Regel nur anfechtbar und nur unter ganz besonderen — selten vorliegenden — Bedingungen nichtig.

**Erler:** Ich halte diese Frage für außerordentlich wichtig. Ich muß Ihnen gestehen, daß ich die Lösung dieser Frage nur kurz gestreift habe, weil sie einen ganzen Packen von weiteren Erwägungen mit sich gebracht hätte.

Wenn ich die Antwort auf eine ganz kurze Formel bringen darf: Es ist ganz richtig, was Herr Bachof gesagt hat, daß bei staatlichen Gesetzen, die für verfassungswidrig und für nichtig erklärt werden, damit keineswegs gesagt ist, daß die *auf Grund* dieses Gesetzes ergangenen Einzelakte nun ebenfalls nichtig wären. Soweit sie bereits Bestand gehabt haben, oder sagen wir, soweit sie in der Zwischenzeit ein gewisses standing gehabt haben, behalten sie das ebenfalls.
Hier liegen die Dinge nun allerdings nicht so. In dem Falle, in dem das innerdeutsche Gesetz vom Bundesverfassungsgericht für nichtig erklärt wird, bleibt doch die Tatsache bestehen, daß *zuständige* deutsche Behörden innerhalb Deutschlands Akte öffentlicher Gewalt gesetzt haben. Wenn wir aber das Statut stürzen, ist es so, daß *absolut unzuständige* Behörden in der Zwischenzeit Akte gesetzt haben. So ergibt sich die Frage, ob das nicht eine ganz andere Situation ist als die, die im Bundesverfassungsgerichtsgesetz geregelt ist. Ich möchte dieses in der Tat annehmen.

**Bachof:** Das liefe also auf eine Art ultra-vires-Lehre hinaus?

**Erler:** Ja.

**Bühler:** Ich möchte versuchen, einige wenige Gesichtspunkte aus der Praxis der Montanunion beizutragen. Wenn ich mir die zahlreichen Entscheidungen der Hohen Behörde vor Augen halte, so fällt mir zweierlei auf. Erstens: die Beschwerden von deutschen Beschwerdeführenden sind wie mir scheint, zahlreicher als die von allen anderen Staatsangehörigen.

Zweitens: Die Eingriffe, die damit abgewehrt werden, zielen auf die zentralen Probleme der industriellen Disposition. Die Produktionsentscheidungen betreffen allerdings meist technische Fragen und sind insoweit schwer zu beurteilen.

Ergehen aber auch Anfechtungen von Beitragsentscheidungen? Ich glaube, das ist neulich erstmals geschehen und zwar bezeichnenderweise von zwei deutschen Werken, die die ihnen zugeschriebene Umlage angefochten haben; und zwar nicht etwa wegen der Durchführung des Maßstabes, sondern weil die Umlage (von 0,35 % des Umsatzes) überhaupt zu hoch sei. Es wird darüber geklagt, daß man in Luxemburg Vorratswirtschaft betreibe, also Reserven ansammele. Das ist ein Einwand, der in einem deutschen Steuerprozeß nicht erhoben werden könnte. Ihr braucht die Steuern nicht in diesem Umfang! Es wäre sehr interessant, wenn jemand etwas darüber sagen könnte und weiter darüber, wie weit die auf produktionstechnischem Gebiet ergehenden Entscheidungen etwa in das deutsche Koalitionsrecht eingreifen, oder wie weit man sagen kann, daß sie wirklich die Dispositionsfreiheit, die ein deutsches Werk hat, wesentlich schädigen.

**Ipsen:** Ich könnte mich speziell zu dem Umlagenprozeß äußern; aber der Umstand, daß ich an diesem Verfahren beteiligt bin, hindert mich daran.

Was die technische Seite der Sache angeht, so ist kein Zweifel, daß manche Unternehmen, und zwar nicht nur deutsche (holländische und französische Unternehmen sind ebenso aktiv auf diesem Gebiet), durch diese technisch genannten Entscheidungen in ihren Dispositionsbefugnissen wesentlich berührt sein können. In diesen Zusammenhängen ist nicht selten Art. 14 GG mit der Behauptung mobilisiert worden, die Interventionen der Hohen Behörde gingen über diejenigen Maßnahmen zur Umgrenzung der Eigentümerbefugnisse hinaus, die Art. 14 zulasse. Wenn die Maßnahmen noch einen Schritt weitergingen (etwa zur Kohlenabsatzkrise usw. — dazu ist es nicht gekommen —), würden sie Maßstäbe zur Geltung bringen, die man im deutschen Recht nur im Art. 15 GG plazieren könnte. Ich wiederhole daher nochmals meine Einladung an die Herren Referenten, die Grundrechtsfragen zu konkretisieren und etwa am Art. 14 das Problem aufzuwerfen, wohin es führt, wenn ein Unternehmen, das dem direkten Durchgriff dieser Supragewalten untersteht, sich auf ein Grundrecht (hier Art. 14) berufen würde.

Die Technizität solcher Entscheidungen ist ein Punkt, der im Referat von Herrn Thieme im Zusammenhang mit Art. 33 des Montanvertrages berührt wurde, den wir aber im Detail hier nach dem Vorschlag der Diskussionsleitung nicht erörtern wollen. Es handelt sich um die Würdigung der Gesamtwirtschaftslage. Dahinter steckt das große Problem, wie weit ökonomische Entscheidungen, die auf umfangreichen Diagnosen beruhen und Prognosen voraussetzen oder auf ihnen basieren, in ihrem Wesen justiziabel sind.

Wie bewältigt der Richter den ökonomischen „großen Fall", wo er nicht irgendwelchen Qualitätsfragen juristischer Art gegenübersteht, sondern quantitativen Analysen, die er selbst gar nicht veranstalten kann, die er sich vielmehr vom Statistiker, vom Ökonomen oder vom Betriebswirt entlehnen muß? Der Art. 33 -MV-Vorbehalt — die Würdigung der gesamtwirtschaftlichen Lage sei dem Gericht verwehrt — versucht dieses Problem zu bewältigen und die Grenzen der Justiziabilität ökonomischer Entscheidungen zu umschreiben. Das letzte Wort ist das sicherlich nicht.

**Erler:** Ich möchte Herrn Ipsens Frage nach Grundrechtsbeispielen beantworten, um nicht den Eindruck zu erwecken, ich hätte mir gar keine Vorstellungen darüber gemacht. Ich denke z. B. an Art. 86 des Euratom-Vertrages. In Art. 86 steht: „Die besonderen spaltbaren Stoffe sind Eigentum der Gemeinschaft". Zweitens: „Das Eigentum der Gemeinschaft umfaßt alle besonderen spaltbaren Stoffe, die von ... einer Person oder einem Unternehmen erzeugt oder eingeführt werden ...". Das heißt, wir haben hier den einzigen Fall in der deutschen Rechtsordnung, in dem ein bestimmter Gegenstand zur res extra commercium gemacht wird. Es gibt kein Privateigentum an Kernbrennstoffen! Damit ist nicht nur die allgemeine Ordnung des Art. 14, der ja immerhin vom Privateigentum ausgeht, schlechthin geleugnet, sondern es wird außerdem ein permanenter Enteignungsakt ex lege ohne Entschädigungsregelung, wie sie in Art. 14 verlangt wird, ständig jedem gegenüber vorgenommen, der in seinem Labor sitzt und plötzlich unter seinen Fingern Kernbrennstoffe hat. Das ist ein solcher Fall, nach dem Herr Ipsen fragt; und ich glaube in der Tat, daß unsere Grundrechtsnormen hier unmittelbar tangiert sind.

**Ipsen:** Mit der Konsequenz, daß der Betroffene dann außerhalb der Grundrechtsgarantie steht?

**Erler:** Diese Frage war mir nicht gestellt. Ich stelle ja immer nur die Frage, ob das Vertragswerk als Ganzes verfassungsmäßig ist. Eine „Aufwertung" bei bestehendem Vertrag ist sehr schwierig. Es fragt sich immer nur, ob die Bundesrepublik unter dem Regime von Art. 79 III GG so weit gehen konnte. Mit Bewußtsein habe ich die Frage, zu der ich viel Material hätte ausbreiten müssen, hier nicht beantwortet. Ich will sie auch nicht beantworten, um unseren Bundesverfassungsrichtern nicht vorzugreifen!

**Friesenhahn:** Ich möchte Herrn Erler fragen: Mir ist nicht ganz klar, wie man die Verfassungswidrigkeit eines Zustimmungsgesetzes nach Art. 24 wegen Nichtachtung des unantastbaren Grundrechtsminimums soll feststellen können. Sie haben jetzt gerade das Beispiel des Art. 86 des Euratom-Vertrages gebracht. Aber die anderen Beispiele sind doch problematisch, da darauf abgestellt wurde, was, angesichts des Schweigens des Vertrages, die Organe machen. Es soll eine Frage der Interpretation des Vertrages sein, ob z. B. die Menschenrechtskonvention gilt. Nun kann man einerseits die Verfassung durchbrechen, indem man eine durchbrechende materielle Regel setzt; Art. 86 wäre etwa das Beispiel, das wir eben noch suchten. Aber die andere Art der Durchbrechung wäre doch nur eine mittelbare, indem die Verträge Organe eingesetzt hätten, die faktisch Entscheidungen treffen, ohne sich an Grundrechte gebunden zu erachten.

Wie kann man nun eine solche mittelbare Verfassungsdurchbrechung feststellen? Man könnte nicht etwa das Zustimmungsgesetz verfassungskonform auslegen, sondern, wenn ich Herrn Erler jetzt zu Ende denke, muß ich konstruieren: Aus der ständigen Praxis und Rechtsprechung der Staatengemeinschaftsorgane ergibt sich ein Inhalt des Vertrages, der von dem Zustimmungsgesetz umfaßt sein und dieses damit evtl. verfassungswidrig machen würde. Die Schwierigkeit besteht für mich darin, daß die Verfassungsdurchbrechung nach Art. 24, um deren Zulässigkeit hier die Auseinandersetzung geht, erst mittelbar dadurch entstehen kann, daß die eingesetzten Staatengemeinschaftsorgane möglicherweise handeln, ohne an Menschenrechte gebunden zu sein. Andererseits wird aber die These aufgestellt: Auch wenn die Verträge schweigen, gelten trotzdem die Grundrechte, ein Grundrechtsminimum, die Menschenrechtskonvention. Wie soll man nun bei dieser mittelbaren Durchbrechung, bei der der Vertrag erst die Möglichkeit schafft, daß neu eingesetzte Organe evtl. verfassungswidrig handeln, die Verfassungswidrigkeit feststellen?

**Bachof:** Über Art. 24 GG?

**Friesenhahn:** Ja, über Art. 24.

**Bachof:** Sie meinen, weil ja das Gesetz als solches nicht „verfassungswidrig" ist, sondern erst die Handhabung des Gesetzes?

**Friesenhahn:** Ja eben, weil durch das Gesetz erst die Möglichkeit geschaffen wird, daß verfassungswidrig gehandelt wird, je nachdem wie der Vertrag in der Praxis der Staatengemeinschaftsorgane interpretiert wird.

**Erler:** Weil das Gesetz die Vollmacht gibt zu einem Handeln, das dann den grundrechtlichen Restbeständen widerspricht.

**Friesenhahn:** Ja. Aber ob das Gesetz diese Vollmacht gibt, das ergibt sich nicht aus dem Vertrag, sondern erst aus der Staatengemeinschaftspraxis. Deshalb kann man nicht verfassungskonform auslegen; deshalb kann man nicht argumentieren: wir haben nur so viel übertragen, wie wir übertragen konnten. Wir müßten vielmehr hinnehmen, was auf der Staatengemeinschaftsebene in ständiger Praxis und Rechtsprechung als Inhalt des Vertrages exerziert wird.

**Erler:** Nehmen wir einmal an, das Atomgemeinschaftsstatut würde sagen: „Die Versorgungsagentur der Atomgemeinschaft hat das alleinige Monopol der Versorgung der Unternehmen auf dem Gebiet der nuklearen Erzeugung. Die Versorgungsagentur hat bei dieser Versorgung freie Hand, welche Unternehmen sie bevorzugen und welche Unternehmen sie benachteiligen will". Dann würde in der Vollmacht, so zu handeln, bereits die Verfassungswidrigkeit liegen.

**Friesenhahn:** Das ist ein klarer Fall. Aber Sie haben heute morgen nach meiner Erinnerung andere Beispiele gebildet. Meine Fragestellung bezieht sich nur auf Fälle, in denen nicht positiv gesagt ist, daß die Organe der Staatengemeinschaft ohne Rücksicht auf Grundrechte handeln dürfen. Das Problem der Grundrechtsgeltung besteht nur und gerade darin, daß nichts gesagt ist.

**Bachof:** Mit anderen Worten: Das Gesetz nach Art. 24 sagt nichts, was als verfassungswidrig angesehen werden könnte, es ist insoweit in Ordnung; aber ein Vollzugsakt verstößt eindeutig gegen — z. B. — den Gleichheitssatz. Wie kommt man dann an einen solchen Fall heran mit der These von Herrn Erler, das Gesetz allein sei der mögliche Angriffspunkt?

**Friesenhahn:** Verfassungskonforme Auslegung hieße: das Gesetz stimmt dem Vertrag nur insoweit zu, als er zugleich auch das Minimum der Grundrechtsgebundenheit in die Staatengemeinschaft mit hineinbringt. Aber wie, wenn die Staatengemeinschaft sich praktisch nicht daran hält?

**Erler:** Ich würde so sagen: Wenn die Zustimmung zu einer Satzung durch ihr Verschweigen von Grundrechten zu erkennen gibt, daß diese nicht anwendbar sein sollen, mindestens nicht angewandt zu werden b r a u c h e n, dann liegt darin die Verfassungswidrigkeit. Das festzustellen ist Angelegenheit der Verfassungsrichter.

**Friesenhahn:** Müßten wir nicht die Praxis der Staatengemeinschaftsorgane hinnehmen, und zwar in der Interpretation, die faktisch gegeben wird und die sich verfestigt als lebendiges Gemeinschaftsrecht?

**Erler:** Man würde vielleicht doch sagen können: Der Vorgang, daß man einem Statut zugestimmt hat, in dem dieser Grundrechtsbestand mit Deutlichkeit verschwiegen ist und das somit die Möglichkeit gibt, auf diesem Weg in verfassungswidriger Art und Weise Akte zu erlassen, ist schon verfassungswidrig.

**Pfeifer:** Ich möchte nochmals auf die Frage zurückkommen, ob die nationalen Organe die Möglichkeit haben, Akte der Staatengemeinschaften auf ihre Verfassungsmäßigkeit zu prüfen. Im allgemeinen ist diese Frage zu verneinen. A n d e r e Organe haben die Möglichkeit, die Akte der Staatengemeinschaft auf ihre Übereinstimmung mit den europäischen Menschenrechten zu prüfen: entweder die Gerichtshöfe, die diese Staatengemeinschaften aufgestellt haben, oder vielleicht das Ministerkomitee des Europarates und der Europäische Gerichtshof für Menschenrechte. Wir haben heute schon festgestellt, daß im Zeitpunkt, als die Menschenrechtskonvention geschaffen wurde, die einzelnen Gemeinschaften noch nicht bestanden haben. Aber die europäischen Menschenrechte waren und sind nun da. Es ist die weitere Frage, ob die bestehenden europäischen Instanzen die Verträge nicht doch so auslegen können, daß diese europäischen Menschenrechte von den Staatengemeinschaften zu achten sind. Damit wird das Problem auf die richtige Ebene gehoben. Konkret gesprochen: Der Art. 14 GG wäre der Art. 1 des Zusatzprotokolles zur Menschenrechtskonvention, der davon handelt, daß niemandem sein Eigentum willkürlich entzogen werden darf, und auch die Entschädigungsfrage in einer Umschreibung regelt. Wenn etwa irgendein Gegenstand dem

Eigentümer durch eine Verfügung der Montanunion oder einer anderen Gemeinschaft entzogen wird, wäre von einer europäischen Instanz zu prüfen, ob diese Verfügung der Staatengemeinschaft als europäischen Teilgemeinschaft nicht gegen ein europäisches Menschenrecht verstößt.

**Thieme:** Zunächst möchte ich auf das erwidern, was Herr Erler sagte: er sehe nicht recht, wie eine Kollision zwischen dem Staatengemeinschaftsrecht und dem Grundgesetz vor deutsche Behörden kommen könne.

Es gibt ja Entscheidungen der Hohen Behörde, die auf privatrechtliche Rechtsverhältnisse einwirken: etwa Preisregelungen, oder im Rahmen der EWG die kartell- und konzernrechtlichen Entscheidungen. Hier werden in Prozessen vor deutschen Gerichten doch Fragen der Wirksamkeit und der Rechtmäßigkeit derartiger Entscheidungen relevant. Dasselbe gilt etwa auch von Genehmigungen oder versagten Genehmigungen, die sich auf innerstaatliche Rechtsverhältnisse beziehen. Es bleibt die Frage, wie weit bei diesen durch Entscheidungen von Staatengemeinschaften betroffenen Rechtsverhältnissen eine Verfassungswidrigkeit eintreten kann.

Wenn man meiner These folgt, daß Art. 24 GG sehr eng auszulegen ist, so daß in die Grundrechte n i c h t eingegriffen werden darf — jedenfalls nicht weiter, als es der Grundrechtskatalog selbst vorsieht —, so scheinen sich doch Möglichkeiten der Kollision zu ergeben. Hier müßte ich Herrn Ipsen Rede und Antwort stehen, der auch mich nach den konkreten Beispielen einer möglichen Grundrechtsverletzung gefragt hat. Ich darf zunächst auf meine Ausführungen zu Art. 19 IV GG verweisen, sowie auf Art. 34, sofern man ihm eine grundrechtsähnliche Bedeutung zuerkennen will. Aber es kommt mir nicht in erster Linie darauf an, konkrete Beispiele nach dem augenblicklichen Rechtszustand zu geben, sondern die Frage im Grundsätzlichen zu beantworten. In der Tat ist die Zahl der Beispiele im Augenblick gering, und alles das, was Herr Ipsen über die rechtsstaatliche Fundierung der Gemeinschaftsverträge gesagt hat, wird man unterschreiben können. Aber es bleibt eben die hypothetische Frage, wie zu entscheiden wäre, w e n n sich einmal der Fall einer Grundrechtsverletzung ergäbe. Sie ergibt sich übrigens auch heute nach meiner Meinung schon in einigen Fällen, z. B. beim Art. 19 IV beim Rechtsschutz.

**v. d. Heydte:** Eine kurze Frage an Herrn Erler: Sie haben Art. 86 des Atomvertrages angeführt. Das ist in der Tat ein Anknüpfungspunkt; es mag zweifelhaft sein, ob dieser Art. 86 durch Art. 15 GG ganz gedeckt ist. Abgesehen davon sind Sie aber stets nur im Hypothetischen geblieben. Deshalb die Frage: Sehen Sie im geltenden Recht der drei europäischen Gemeinschaften, in den Bestimmungen dieser drei Satzungen, das notwendige Mindestmaß rechtsstaatlicher Garantien verwirklicht, oder glauben Sie, daß diese drei Verträge durch ihr Schweigen zum Problem des Schutzes der Menschenrechte und der Grundfreiheiten tatsächlich die Möglichkeit zu einer Durchlöcherung der Grundrechte — zu einer Verletzung der verfassungsmäßigen Ordnung — geben, von der vorher die Rede war, und daß sie damit den Tatbestand der Verfassungswidrigkeit setzen?

**Erler:** Das ist eine Gretchenfrage, Herr v. d. Heydte, eine Frage, die ich nicht beantworten wollte und die zu beantworten auch unendlich schwierig ist. Wenn man sie beantworten wollte, müßte man in der Art eines sehr hohen Richters sich hinstellen und eine Punktesache daraus machen. Ich bin an sich geneigt, meine Ansicht zu Streitfragen zu sagen. Aber wenn ich sie in diesem Falle nicht gesagt habe, dann unterließ ich dieses, weil es zu gefährlich wäre, sich in diesem Kreise auf Einzelpunkte festzulegen, ohne wirklich die Begründung, die Stunden dauern würde, im einzelnen bringen zu können.

**Merk:** Ich möchte nur noch zwei Punkte zur Sprache bringen. Einmal die Haftung für Beamte der Staatengemeinschaften und zum anderen den Art. 15 GG. Zur Haftung für Beamte: Wenn diese Gemeinschaften Beamte anstellen können, so ist nicht einzusehen, warum sie die Haftung für diese Beamten nicht selbständig von sich aus ohne Rücksicht auf Art. 34 GG gesondert sollten regeln können.

Dann zu Art. 86 des Atomvertrages: Hier müssen wir Art. 15 GG heranziehen, der von den Naturschätzen redet. Mit Art. 14 GG hat Art. 86 des Atom-Vertrages nichts zu tun. Gerade Art. 15 GG sieht aber vor, daß Naturschätze in Gemeineigentum überführt werden, daß aber auch andere Formen des Gemeineigentums begründet werden können. Wenn Deutschland die Überführung in Gemeineigentum nach Art. 15 GG vornehmen kann, so muß das auch durch Art. 24 GG geschehen können.

**Thieme:** (Schlußwort): Es fällt nach einer so geführten Diskussion schwer, überhaupt noch ein Schlußwort zu sprechen. Denn den Referenten ist schon Gelegenheit gegeben worden, hinreichend auf Einzelheiten einzugehen. Manches ist sicherlich unbeantwortet geblieben, und ich wäre vielleicht auch nicht in der Lage, auf viele Fragen, die zusätzlich hier angeschnitten wurden und die ich mir im Referat nicht gestellt hatte, einzugehen. Ich möchte deshalb nur ganz Weniges herausgreifen.

Ich möchte etwas zu dem sagen, was Herr Menzel angeschnitten hat. Es hat mich weitgehend an das erinnert — Sie sagten es ja selbst —, was Sie in Ihrem Bonner Referat über die auswärtige Gewalt gesagt haben. Jenem Standpunkt — das kommt in Ihrem Referat auf der damaligen Tagung noch viel stärker zum Ausdruck — des Von-außen-Sehens aller Fragen, die die auswärtige Gewalt betreffen, konnte ich weder in meinem Referat zustimmen noch möchte ich jetzt zustimmen. Staatsrecht ist, auch soweit es sich um die auswärtige Gewalt handelt, von innen zu sehen, und dann ergeben sich Schranken. Es ergeben sich Schwierigkeiten. Hier möchte ich Ihnen nicht zustimmen, wenn Sie glauben, daß es möglich sei, bei allen internationalen Verträgen, die die Bundesrepublik geschlossen hatte, die Verfassungsmäßigkeit ernstlich in Zweifel zu ziehen. Ich glaube, das wird nicht gelingen, aber das wäre eine Erörterung, die anderswo geführt werden müßte.

Sicherlich ergeben sich durch das Grundgesetz und den Perfektionismus des Grundgesetzes erhebliche Schwierigkeiten. Aber wir können uns, wenn wir de lege lata eine Exegese treiben, vom Grundgesetz mit seinem Perfektionismus — mögen wir ihn lieben oder nicht — nicht lösen. Von hier aus ergibt sich auch das, was ich als Konsequenz angedeutet habe, mit der möglichen Divergenz zwischen Staatengemeinschaftsrecht und Grundgesetz. Es war vielleicht für mich selbst eine der wichtigsten Erkenntnisse dieses Referats, daß in der Tat das Grundgesetz hier erhebliche Schwierigkeiten bietet, unangenehme Schwierigkeiten. Und das ist ein Gegenstand der Sorge, wie wir von diesen Schwierigkeiten freikommen; ich sehe allerdings diese Möglichkeit nicht.

Im übrigen darf ich allen Diskussionsrednern, die sich zu dem, was ich vorgetragen habe, geäußert haben, für die Belehrung und Bereicherung danken.

**Erler:** (Schlußwort): Ich glaube, es ist heute sehr deutlich geworden, daß wir in einer Opfersituation stehen. Wir haben uns durch Art. 24 GG entschlossen, ein Opfer zugunsten internationaler Einrichtungen und zu Lasten unseres staatlichen Einheitsgefüges zu bringen, und wir sehen uns heute den Auswirkungen dieses Entschlusses gegenüber.

Dieses Opfer besteht offenbar darin, daß wir die an sich durch unsere Verfassungskonzeption geforderte Geschlossenheit des Staates, seines Rechtes und seiner Macht und der materiellen und verfahrensmäßigen Rechtsschutzmittel seiner Angehörigen aufgegeben und es zugelassen haben, daß im Staatsraum getrennte Rechtsmassen nebeneinanderstehen, die nur in einer dünnen Nahtstelle im Gebiet der verfassungsrechtlich sowieso nie vollends bewältigten auswärtigen Gewalt in fragwürdiger Weise miteinander verbunden sind. Diese Rechtsmassen sind in ihren Zielen, jedenfalls in ihren Grundsätzen unterschieden.

Es ist eine historische Spannung, in der wir uns hier befinden. Sie kann nicht dadurch aufgehoben werden, daß man versucht, klare Kollisionslinien abzustecken. Das gelingt weder denen, die dem Staat möglichst viel erhalten wollen, noch denen, die den Gemeinschaften möglichst viel zuzuweisen sich bemühen. Wir müssen in dieser Spannung leben, wir müssen diese Spannung deuten und begreifen.

Aus diesem Grunde habe ich versucht, nicht starre Grenzen aufzustellen, sondern äußerste Rückzugslinien des Staates zu finden und zu sichern. Als diese äußersten unantastbaren Verteidigungstellungen glaubte ich den Grundsatz des Art. 1 GG mit seinen Auswirkungen in die weiteren Normen des Grundrechtskatalogs hinein aufzeigen zu können und darüber hinaus noch die strukturellen und materiellen Grundentscheidungen des Art. 20 GG, über deren Relativität bei einer Transponierung ins internationale Feld ich aber keine Unklarheit gelassen habe. Ich habe nicht gesagt, daß diese Grenzen bereits überschritten seien, sondern eine Aussage darüber späteren Erwägungen und Entscheidungen überlassen.

Man wird noch ein weiteres hinzufügen müssen, um die sachlichen Hintergründe dieser Situation auch historisch zu durchleuchten. Unsere Grundrechte sind in einer Zeit entstanden, als die staatliche Potenz überwältigend groß wurde und der staatliche Dirigismus den einzelnen erst politisch, dann auch wirtschaftlich seinen Sachzielen dienstbar machte. Wir sind in der absurden Situation, daß die Grundrechte, die gegen die staatliche Reglementierung aufgebaut worden sind, in steigendem Maße dadurch ihren Sinn und ihre Wirksamkeit verlieren, daß die Bereiche des vormals staatlichen Dirigismus fortschreitend aus seinem Bereich ausgeklammert und den internationalen Gemeinschaften anvertraut werden. In diesen Gemeinschaften sind die Bollwerke, die unsere Väter mit den Grundrechten aufgebaut haben, nun aber nicht oder doch nicht mit derselben umfassenden Wirkung vorhanden. Das ist die erstaunliche Lage, in der wir uns befinden, der wachsende Dirigismus internationaler Gemeinschaften und die mangelnde Sicherung des im staatlichen Verfassungsrecht entwickelten grundrechtlichen Mindeststandards gegenüber der Hoheitsgewalt dieser Gemeinschaften.

Die Gefahr einer solchen Entwicklung läßt sich nicht übersehen, nämlich die Gefahr, daß hier ein wachsendes Regime der Sachziele in dem Menschen in erster Linie den Adressaten zweckhafter Direktiven sieht und daß dieses Regime im Bereich seiner dirigistischen Verplanungen nicht durch die eindeutige Bindung an menschenbezogene Werte gezügelt wird. Ich spreche hier nicht konkret von den jetzigen Gemeinschaften. Sie sind ja nur die ersten. Es können und werden andere folgen.

Mir fiel vorhin ein alter Satz des Augustin ein, der in seiner späteren humanistischen Abwandlung die Fassung erhielt: 'In necessariis unitas, in ceteris libertas, in omnibus humanitas'. Diesen Satz kann man wohl auf unsere Situation anwenden. Wir müssen in allen denjenigen staatlichen, sachlichen und menschlichen Bezügen, die notwendig zur Einheit drängen, auch zur Einheit kommen. Für diese Einheit müssen Opfer gebracht werden. Aber wir sollten doch mit großem Ernst und wacher Sorge darauf bedacht sein, daß diese Opfer die Grenzen nicht in Frage stellen, die der Mensch in den letzten zwei Jahrhunderten in immer erneutem Kampfe gegenüber der drohenden Allmacht des Staates aufbauen konnte. Die räumliche Ausdehnung eines einheitlichen Hoheitsregimes ist noch kein absoluter Wert in sich selbst. Sie wird ein solcher erst dann und in dem Maße, in dem die Einheit der öffentlichen Gewalt nicht nur der sachdienlichen Bewältigung einer gemeinsamen Aufgabe dient, sondern bei der Gestaltung dieses Vorhabens auch der Erhaltung und Vertiefung der Würde, des Rechts und der Freiheit des Menschen.

Zweiter Beratungsgegenstand:

# Der Plan als verwaltungsrechtliches Institut

1. Bericht von Professor Dr. Max Imboden, Basel

## I. Norm und Verfügung als idealtypische Grundformen

Rechtssatz und Verfügung, allgemeine Norm und Verwaltungsakt sind die gestaltenden Elemente der öffentlich-rechtlichen Verhaltensordnung. Auf diese Zweiheit sind die Begriffe und Institutionen des Verwaltungsrechtes ausgerichtet. Ihr folgt vor allem die in Deutschland, Österreich und der Schweiz bestehende Staats- und Verwaltungsgerichtsbarkeit: durch Normenkontrolle und durch Verfügungsanfechtung soll die Geltung von Verfassung und Gesetz sichergestellt werden.

Der idealtypische Dualismus der rechtsgestaltenden Grundformen vermag freilich nicht die volle Wirklichkeit aufzunehmen[1]). Vier rechtliche Phänomene vor allem entziehen sich einer eindeutigen Rückführung auf die beiden Grundkategorien „allgemeine Norm" und „rechtssatzgebundene Verfügung". Als irreguläre Formen sind sie innerhalb der bestehenden justizmäßigen Rechtskontrolle nur beschränkt erfaßbar:

a) Am stärksten kontrastieren von den klassischen Gestaltungstypen des modernen Rechtsstaates die vom Staat und seinen Verwaltungseinheiten getätigten Rechtsgeschäfte. Sowohl der im Rahmen des fiskalischen Wirkungsbereiches des Staates stehende privatrechtliche Vertrag wie der öffentlichrechtliche Kontrakt weisen auf eine andere Strukturschicht hin als Norm und Verfügung[2]).

b) Eine weitere Irregularität bildet der Ermessensakt[3]). Losgelöst von der ihn tragenden Grundlage bietet er

---

1) G. Jellinek, Gesetz und Verordnung, Neudruck 1919, S. 367 Anm. 3; R. H. Herrnritt, Grundlehren des Verwaltungsrechtes, 1921, S. 271 Anm. 13; H. Peters, Lehrbuch der Verwaltung, 1949, S. 152; E. Forsthoff, Lehrbuch des Verwaltungsrechts, 7. Aufl., S. 185/86; O. Bachof in Festschrift für W. Laforet, 1952, S. 315; W. Brohm, Rechtsschutz im Bauplanungsrecht, 1959, S. 44.

2) M. Imboden, Der verwaltungsrechtliche Vertrag, 1958, S. 49 ff., S. 64 ff., S. 75/76.

3) W. Jellinek, Gesetz, Gesetzesanwendung und Zweckmäßigkeitserwägung, 1913, S. 190; M. Imboden, Das Gesetz als Garantie rechtsstaatlicher Verwaltung, 1954, S. 14.

sich zwar als individuell-konkreter Erlaß dar. Eingeordnet in das Gefüge der Rechtserzeugung ist er indessen nicht oder nur beschränkt gesetzesgebunden. Als besondere Anordnung bestimmt der Ermessensakt selbständig und ohne inhaltliche Vorbestimmung durch einen Rechtssatz, was im öffentlichen Interesse liegt. Funktionell steht er damit zugleich an Stelle des Gesetzes[4]).

c) Nicht rückführbar auf die Kategorien Norm und Verfügung sind sodann die als „Verwaltungsverordnungen" bezeichneten allgemeinen Dienstanweisungen[5]). Gerichtet an eine bestimmte Zahl weisungsunterworfener Organe wirken sie als „verbindliche Ermessensrichtlinien" zugleich auch auf die Allgemeinheit zurück.

d) Als weiteres rechtsstaatliches Irregulare, als „aliud" gegenüber Rechtssatz und Verwaltungsakt, hat schließlich die neuere Verwaltungsrechtslehre den Plan qualifiziert[6]).

## II. Normative und linear-geometrische Bauvorschriften

### *A. Die Bedeutung des Gegensatzes*

Das Instrument des Planes wurde entwickelt mit der modernen Gestaltung der Siedelungsräume. Die Raumplanung ist, wenn auch keineswegs die einzige, so doch zweifellos die rechtlich am meisten durchgestaltete Planungsform. Sie baut auf Vorbilder auf, die im Bereiche der Enteignung oder der landwirtschaftlichen Bodenumlegung längst zu klassischen Rechtsinstituten geworden sind[7]). Die Raumplanung sei hier, pars pro toto, zum Modell genommen.

Um die rechtliche Besonderheit der plangebundenen Lenkungs- und Gestaltungsmittel zu erkennen, mag zunächst die gedankliche Gegenstruktur, das heute unwirklich gewordene

[4]) M. Imboden, Vertrag, S. 68.

[5]) G. Anschütz, Kritische Studien zur Lehre vom Rechtssatz und formellen Gesetz, 2. Aufl., 1913, S. 26; F. Fleiner, Institutionen des deutschen Verwaltungsrechtes, 8. Aufl., 1928, S. 61/62; Z. Giacometti, Schweizerisches Bundesstaatsrecht, 1949, S. 772.

[6]) E. Forsthoff, Lehrbuch, S. 186; derselbe, Norm und Verwaltungsakt im geltenden und künftigen Baurecht, DVBl. 1957, S. 113/15; F. Werner, Zur Kritik an der Verwaltungsgerichtsbarkeit, DVBl., 1957, S. 225; W. Brohm, aaO., S. 59 ff.; vgl. auch A. Kuttler, Der Plan als Rechtsinstitut in der baselstädtischen Baugesetzgebung und Praxis, Basler Juristische Mitteilungen 1959, S. 105 ff. Kritisch steht dieser Ansicht gegenüber K. Obermayer, NJW 1956, S. 1850.

[7]) Vgl. das (schweizerische) Bundesgesetz betr. die Verbindlichkeit zur Abtretung von Privatrechten vom 1. 5. 1850, Art. 10.

Bild ausschließlich normativer Baubeschränkungen gezeichnet werden. Anlage und Ausgestaltung der Siedelungen, Stellung und Form der Häuser werden in einer streng normativen Bauordnung allein durch Maße und Gegebenheiten bestimmt, die auf die konkrete Eigentumseinheit, d. h. auf die einzelne Parzelle, Bezug haben. Die Bauordnung ruht auf den für alle Eigentümer gleichen Abstandsvorschriften und Höhenbeschränkungen, auf einheitlichen Normen über Dachneigung und Fassadengestaltung und auf den dem klassischen Polizeirecht zuzuordnenden Vorschriften über die minimalen Ausmaße der Innenräume. Nach Maßgabe dieser Normen steht jedem Berechtigten die Ausnützung seines Grundeigentums frei; er hat einen unabdingbaren Anspruch darauf, innert der Schranken der für jedermann geltenden Grundeigentumsbeschränkungen bauen zu können.

Charakteristisch für eine derartige Ordnung bleibt, daß die zu treffenden konkreten Verfügungen, die Baubewilligungen und die gegen einen Widerstrebenden zu erlassenden Bauverbote oder Beseitigungsbefehle, durch Rechtssätze vorweggenommen sind. Sieht man von der Institution des Dispenses ab[8]), so ist der Rechtsanwender in allen seinen Entscheidungen determiniert. Wo keine rechtlichen Schranken bestehen, da hat die Behörde nach dem Grundaxiom der Eingriffsverwaltung den Privaten gewähren zu lassen; sie kann die nachgesuchte Bauerlaubnis nicht versagen[9]). Erst der feste Anspruch auf Erteilung der Baubewilligung bei Einhaltung der allgemeinen Vorschriften macht die sogenannte Baufreiheit, d. h. die als dem Eigentum inhärent gedachte bauliche Dispositionsbefugnis aus. Gewiß bedürfen die eigentumsbeschränkenden Normen bei ihrer Anwendung der Interpretation. Das kann indessen nicht ausschließen, daß die eigentumsbeschränkenden Rechtssätze im Prinzip als ein lückenloses Ganzes gedacht sind. Spielraum verbleibt der verfügenden Baubehörde nicht in der Erzeugung, sondern nur in der Deutung des Normgefüges.

Im Gegensatz zur normativen Bauordnung stehen die lineargeometrischen Bauvorschriften. Stellung und Ausmaß der zulässigen Baukörper werden nicht durch allgemeine Regeln, durch Abstands-, Richtungs- und Längenbestimmungen festgelegt. Nach dem klassischen Beispiel der Fluchtlinie, der Baulinie oder des französischen „plan d'alignement" werden viel-

---

[8]) Vgl. hierzu U. Bindschedler, Die Dispensation, Zürcher Dissertation 1958; E. Zimmermann, Der Baudispens in der Stadt Zürich, Zürcher Dissertation 1958.

[9]) F. Fleiner, Institutionen, S. 408; (schweizerisches) Zentralblatt für Staats- und Gemeindeverwaltung, 1954, S. 401/02.

mehr Baugrenzen gezogen, die auf einem Grundstücksplan festgehalten sind. Der Plan unterscheidet sich also zunächst als Ausdrucksmittel vom Rechtssatz. Darin mag für den Juristen eine Äußerlichkeit liegen. Wesentlicher erscheint jedenfalls, wieweit sich mit dem Wechsel des Ausdrucksmittels auch die Sache verändert.

### *B. Norm und Plan als Determinanten*

Die Stellung des Rechtsanwenders — und das ist von grundlegender Bedeutung — wird durch den Übergang von der normativen zur linear-geometrischen Bauplanung nicht berührt[10]). Auch wenn die rechtsanwendenden Instanzen nicht allein nach Rechtssätzen, sondern mit auf Grund plangebundener linearer Baubeschränkungen zu verfügen haben, sind ihre Entscheidungen vorbestimmt. Jedenfalls tritt keine Lockerung in der Determination der verfügenden Baubehörde ein. Es geht aber auch nicht an, die Folge der Ersetzung der rechtssatzmäßigen Baubeschränkung durch den Plan darin zu sehen, daß der Entscheidungsspielraum enger werde[11]). Nochmals sei betont, daß eben im Rahmen einer rein normativen Bauordnung ein eigentlicher „Entscheidungsspielraum" der Baubehörde nicht zusteht. Das Normgefüge bedarf lediglich der Interpretation. Die Frage kann somit nur sein, ob mit dem Übergang zu einer linear-geometrischen Determination der zulässigen Bauten für den Rechtsanwender die Auslegungsschwierigkeiten vermindert werden. Wäre dies der Fall, käme also den plangebundenen Eigentumsbeschränkungen gegenüber den rein normativen Baubeschränkungen größere Eindeutigkeit zu, so ließe sich allenfalls in einem übertragenen, freilich aber mißverständlichen Sinne von einer Verschmälerung des Entscheidungsspielraumes — exakter: des Auslegungsspielraumes — sprechen. Indessen dürfte es schwerlich möglich sein, über das Maß der Auslegungsbedürftigkeit normativer und linear-geometrischer Bauvorschriften allgemein gültige Aussagen zu machen. Wer je praktisch mit der Handhabung von Fluchtlinien zu tun hatte, weiß, daß eine lineare Determination eines Baukörpers keineswegs immer den Vorzug größerer Eindeutigkeit aufweist. Man denke nur an die vielfachen Ungewißheiten darüber, welche Bauteile von der linearen Baubegrenzung erfaßt werden.

Wie der Rechtssatz determiniert somit auch die zum Prototyp des Planes genommene lineare Baubeschränkung die verfügende Behörde. Wer erklärt, der Plan wirke wie eine Norm, ja er sei

---

10) So das Bundesverwaltungsgericht in DVBl. 1957, S. 536.

11) Was Forsthoff (Norm, S. 116) anzunehmen scheint.

überhaupt eine Norm, hat stets in erster Linie diese Determinationsfunktion im Auge. Für den Rechtsanwender schafft der Plan wie die Norm Bindungen; der Plan wirkt wie die Norm „in die Zukunft"; er nimmt kommende konkrete Entscheidungen vorweg[12]); er verleiht dem Grundeigentümer einen sicheren und greifbaren Anspruch auf eine genau bestimmte bauliche Ausnützung; er orientiert sich in gleicher Weise wie der Rechtssatz am Grundwert der Rechtssicherheit. Betrachtet man die Norm nur als Determinante für die Rechtsanwendung, als bloße Bedingung konkreter Rechtserzeugung, so läßt sich der Plan von ihr nicht als etwas grundsätzlich anderes abheben. In diesem Sinne konnte denn auch der Art. 89 des französischen „Code d'Urbanisme" Gesetz und Alignementsplan zwangslos nebeneinander stellen[13]). Im Hinblick auf seine Determinationsfunktion wird der Plan vor allem in Österreich von Rechtsprechung und Lehre als Verordnung, nicht als Bescheid qualifiziert[14]).

### *C. Der Inhalt von Norm und Plan*

Das Bild ändert sich, sobald man den Inhalt von Norm und Plan ins Auge faßt. In der früheren schweizerischen Rechtsliteratur wird es als Argument für den Norm-Charakter des Planes angeführt, daß die Bildhaftigkeit der Darstellung nur zufällig sei; gedanklich könne jeder Plan durch nicht-plangebundene Aussagen ersetzt werden[15]). Dieses Argument ist richtig und unrichtig zugleich. Gewiß läßt sich der Verlauf einer Fluchtlinie auch durch Worte ausdrücken. Nur unter ganz be-

---

12) K. Obermayer, Verwaltungsakt und innerdienstlicher Rechtsakt, 1956, S. 76/77; W. Brohm, aaO., S. 48 ff. Dieses Moment hat vor allem H. Isay (Rechtsnorm und Entscheidung, 1929, S. 3) als wesentliches Kriterium für die Unterscheidung zwischen Norm und Verwaltungsakt bezeichnet.

13) Vgl. Art. 89 Abs. 1 des „Code d'urbanisme" vom 26. 7. 1954: „Le permis de construire ne peut être accordé que si les constructions projetées sont conformes aux dispositions législatives et réglementaires ainsi qu'à l'alignement ...".

14) Sammlung der österreichischen Verwaltungsgerichtshofentscheidungen Nr. 3024, 1953, Adm. Teil, S. 523; Nr. 2258, 1951, Adm. Teil, S. 986; Nr. 1629, 1950, Adm. Teil, S. 1397; W. Antoniolli, Allgemeines Verwaltungsrecht, 1954, S. 72 Anm. 21; L. Adamovich, Handbuch des österreichischen Verwaltungsrechtes, 5. Aufl., Bd. II, S. 141/42.

15) E. Kirchhofer, Eigentumsgarantie, Eigentumsbeschränkung und Enteignung, Zeitschrift für schweizerisches Recht, Bd. 58 (1939), S. 146/47: H. Kunz, Das öffentliche Baurecht im Kanton St. Gallen, Dissertation St. Gallen, 1958, S. 64; Buser, in Zentralblatt für Staats- und Gemeindeverwaltung, 1932, S. 355/57.

sonderen Voraussetzungen kann indessen die die lineare Baubeschränkung ersetzende Wortformel in die logische Form eines Rechtssatzes gebracht werden. Dieser Ausnahmefall ist gegeben, wenn die Fluchtlinie parallel zu einer bestehenden öffentlichen Straße verläuft: durch eine Vorschrift, wonach Gebäude gegenüber dem öffentlichen Grund einen bestimmten Grenzabstand einzuhalten haben, läßt sich unter dieser speziellen Voraussetzung der nämliche Erfolg erzielen wie durch eine dem Grenzabstand folgende Baulinie. Dieser Fall liegt indessen atypisch. In der modernen Stadtplanung werden Baulinien zumeist für andere Zwecke als nur zur gleichmäßigen Verbreiterung bestehender Straßen verwirklicht[16]). Für die nicht dem öffentlichen Grund folgenden linearen Baubeschränkungen läßt sich eine Wortformel nur finden, indem auf Grund von Fixpunkten im Gelände deren Verlauf beschrieben wird. Ueber die Einwirkungen der Baubeschränkung auf die einzelnen Grundstücke sagt indessen eine derartige Umschreibung überhaupt nichts aus. Man kennt diese Einwirkungen erst, wenn man um die räumliche Beziehung zwischen der beschriebenen Linie und der Parzelle weiß. Diese Beziehung ist für jedes Grundstück eine andere.

Damit ist der für das Verständnis des Planes vielleicht zentrale, von der französischen Lehre mit Recht in den Vordergrund gerückte Aspekt berührt[17]). Er liegt darin, daß die lineare Baubeschränkung ihrer Natur nach für jede Bodenparzelle anders wirkt: bald wird nur ein geringer Teil der Grundfläche der Bebauung entzogen; bald trifft die Belastung den größeren Teil des Grundstückes oder gar dessen volles Ausmaß. Zwar folgt die getroffene Unterscheidung zwischen bebaubarem und unbebaubarem Land einem klar erfaßbaren, in einer räumlichen Grenzlinie ausgedrückten Gesichtspunkt. Von den Normadressaten aus gesehen ist indessen das Kriterium der Baubeschränkung nicht ein gleiches, sondern ein u n g l e i c h e s Maß. Die Intensität des Eingriffes ist von der räumlichen Beziehung von Parzelle und Fluchtlinie abhängig. Diese Beziehung ist für jedes Grundstück eine spezifische und einmalige Gegebenheit.

Die Problematik des Planes liegt somit im Verhältnis der Planung zum Gleichheitsmaß. Darin spiegelt sich wider, daß der Planer einem diametral entgegengesetzten Blickpunkt folgt als der Baugesetzgeber, der rechtsatzmäßige Grundeigentumsbeschränkungen verwirklicht. Der Planer betrachtet ein Siede-

---

16) A. K u t t l e r, aaO., S. 106.

17) R. C a p i t a n t, Urbanisme, in „Encyclopédie juridique Dalloz, Droit Administratif", Bd. II, Paris 1958, S. 1024, Nr. 45.

lungsgebiet als einen eigentumsmäßig nicht differenzierten Raum. Planung heißt Verfügung über eine zur Ganzheit verschmolzene Summe von Gütern. Das einzelne Gut, die konkrete Eigentumseinheit, die Parzelle, ist zunächst kein Bezugspunkt der Planung[18]. Die Auswirkungen des Planes auf die subjektiven Eigentumsrechte können deshalb auch keine gleichmäßigen sein. Die plangebundenen Eigentumsbeschränkungen sind nicht auf Masse und Gegebenheiten abgestützt, die den konkreten Eigentumseinheiten inhärent sind.

## III. Das Wesen des Rechtssatzes

Der Unterschied zwischen planender und rechtssatzmäßiger Baubeschränkung verdeutlicht sich weiter, wenn man in eine Analyse des Rechtssatzbegriffes eintritt. In Anlehnung an die französische Lehre, die das Gesetz als „générale et abstraite" kennzeichnet[19], wird der Rechtssatz als „generell-abstrakte Norm" charakterisiert und zur individuell-konkreten Verfügung in Gegensatz gebracht[20].

### *A. Allgemeinheit des Rechtssatzes im Hinblick auf den Adressatenkreis*

Die postulierte Allgemeinheit des Rechtssatzes hat Bezug auf die Normadressaten: der Kreis der Rechtsträger darf nicht individuell bestimmt sein[21]. Kontrovers ist, ob Unbestimmtheit zugleich auch Unbestimmbarkeit bedeutet. Richtigerweise kann eine Anordnung — ein Amnestieerlaß zum Beispiel —, deren Adressatenkreis zwar nicht individuell bezeichnet wird, aber immerhin von vorneherein feststeht und damit bestimmbar ist, nicht als Rechtssatz gelten[22]. Unbestimmtheit des Adressatenkreises bedeutet damit Abhängigkeit der personellen Auswirkungen von einer sich erst in Zukunft vollziehenden Entwicklung, von einer — wie es der Korreferent formuliert hat — „immer wiederkehrenden Tatbestandsverwirklichung"[23]. Die

---

[18] Dazu Forsthoff, Norm, S. 114, Capitant, aaO., S. 1024 Nr. 47; G. Grauvogel in DVBl. 1958, S. 76.

[19] Vgl. G. Burdeau, Essai sur l'évolution de la notion de la loi en droit français. Archives de philosophie du droit, 9. Jahrgang, 1939, S. 16/17, 44 ff.

[20] Statt vieler O. Bachof, aaO., S. 315; vgl. auch H. Kopp, Inhalt und Form der Gesetze, Zürcher Dissertation 1958, S. 12 ff., 140 ff.

[21] Statt vieler W. Jellinek, Gesetz, S. 146; H. Kopp, aaO., S. 383 ff.

[22] Eyermann-Fröhler, Kommentar zum VGG, 1950, S. 66.

[23] K. Obermayer, Verwaltungsakt, S. 77.

generelle Norm muß an einen nicht geschlossenen Adressatenkreis gerichtet sein. Damit ist jedenfalls, um bei der von Thoma und Menger vertretenen Typologie der atypischen Gesetze zu bleiben, das Einzelpersonengesetz eliminiert[24]).

Entgegen einer von mir früher selbst vertretenen These[25]) halte ich dafür, daß sich die spezifische Problematik der Raumplanung nicht unter dem Gesichtspunkt der Restriktion des Adressatenkreises verstehen läßt. Schon Walther Jellinek hat dargetan, daß die (hier einmal mit Recht angerufene) „Natur der Sache" allen grundeigentumsbeschränkenden Rechtssätzen eine besondere Note verleiht[26]). Grund und Boden sind nicht veränderbare Größen. Mit der räumlichen Geltung einer rechtssatzmäßigen Grundeigentumsbeschränkung sind daher endgültig auch das sachliche Substrat und in einem zum mindesten stärkeren Maß als hinsichtlich anderer Vorschriften auch die personell angesprochenen Rechtsträger vorbestimmt[27]). Dieses Moment kann indessen nicht entscheidend sein: Das Gleichbleiben des sachlichen Substrates zieht nicht zwingend auch das Gleichbleiben der Rechtsträger nach sich; Parzellen können geteilt und die Rechtsverhältnisse bezüglich der nämlichen Parzelle können verändert werden. Auch die lineare Baubeschränkung wendet sich in diesem Sinne an einen nicht geschlossenen, sich mit der Änderung der Eigentumsverhältnisse ändernden Kreis von Berechtigten[28]). Alle gegenteiligen Aussagen sind letztlich wohl bloße Rückprojektionen der Erkenntnis von der Unveränderbarkeit von Grund und Boden.

Nicht haltbar ist daher auch die Auffassung, die Fluchtlinie sei zwar „im allgemeinen" — man beachte die Unbestimmtheit dieser Aussage — eine Norm; sie werde hingegen zur Verfügung, wenn sie nur ganz wenige oder gar nur ein einziges Gründstück belaste[29]). Von rein quantitativen Gegebenheiten kann der Rechtscharakter einer linearen Baubeschränkung ebensowenig abhängen wie die juristische Natur einer allgemeinen Vorschrift durch die Breite des virtuell betroffenen

---

24) Vgl. hierzu C. F. Menger, Das Gesetz als Norm und Maßnahme, VVDStRL. 15, S. 18 ff.

25) Vgl. M. Imboden, Der Schutz der Eigentumsgarantie, Festschrift Fritzsche, 1952, S. 45.

26) W. Jellinek, Gesetz, S. 153/54.

27) F. Zwygart, Der Bebauungsplan nach solothurnischem Recht, Berner Dissertation 1953, S. 39.

28) W. Brohm, aaO., S. 54; OVG. Münster in DOeV. 1954, S. 185.

29) So ein Urteil des Schweizerischen Bundesgerichtes vom 16. 10. 1944, Monatsschrift für bernisches Verwaltungsrecht, Bd. 43, Nr. 96, S. 253 und die dortigen Verweise auf die schweizerische Rechtsliteratur.

Personenkreises bestimmt sein kann. Auch die nur noch von wenigen erreichbare Spitzenklasse einer steuerlichen Progressionsskala behält ihren Normcharakter bei. Gewiß stellt sich das Problem des getarnten Einzelpersonengesetzes. Diese Erscheinung, letztlich ein Anwendungsfall des „détournement du pouvoir", läßt sich indessen nicht durch einen bloßen Quantitäts-Maßstab erfassen.

### *B. Abstraktheit des Gegenstandes*

Das zweite herkömmliche Erfordernis des Rechtssatzes ist die Abstraktheit des Gegenstandes[30]). Hier vor allem häufen sich die Schwierigkeiten; hier vor allem wird das Fehlen einer überzeugenden modernen Gesetzeslehre deutlich. Es ist daher nicht ohne Grund, wenn die Lehre immer wieder die Neigung bekundet, den gordischen Knoten zu durchhauen und das Abstraktheits-Erfordernis preiszugeben[31]).

Hält man sich an das Hergebrachte, so wird durch das Moment der Abstraktheit die Forderung ausgedrückt, die Norm habe eine „Vielzahl von Einzelfällen" zu erfassen[32]). Diese These bedarf der Erläuterung. Muß der Rechtssatz beim n ä m l i c h e n Adressaten eine Vielheit von Handlungen motivieren? Oder genügt es, wenn das Gesetz i n s g e s a m t auf eine unbestimmte Vielzahl konkreter Sachverhalte Bezug hat? Offenbar trifft das zweite zu — sonst wären Gesetze über einmalige Lebensvorgänge wie Geburt und Tod keine Gesetze im materiellen Sinn. So gesehen fügt nun aber das Erfordernis gegenständlicher Vielzahl nichts Neues zum Erfordernis des offenen Adressatenkreises hinzu. Eine Norm, die einen nicht geschlossenen Kreis von Personen anspricht, motiviert zwangsläufig auch eine unbestimmte Zahl konkreter Fälle. Es ist logisch ausgeschlossen, daß mehrere Rechtsträger Handlungen vollziehen, die absolut identisch sind.

Man kann sich dieser Einsicht fügen und demgemäß die Norm allein durch ihren unbestimmten Adressatenkreis gekennzeichnet sehen[33]). Die zwangsläufige Konsequenz liegt darin, daß das in der juristischen Theorie zu Ansehen gekommene stationäre Verkehrszeichen nicht mehr als Verfügung

---

[30]) Statt vieler P. S e l i g m a n n, Der Begriff des Gesetzes im materiellen und formellen Sinn, 1886, S. 63/64, I s a y, aaO., S. 3; K o p p, aaO., S. 407 ff.

[31]) A n s c h ü t z, aaO., S. 26; A. H a e n s e l, Studien zum deutschen Staatsrecht, Bd. II/2, S. 130.

[32]) K. R i n g e, Zur Rechtsnatur des Wirtschaftsplanes nach dem Wohnsiedelungsgesetz, DVBl. 1954, S. 246.

[33]) W. J e l l i n e k, Gesetz, S. 148; A n t o n i o l l i, aaO., S. 196.

qualifiziert werden kann. Gegen diese Folgerungen haben Forsthoff, Wolff und andere mit Recht Bedenken erhoben[34]. Der Gesetzesbegriff würde strapaziert, wollte er auch eine auf einen derart schmalen Wirkungsbereich gestellte Anordnung wie eine lokale Verkehrsbeschränkung einschließen. Es liegt daher nahe, diese Erscheinung auszunehmen. Das läßt sich dogmatisch nur dadurch vollziehen, daß man voraussetzt, die durch generell abstrakte Normen erfaßten Einzelfälle müssen eine hinlänglich äußere Streuung aufweisen, sie müssen einerseits räumlich und andererseits zeitlich auseinander liegen. Der Mangel des ersten Erfordernisses läßt die Norm zum Einzelfallgesetz, der Mangel des zweiten Erfordernisses zum Zeitgesetz werden. Man gibt sich somit der Vorstellung hin, das räumliche oder zeitliche Zusammenrücken der durch eine Vorschrift bestimmten Handlungen stelle den Rechtssatzcharakter in Frage. Damit wird, richtig besehen, zu den rein formalen Kriterien des Rechtssatzes ein Element der Werthaftigkeit hinzugefügt; räumliche Breite und Dauerhaftigkeit heben den Rechtssatz von der Verfügung ab und geben ihm einen höheren inneren Rang.

Für den Rechtscharakter des Planes bleibt diese Einengung des Gesetzesbegriffes bedeutungslos. Die linearen Baubeschränkungen lassen sich auch unter diesem Gesichtspunkt ebensowenig zu den Verwaltungsakten weisen wie, was neuestens Bettermann[35] überzeugend dargetan hat, die Allgemeinverbindlicherklärung eines Tarifvertrages. Sowohl die räumliche wie auch die zeitliche Streuung der determinierten Einzelhandlungen kann dem Plan nicht abgesprochen werden.

In der Formel „Räumliche Breite und Dauerhaftigkeit" erschöpft sich nun aber das Abstraktheits-Erfordernis nicht. Es gehört zu den nicht wegzudenkenden Prämissen der generell abstrakten Norm, daß sie die von ihr erfaßten Tatbestände nach gleichem Maße mißt. Gleichheit und Gesetz sind seit Rousseaus Gesetzestheorie nicht mehr zu trennen[36]. Der Rechtssatz soll eine Vielzahl konkreter Sachverhalte unter eine einheitliche Regel bringen; er geht von typischen Lagen aus. Um ein gleichbleibendes Beurteilungsmaß zu erhalten, wird in der Formulierung der Norm vom Besonderen

---

[34] Forsthoff, Lehrbuch, S. 200, Anm. 3; H. J. Wolff, Verwaltungsrecht I, 3. Aufl., S. 236.

[35] K. A. Bettermann, Die Allgemeinverbindlicherklärung eines Tarifvertrages: Rechtsschutz, Rechtskontrolle und Rechtsnatur, erschienen in „Recht der Arbeit", 1959, Heft 7/8, Separatum, S. 9.

[36] Vgl. Rousseau, Contrat Social, Buch II. Kap. 11, 1. Abs.

„abstrahiert“. Darin liegt die ursprünglichste Bedeutung des Abstraktheits-Erfordernisses.

Unter diesem Gesichtspunkt — und erst unter diesem — wird die Kluft von Rechtssatz und Plan erkennbar. Der linearen Baubeschränkung ist die „Verallgemeinerung“ durch abstrahierende Außerachtlassung des Besonderen fremd. Sie reiht das Partikuläre einfach aneinander. Sie unterstellt jeden Grundeigentümer einem speziellen Statut. Die formale Gleichheit des Beurteilungsmaßes fehlt. Im Hinblick auf die mangelnde Zusammenfügung der getroffenen Anordnungen zu einer einheitlichen Aussage kann die Fluchtlinie kein Rechtssatz sein. Sie bietet sich als Summierung von Einzelverfügungen dar[37]).

## IV. Der Raumplan als Mittel der Koordinierung von Ermessensakten

Die durch den Plan summierten Einzelverfügungen werden freilich nicht wahllos aneinander gereiht; sie sind in ihrem Wirken „planmäßig“ miteinander verknüpft und inhaltlich aufeinander abgestimmt. Erst von diesem Blickpunkt aus wird es möglich, die Struktur der Planung juristisch zu erfassen und namentlich zu erkennen, wie sich der Plan zwischen Norm und Verfügung stellt. Zweierlei ist für den Plan charakteristisch:

a) Seine Bausteine stellen für sich allein betrachtet Verfügungen dar; sie haften am Partikulären. Als Verfügungen sind die getroffenen Anordnungen aber nicht rechtssatzgebunden. Ihr Inhalt ist nicht durch eine allgemeine Norm determiniert. Sie sind Ermessensakte[38]). Sie stehen im Rahmen einer sog. Verfügungsermächtigung[39]): die planende Behörde ist ermächtigt, unter Überspringung der Zwischenstufe der generell-abstrakten Norm unmittelbar das Konkrete zu ordnen. Nach seinen Elementen ist somit der Plan ein dezisionistisches Gestaltungselement[40]).

b) Die Einzelverfügungen ergehen indessen nicht isoliert. Sie sind inhaltlich aufeinander bezogen. Diese Bezugnahme vollzieht sich nicht durch Unterstellung unter ein gleichbleibendes Kriterium, sondern durch ein nicht bis zum Rechtssatz verall-

---

37) L. Schneider, Fluchtlinienpläne und Verwaltungsrechtsweg, DOeV. 1951, S. 662; A. Hamann, Öffentlichrechtliche Bau- und Planungsmaßnahmen und die Eigentumsgarantie des Art. 14 GG, DVBl. 1957, S. 514.

38) Vgl. z. B. VGH Bayern, Urteil vom 16. 2. 1954, DVBl. 1954, S. 510 ff.

39) Dazu Imboden, Vertrag, S. 68 ff.

40) Hamann, S. 514.

gemeinertes graphisch dargestelltes Maß. Eine räumlich-geometrische Rationalität ersetzt die rechtssatzmäßige Folgerichtigkeit formaler Gleichheit[41]).

So mag man den Plan kennzeichnen als ein Instrument nichtrechtssatzmäßiger inhaltlicher Koordinierung von ermessensweise getroffenen Einzelverfügungen. Der Plan unternimmt es, konkrete Anordnungen nach einem andern Gesichtspunkt inhaltlich aufeinander auszurichten als nach dem Kriterium formaler Gleichheit. Im Raumplan tritt an die Stelle des Gleichheitsmaßes eine zweckrationale dezisionistische Folgerichtigkeit — nicht anders als im Finanzplan, im Jahresbudget oder im Mehrjahresprogramm der spezifisch finanzpolitische Konnex die Egalitätsbetrachtung ablöst.

Mit der linearen Baubeschränkung, die als klassisches Planungsinstrument bisher als Modell diente, stimmt die „zonengebundene Bauvorschrift" strukturell überein. Unter diesem Terminus soll jene Bauvorschrift verstanden sein, die zwar formal in das Gerüst eines Rechtssatzes gekleidet ist, die indessen räumlich nur einen kleinen Teil eines selbständigen Rechtskreises, zumeist nur einen kleinen Abschnitt eines Gemeindebannes erfaßt. Gegenstände von zonengebundenen Bauvorschriften sind Bildung und Abgrenzung von Nutzungsklassen oder Bauklassen[42]). Der strukturelle Aufriß dieser Bauvorschrift wird durch zwei Ausdruckselemente geformt. Einerseits wird durch Worte festgelegt, wie in der Zone gebaut werden kann, d. h. welche Nutzungsarten zugelassen sind, welche allgemeine Höhenbeschränkungen gelten und nach welchen Abstandsvorschriften oder Ausnützungsziffern sich die Baudichte bestimmt. Anderseits wird in einer graphischen Darstellung — im sogenannten Zonenplan — angezeigt, wo im Gelände die Zonengrenzen verlaufen, welchen Zonen m. a. W. die einzelnen Grundstücke zugehören.

Das erste Glied des Baustatuts, der Komplex der durch Worte ausgedrückten Vorschriften über die sogenannte Zonenbauweise, stellt unzweifelhaft ein Gefüge von Rechtssätzen dar. Im Unterschied zur Fluchtlinie haben die Anordnungen ein formal gleiches Beurteilungsmaß zum Inhalt. Das zweite Glied des Baustatutes hingegen, der sogenannte Zonenplan, entspricht

---

[41]) Vgl. dazu Capitant, aaO., S. 1024, Nr. 47: „... on peut considérer que l'intégration dans un plan exerce, dans le droit moderne, une fonction d'objectivation comparable à celle qui, dans le droit classique, était remplie par la ‚forme générale' donnée aux définitions réglementaires".

[42]) H. Egger, die Bauzonen der stadtzürcherischen Bauordnung von 1946, Zürcher Dissertation 1948, S. 43 ff.

in seinem inneren Aufriß der linearen Baubeschränkung. Der Zonenplan ist ein Akt gestaltender Auslese. Entsprechend dem als ideal angestrebten Raumbild werden Zonengrenzen gezogen. Damit vollzieht sich eine differenzierende Zuordnung der Grundstücke zu verschiedenen Normgruppen. Für sich allein betrachtet, d. h. auf eine einzelne Parzelle bezogen, bildet jeder Klassifizierungsakt eine Verfügung — nicht anders als auch Akte über die Veränderung von Verwaltungsgrenzen Verfügungen sind[43]). Der Einzelakt steht jedoch, gleich wie jeder Teilstrich einer Fluchtlinie, in einem räumlich gestalteten größeren Zusammenhang. Durch den Plan werden die Verfügungen auch hier nach einer nichtrechtssatzmäßigen Folgerichtigkeit, nach einem anderen Kriterium als dem der formalen Gleichheit aufeinander bezogen.

Was früher über den charakteristischen Blickpunkt des Planes gesagt wurde, tritt hier noch deutlicher hervor: Bezugspunkte der Planung sind nicht die gewordenen Eigentumseinheiten, sondern eigentumsmäßig nicht differenzierte Räume. Die Individualität der Sache im Rechtssinn und der sachenrechtlich Berechtigten ist primär ohne Bedeutung.

Nicht ohne Absicht bin ich bisher dem Begriff der Allgemeinverfügung aus dem Wege gegangen. Der Erkenntniswert dieser Vorstellung scheint mir fraglich; jedenfalls ist der Begriff in höchstem Maße schillernd[44]). Welcher Inhalt ihm gegeben wird, hängt in erster Linie von der jeweiligen Rechtssatz-Vorstellung ab. Wer jede generelle Anordnung ohne Rücksicht auf ihren Gegenstand inhaltlich als Gesetz versteht, kann mit „Allgemeinverfügung" nur jenen Akt kennzeichnen, der zwar formal nicht individualisiert ist, der aber doch einen geschlossenen Kreis bestimmbarer Adressaten anspricht[45]). Wer umgekehrt das Abstraktheits-Erfordernis nicht preisgeben will, wird dazu neigen, unter „Allgemeinverfügungen" solche Anordnungen zu verstehen, die nach seiner Begriffsbestimmung generell-konkreten Charakter haben[46]). Dabei kann freilich der Bereich der unter diesen Terminus gebrachten Erscheinungen ungleich weit umrissen werden. Es läßt sich entweder jede an einen unbestimmten Adressatenkreis gerichtete konkrete Anordnung, also auch der Plan, in diese Kategorie einfügen. Oder

---

[43]) So F. Schack, Rechtsverordnung im formellen Sinn? Zur Frage der Rechtsnatur der gebietlichen Organisationsakte, DÖV. 1958, S. 276/77.

[44]) Abgelehnt wird der Begriff der „Allgemeinverfügung" von R. Nebinger (Verwaltungsrecht, Allg. Teil, 2. Aufl., S. 164) und für das österreichische Recht von Antoniolli (aaO., S. 73).

[45]) Hamann, S. 514.

[46]) So wohl Forsthoff, Lehrbuch, S. 184.

aber diese Bezeichnung kann den dem Gleichheitsmaß verpflichteten generell-konkreten Verfügungen vorbehalten werden; Plan und Allgemeinverfügung werden dann zu Gegensätzen; sie werden zu den beiden unterschiedlichen Formen generell-konkreten Anordnens. Diese Terminologie erscheint mir als die sinnvollste. Wie immer man aber sich dazu stelle, jedenfalls wird man die Bedeutung der Klassifizierung nicht überschätzen dürfen. Rien de plus permis que les expressions!

Mit der Kennzeichnung des Planes als eines Mittels zur Koordinierung von Einzelakten soll zugleich auch ausgesagt sein, daß diese Institution nach ihren konstitutiven Elementen jedenfalls der Verfügung näher steht[47]). Dieser Erkenntnis gibt, wie im folgenden zu zeigen sein wird, eine Betrachtung der praktischen Aspekte der Planung recht.

## V. Der Erlaß des Raumplanes

### *A. Rechtliches Gehör*

Was das auf Erlaß des Planes ausgerichtete Verfahren am sichtbarsten vom üblichen Modell des Normsetzungsverfahrens abhebt, ist die institutionell gesicherte Einflußnahme des Grundeigentümers. In Frankreich, wo das Institut der linearen Baubeschränkung erstmals entwickelt wurde, geht diese Einschaltung des Privaten in das Planverfahren bis auf die vorkonstitutionelle Zeit zurück[48]). Heute vollzieht sie sich mit unterschiedlicher Akzentsetzung: Entweder erfolgt die Einwirkung des Privaten in einem vor dem förmlichen Erlaß liegenden, durch die sogenannte Offenlegung des Planprojektes eingeleiteten Zwischenverfahren[49]). Oder der Grundeigentümer wird auf ein sich dem förmlichen Erlaß anschließendes mit justizmäßigen Formen durchsetztes Aufsichtsverfahren ver-

---

[47]) W. Hüttenhein, Anfechtung von Fluchtlinienplänen, DOeV 1954, S. 166/68; Capitant, aaO., S. 1023 Nr. 43; Forsthoff, Norm, S. 115.

[48]) Nach Ansicht des Conseil d'Etat (avis, 3. 11. 1885) ist immer noch das Edit von 1607 in Kraft (A. de Laubadère, Traité élémentaire de droit administratif, 2. Aufl., 1957, S. 732, Nr. 1457).

[49]) So das französische Recht (P. Guérin, Alignement, „Encyclopédie juridique Dalloz, Droit Administratif", Bd. I, S. 83, Nr. 35), das deutsche Recht (vgl. z. B. das preußische Fluchtliniengesetz § 8 und das Aufbaugesetz von Nordrhein-Westfalen, § 7 und § 11), das österreichische Recht (Adamovich, Bd. II, S. 142, Anm. 1) und das italienische Recht (vgl. z. B. Legge urbanistica vom 17. 8. 1942, Art. 9 und Art. 15).

wiesen[50]). Nicht uninteressant ist es, daß in der unmittelbaren Kommunaldemokratie der Schweiz die zweite Form vielfach bevorzugt wird: die demokratische Beschlußfassung wird zugleich auch als Möglichkeit zur Geltendmachung der Grundeigentümerinteressen verstanden; sie ersetzt — was freilich nicht unproblematisch ist — das Stadium vorgängiger Anhörung.

Es kommt einer juristischen These um des Reimes willen gleich, wenn diese Einflußnahme als Teilnahme Privater an einem Normsetzungsverfahren oder gar als „Petition" an den Gesetzgeber deklariert wird. Mit der heute üblichen und gelegentlich sogar teilweise institutionalisierten Einwirkung der Interessentengruppen auf die Rechtssetzung hat der Vorgang jedenfalls nichts zu tun; ihn unter den Begriff der „Petition" zu bringen, dürfte angesichts der stark justizförmigen Gestaltung, die das Einwendungsverfahren teilweise — z. B. in Italien[51]) — aufweist, schwerlich eine sinnvolle juristische Konstruktion sein. Materiell hat die angegangene Behörde nicht einen allgemeinen Gegensatz von Gruppeninteressen zu beurteilen. Sie muß zwischen sich ausschließenden konkreten Rechten die Wahl treffen: soll die Straßenverbreiterung zu Lasten der links oder der rechts liegenden Grundstücke erfolgen? soll von zwei unbebauten Gebieten dieses oder jenes zur Grünzone erklärt werden? Der im Rahmen des sogenannten planerischen Ermessens zu treffende Entscheid hat oft die Tragweite eines eigentlichen Justizaktes. Das öffentliche Interesse kann bei Gleichwertigkeit mehrerer Lösungsvarianten völlig zurücktreten; alles liegt auf der Abwägung der in Mitleidenschaft gezogenen privaten Rechte.

Wird daher durch den Plan — so wie z. B. durch den französischen „plan d'alignement" oder durch die Fluchtlinienfestsetzung gemäß dem preußischen Gesetz von 1875[52]) — ein endgültiger, jedenfalls in der Ermessenshandhabung später nicht wieder in Frage zu stellender Entscheid getroffen, so ist die Anhörung des Eigentümers mehr als nur eine atypische

---

50) Vgl. z. B. § 15 des zürcherischen Baugesetzes für Ortschaften mit städtischen Verhältnissen vom 23. April 1893: „Die Pläne über die Bau- und Niveaulinien sind mit den nötigen Erläuterungen öffentlich aufzulegen, unter schriftlicher Mitteilung an die betroffenen Grundeigentümer, die im Inland wohnen, und unter Ansetzung einer Rekursfrist von zwanzig Tagen".

51) A. Casalin, Repertorio generale di giurisprudenza amministrativa, Bd. II, 1956, piani regolatori Nr. 1.

52) Hierzu v. Strauß und Torney-Sass, Straßen- und Baufluchtengesetz, 7. Aufl., 1934.

Variante des Rechtserzeugungsverfahrens[53]). Diese Einwirkung, nicht ohne Grund institutionell gesichert, garantiert das rechtliche Gehör in einem Verfahren, das zwar nicht generell, aber doch im möglichen Extrem vorab der Austragung privater Interessenkonflikte dient. Daraus möchte ich folgern, daß sich auch die Anhörung der betroffenen Grundeigentümer nicht beliebig handhaben läßt, daß sie namentlich in ihrer Effektivität nicht beliebig abgewertet werden darf. In der Heranziehung des Privaten liegt letztlich eine Ausstrahlung der verfassungsrechtlichen Gehörs-Gewährleistung.

### *B. Die Befugnis zur Planfestsetzung*

Was freilich der zutreffenden juristischen Deutung des Planes entgegensteht, ist der Umstand, daß die Befugnis zur Planfestsetzung vielfach bei den rechtssetzenden Instanzen liegt. Ergeht der Plan formell als Gesetz, dann liegt es aus der Sicht des Gewaltenteilungsschemas nahe, ihn auch materiell als Gesetz zu verstehen.

Demgegenüber wird man sich vergegenwärtigen müssen, daß der moderne Raumplan im kleinen Rechtskreis, vorab in der Gemeinde, entwickelt wurde. Die Kommunalverfassung kennt aber — und das zumal in ihren ursprünglichen Rechtsschichten — keine der modernen Scheidung der Rechtsfunktionen folgende Gewaltenteilung[54]). Die Gliederung der Macht erfolgt primär nach anderen Gesichtspunkten. Es ist eine sich vor allem im schweizerischen Gemeinderecht deutlich abzeichnende und auch im deutschen und österreichischen Recht nachweisbare Tendenz, die oberste rechtserzeugende Instanz der Gemeinde immer dann einzuschalten, wenn ein Akt getroffen werden muß, der vermöge seiner Breitenwirkung oder des beanspruchten Ermessensspielraums von besonderem Gewicht erscheint. Dem entspricht es, die Planfestsetzung der nämlichen Intanz zu überantworten, die auch das eigentliche Ortsrecht, d. h. die kommunalen Rechtssätze erläßt. So erklärt es sich zwanglos, daß vor allem in den Stadtstaaten (Hamburg,

---

[53]) Vgl. hierzu das Urteil des Schweizerischen Bundesgerichtes vom 28. 5. 1958, BGE 84 I 172: „La procédure d'opposition à un plan d'extension cantonale est une procédure contradictoire qui permet aux propriétaires intéressés de défendre ceux de leurs droits constitutionnels auxquels le projet porterait atteinte ...".

[54]) M. Imboden, Die Organisation der schweizerischen Gemeinden, Zentralblatt für Staats- und Gemeindeverwaltung, 1945, S. 378.

Wien und Basel) Pläne in den Formen des Gesetzes oder doch qualifizierter Verordnungen erlassen werden[55]).

## *VI. Plan und Rechtsgleichheit*

Die entscheidenden rechtlichen Probleme der Planung liegen indessen nicht im Verfahrensgang, sondern, was im schweizerischen Recht vor allem Hans Huber betont hat, im Inhalt der geplanten Maßnahmen[56]). Welche Folgerungen sind aus der Erkenntnis zu ziehen, daß der Plan als ein nichtrechtssatzmäßiges Mittel der Koordinierung von Einzelverfügungen einem anderen Maße als dem der formalen Gleichheit folgt? In der Rechtsprechung und in der Lehre zeichnen sich — mitunter freilich unausgesprochen — zwei Haltungen ab:

Die eine Auffassung will die dem Plane eigene Rationalität gleichwertig neben die rechtssatzmäßige Folgerichtigkeit formaler Gleichheit stellen. Planungsmaßnahmen sollen danach so lange nicht rechtsungleich, d. h. nicht willkürlich sein, als sie ihrem eigenen inneren Gesetz treu bleiben, als sie m. a. W. dem Planungszweck entsprechen und nicht durch sachwidrige Motive beeinträchtigt werden[57]). Verlangt das städtebauliche Gestaltungsinteresse, daß von zwei objektiv in gleicher Weise geeigneten Grundstücken nur das eine in ein Bauausschlußgebiet einbezogen werde, so wird dem Einwand rechtsungleicher Behandlung durch die These zweischichtiger rechtlicher Bindung, durch die Vorstellung eines Übereinanderliegens von Pflichtigkeit und Pflicht begegnet. Alle zur Anlegung von Grüngürteln geeigneten Grundstücke — so wurde vom deutschen Bundesgerichtshof gesagt[58]) — unterliegen virtuell der Last, Bauverbotszone zu werden; nur bei einigen verdichtet sich indessen diese allgemeine Pflichtigkeit zur festen und durchsetzbaren Pflicht. Entsprechend der verbreiteten, meiner Ansicht nach freilich in dieser Art nicht haltbaren These, der baurechtliche Dispens liege außerhalb des rechtlich zu Beanspruchenden[59]), wird auch gegenüber dem Plan angenommen,

---

55) Gesetz über den Aufbau der Hansestadt Hamburg in der Fassung vom 12. 4. 1957, § 7 und § 11 Abs. 2; Bauordnung für die Stadt Wien vom 25. 11. 1929, § 1; Baselstädtisches Gesetz über Anlegung und Korrektion von Straßen vom 24. 1. 1937 § 8 lit. a.

56) H. Huber, Zeitschrift für schweizerisches Recht, Bd. 66, (1947), S. 508a/509a.

57) Brohm, aaO., S. 70.

58) BGHZ 23 Nr. 4, S. 33. Dazu W. Dittus, Planung und Sozialgebundenheit des Grundeigentums, DVBl. 57, S. 329 ff.

59) So Brohm, S. 90; kritisch dazu Imboden, Vertrag, S. 190 ff.

kein Grundeigentümer habe im Rahmen des planenden Ermessens ein fest gestaltetes Recht auf eine ihm günstige bauzonenmäßige Einstufung seines Grundbesitzes. Nur dann, wenn im Übergang von der Pflichtigkeit zur Pflicht gegen die innere Folgerichtigkeit der Planung verstoßen wurde, liegt nach dieser Anschauung eine willkürliche Diskriminierung vor.

Die Fragwürdigkeit dieser These ist unverkennbar. Welche Pflichtigkeiten sich zu Pflichten verdichten — und hierin liegt ja gerade das praktisch entscheidende Problem — wird dem planenden Ermessen freigestellt. Der Gleichheitsgesichtspunkt ist durch ein zweckrationales dezisionistisches Kriterium ersetzt.

Die gegenteilige Auffassung sieht in der rechtssatzmäßigen Folgerichtigkeit formaler Gleichheit und in der gestaltenden Rationalität des Planers zwar ebenfalls inkommensurable Größen. Indessen ordnet sie die beiden Maßstäbe einander nicht gleich; sie ordnet vielmehr das planende Ermessen dem Prinzip der Gleichheit unter. Der Plan hat somit nur da Bestand, wo die durch ihn getroffenen Unterscheidungen auch in einer ausschließlich normativen Ordnung begründbar wären. Die Ungleichbehandlung zweier Grundstücke verstößt gegen das Gleichheitsgebot, sobald die getroffene Differenzierung nicht auch als allgemeines Gesetz formuliert aus der Verschiedenheit der Tatbestände gerechtfertigt erscheint. Es liegt auf der Hand, daß diese These praktisch eine weitgehende Lahmlegung, wenn nicht überhaupt eine Verunmöglichung der modernen Stadt- und Landesplanung zur Folge haben müßte.

Die Frage stellt sich, ob der Konflikt dieser beiden Anschauungen durch eine strikte Alternative überhaupt lösbar ist. Eine Überbrückung des Gegensatzes wird möglich, wenn man nach den Unrechtsfolgen zwei Arten von Verstößen gegen das Gleichheitsgebot unterscheidet: einerseits Diskriminierungen, die eine getroffene Anordnung ungültig werden lassen, und andererseits Diskriminierungen, die eine finanzielle Ersatzpflicht begründen[60]). Lineare Baubeschränkungen und Zonengliederungen, die zwar planerisch folgerichtig erscheinen, indessen ungleiche Belastungen zur Folge haben, sind dann zwar gültig; die Diskriminierung muß indessen durch Geldersatz ausgeglichen werden[61]). Nur der schon nach seiner immanenten Eigengesetzlichkeit nicht folgerichtige und willkürliche Plan bliebe bereits als Eingriff ungültig.

---

[60]) Vgl. hierzu auch G. Düring, JZ 1954, S. 5.

[61]) Dieser Gedanke ist erkennbar in der französischen Praxis zum plan d'alignement (vgl. Duez-Debeyre, Traité de droit administratif, 1952, S. 787); er klingt auch an in BGHZ 15, S. 268 ff.

Die Annahme zweischichtigen Unrechtes ist der bestehenden Ordnung keineswegs fremd; ja, sie bildet sogar eines der strukturellen Kennzeichen des geltenden Verwaltungsrechtes. Bereits dem Polizeinotstand ist diese Doppelgesichtigkeit eigen: das Vorgehen gegen den „Nichtstörer" ist zwar formal zulässig, mit dem Blick auf die Entschädigungsfolge aber doch Unrecht[62]). Nicht anders wird das Schulbeispiel des objektiv zwar unschuldigen, indessen aus haltbaren Gründen der Tat verdächtigten Häftlings behandelt[63]). Vor allem aber ist schon der klassische Tatbestand der Enteignung in nämlicher Weise zweischichtig: formal gilt der Sachentzug als rechtmäßig; materiell ist er indessen eine Beeinträchtigung, die durch Wertausgleich aufgewogen werden muß[64]). Die juristische Dogmatik hat sich dieser Gegebenheit dadurch angepaßt, daß die verfassungsrechtliche Eigentumsgewährleistung, soweit es um die Sicherung der individuellen Rechtsstellung geht, zur bloßen Wertgarantie abgeschwächt wurde. Wer abweichend vom Nachbar seine Eigentumsrechte in einem Enteignungsverfahren preisgeben muß, behält immerhin den Anspruch auf wertgleiche Behandlung. Der Anspruch auf Fortbestand der geldwertmäßigen Stellung überdauert den Anspruch auf Fortbestand der Realrechte[65]).

Übertragen auf die Verhältnisse des deutschen Rechtes hätte diese These zu bedeuten, daß der Begriff des „enteignungsgleichen Eingriffes" und allenfalls auch derjenige des besonderen Opfers im Rahmen des Aufopferungsanspruches ein weiterer wäre als der Begriff der willkürlichen, vor Art. 3 des Grundgesetzes unhaltbaren Eigentumsbeschränkung. Im schweizerischen Recht läßt sich gestützt auf die verfassungsmäßige Eigentumsgewährleistung das nämliche Ergebnis erzielen. Die neuere bundesgerichtliche Praxis neigt dazu, einen enteignungsähnlichen Eingriff in das Grundeigentum nicht als ungültig hinzunehmen, aber unmittelbar aus der Verfassung, ohne daß es einer besonderen Ersatzklausel bedarf, einen Entschädigungsanspruch herzuleiten[66]).

Die Betrachtung des Verhältnisses von Planung und Gleichheit wird jedenfalls zum Ergebnis führen müssen, daß das

---

62) Drews-Wacke, Allgemeines Polizeirecht, 6. Aufl., 1952, S. 206 ff.

63) Fleiner, Institutionen, S. 297.

64) K. A. Bettermann, Der Schutz der Grundrechte in der ordentlichen Gerichtsbarkeit, in „Die Grundrechte", Bd. III/2, S. 866.

65) BGHZ 6, Nr. 37, S. 280: „Der Verstoß gegen den Gleichheitssatz kennzeichnet die Enteignung".

66) Urteil des Schweizerischen Bundesgerichtes vom 26. 10. 1955, BGE 81 I Nr. 55, S. 346 ff.

planende Ermessen von den Grundrechten her entscheidenden Grenzen unterstellt sein muß. Mit Recht hat neuestens Bachof auf die grundsätzliche Bedeutung der ermessensbeschränkenden Verfassungsnormen hingewiesen[67]). Mit dem Blick auf den Rechtsschutz ergibt sich daraus die Forderung, die dem betroffenen Privaten zur Verfügung gestellten Rechtsbehelfe so auszugestalten, daß für eine wirksame Einhaltung der verfassungsimmanenten Planungsschranken Gewähr geboten ist.

## VII. Die Gestaltung des Rechtsschutzes

### *A. Die Überprüfungsformen*

Damit ist auf jene Frage hingewiesen, die in der neueren deutschen Lehre den Anstoß zur dogmatischen Klassifizierung des Planes gab. Die Öffnung des Rechtsweges hängt in erster Linie von der Natur des Planes ab; sowohl das Bundesverwaltungsgericht wie der österreichische Verwaltungsgerichtshof haben diesen Zusammenhang klar betont[68]). Wenn dabei das Bundesverwaltungsgericht den Begriff des Verwaltungsaktes als „Zweckschöpfung" wertet[69]), so bringt es zum Ausdruck, daß die praktische Frage nach Zulassung des administrativen Rechtszuges nicht unbedingt an die aprioristische Scheidung von Rechtssatz und Verfügung gebunden sei. Die Qualifikation erfolgt primär teleologisch und nicht dogmatisch. Allein diese Betrachtung gewährleistet praktisch brauchbare Ergebnisse. Entscheidend muß m. a. W. sein, welches Verfahren am sinnvollsten und wirksamsten eine justizmäßige Überprüfung des Planes erlaubt; in Ausrichtung auf dieses Endziel ist die Klassifizierung vorzunehmen.

Sieht man von den noch nicht hinlänglich geklärten Möglichkeiten öffentlich-rechtlicher Feststellungsprozesse oder administrativer Unterlassungsklagen ab, so kennt das geltende Recht drei verfahrensmäßige Grundtypen zur Überprüfung des Planes: Der Plan kann Gegenstand direkter gerichtlicher Anfechtung sein; er kann bei Anlaß seiner späteren Anwendung vorfrageweise überprüft werden; schließlich kann die Nachprüfung in ein Verfahren verwiesen sein, das primär Merkmale der Verwaltungsaufsicht trägt. Die Frage

---

[67]) O. Bachof, Grundgesetz und Richtermacht, 1959, S. 22.

[68]) BVerwGE. 3 Nr. 70, S. 259; Sammlung der österreichischen Verwaltungsgerichtshofentscheidungen Nr. 1988, 1951, Adm. Teil, S. 316.

[69]) BVerwGE. 3 Nr. 70, S. 262, 6 Nr. 37, S. 151.

stellt sich, welche Gestalt des Kontrollverfahrens den durch die Natur des Planes bedingten Rechtsschutzbedürfnissen am besten entspricht.

## *B. Die direkte gerichtliche Anfechtung*

Eine unmittelbare gerichtliche Anfechtung des Planes durch den Privaten ruft Schwierigkeiten im Hinblick auf die Interdependenz aller Planungselemente: einige Grundeigentümer verlangen als isolierte Einzelkläger die Überprüfung ihrer räumlich begrenzten Situation, während der Plan seinem Wesen nach ein Koordinierungselement darstellt und eine Gestaltung in einem größeren Raum anstrebt[71]). Ob der Planer in Abwägung der sich gegenüberstehenden Eigentümer-Interessen eine innerlich haltbare Lösung traf, ob er die planende Auslese überzeugend vollzog, kann der Richter nur entscheiden, wenn er die Freiheit hat, auch Grundeigentümer, die keine Rechtsmittel eingelegt haben, am Verfahren zu beteiligen. Ist ihm diese Möglichkeit versagt, dann bleibt das planende Ermessen sozusagen vollständig einer rechtlichen Überprüfung und Begrenzung entrückt. Dehnt aber der Richter durch Beiladung einer großen Zahl weiterer Grundeigentümer das Verfahren aus, kann dieses durch seine Breite den üblichen Rahmen einer justizmäßigen Nachprüfung hoheitlicher Anordnungen sprengen.

In vier deutschen Ländern — Baden-Württemberg, Bayern, Hessen und Bremen — ist freilich mit dieser Qualifikation des Planes der direkte Weg zum Verwaltungsgericht noch nicht verschlossen. Auch Rechtssätze unterhalb der Gesetzesstufe, also Verordnungen, können Gegenstand einer hauptfrageweisen Rechtsprüfung sein. Die praktischen Schwierigkeiten, die sich ergeben, wenn der Plan auf dem Wege der prinzipalen Normkontrolle überprüft wird, sind indessen eher noch größere, als sie sich im Rahmen der verwaltungsgerichtlichen Verfügungsanfechtung ergeben — was vielleicht zu erklären vermag, warum vor allem das Verwaltungsgericht von Baden-Württemberg der These des Bundesverwaltungsgerichts so zähen Widerstand entgegensetzt.

## *C. Die vorfrageweise Überprüfung*

Wird der Weg zur direkten verwaltungsgerichtlichen Anfechtung des Planes unter Hinweis auf dessen Norm-Charakter verschlossen, dann ist der Grundeigentümer — sieht man von

---

[70]) Brohm, aaO., S. 79 ff.
[71]) Forsthoff, Norm, S. 114.

der erwähnten verfahrensrechtlichen Besonderheit in einigen deutschen Ländern ab — darauf verwiesen, den Plan bei Anlaß seiner Anwendung vorfrageweise zu beanstanden. Ist der Plan nicht Verwaltungsakt, sondern Norm, muß zu seiner Nachprüfung die für Rechtssätze unterhalb der Gesetzesstufe charakteristische akzessorische Normkontrolle Platz greifen. Ich fürchte freilich, daß die praktische Erprobung dieser Möglichkeit ziemlich enttäuschende Ergebnisse zeitigen werde; liegen einmal aus einem weiteren Bereich Ergebnisse vor, dann wird man vielleicht unter dem Eindruck stehen, mit der Qualifizierung des Planes als Norm sei kaum etwas Wesentliches erreicht worden, es sei denn, daß der schwarze Peter für einmal weitergegeben wurde[72]).

Die vorfrageweise Normkontrolle gründet sich auf die Vorstellung, daß die Rechtswidrigkeit eines Rechtssatzes in jedem Anwendungsfall in nämlicher Weise relevant werde, daß es somit gleichgültig sei, welcher Sachverhalt zum Anlaß der Normprüfung genommen werde. Jeder Betroffene handelt stellvertretend für alle Normadressaten. Diese Prämisse bleibt bei der vorfrageweisen Überprüfung des Planes unerfüllt. Der Plan wirkt für jeden Grundeigentümer anders. Auch nicht-beteiligte Grundeigentümer ins Verfahren einzubeziehen ist aber, da sich das Problem der Planverbindlichkeit nur akzessorisch stellt, prozessual nicht vollziehbar. Incidenter kann der Plan zwar auf gewisse allgemeine Voraussetzungen wie z. B. auf seine formelle Rechtmäßigkeit hin überprüft werden. Ob aber die der Planung immanenten Ermessensschranken, vor allem die Schranke der Gleichheit, eingehalten wurden, entzieht sich der Nachkontrolle[73]). Die Wiener Bauordnung, die eine individuelle Beanstandung von Fluchtlinien nur im Zusammenhang mit der Bauerlaubnis zuläßt, bestätigt dies besonders eindrücklich. Der Grundeigentümer kann nicht den Plan als Ganzes, sondern nur den sein Grundeigentum belastenden Plan-T e i l beanstanden[74]). Im Hinblick auf den Rechtsstreit wird der Plan in seine Elemente aufgelöst. Sobald also mit der These vom Normcharakter des Planes ernst gemacht wird, sobald man den Plan wie eine Norm als Ganzes einer incidenter wirksamen Rechtskontrolle unterstellt, ergibt sich, daß er sich nicht als Norm behandeln

---

[72]) Aufschlußreich: W. B l ü m e l, Ungereimtheit beim Rechtsschutz gegen Planfeststellungen, DOeV. 1959, S. 665 ff.

[73]) Vgl. preußisches OVG. 25 Nr. 52, S. 387 ff.

[74]) Wiener Bauordnung, § 10, Abs. 7.

läßt. Damit erklärt sich wohl auch, warum Italien die vorfrageweise Plankontrolle überhaupt nicht zuläßt[75]).

*D. Plankontrolle im Wege der Verwaltungsaufsicht*

Das preußische Fluchtliniengesetz wies Einwendungen gegen die Zweckmäßigkeit linearer Baubeschränkungen im Anschluß an die sog. Offenlegung in ein administratives Aufsichtsverfahren. Im deutschen Recht wurde diese Möglichkeit der Planprüfung im allgemeinen nicht weiterentwickelt; ja, mitunter sind die bestehenden Ansätze zu einer institutionalisierten verwaltungsinternen Plankontrolle wieder abgebaut worden. Die Anfechtung bei der Oberbehörde wurde gelegentlich zur Einsprache bei der Planungsinstanz reduziert[76]). Anders haben sich das schweizerische und teilweise auch das italienische[77]) Recht entwickelt. Entsprechend der stark betonten Kommunalautonomie obliegt in der Schweiz die Planung im Rahmen relativ weiter kantonalrechtlicher Schranken den Gemeinden. Die lokalen Gebietskörperschaften unterstehen hierbei freilich einer besonders ausgestalteten Aufsicht. Einerseits können die betroffenen Grundeigentümer bei den kantonalen Behörden individuell Beschwerde führen; anderseits bedürfen Fluchtlinienpläne und Bauzonenordnungen zumeist der Genehmigung durch den Kanton. Aus dem Ineinandergreifen von Beschwerdeprüfung und Genehmigungs-Kontrolle hat sich ein Aufsichtsverfahren entwickelt, das bei einigermaßen justizförmiger Sicherung der Parteirechte doch eine freie Nachprüfung des von der planenden Gemeindebehörde vollzogenen Interessenausgleichs erlaubt. Dem Beschluß der letzten kantonalen Aufsichtsinstanz schließt sich der staatsrechtliche Rekurs, d. h. die Verfassungsbeschwerde ans Bundesgericht an. Dieser Rechtsbehelf kann ohne Rücksicht darauf, ob es sich um Verfügungen oder Rechtssätze handelt, ergriffen werden[78]). Die Rechtsnatur der angefochtenen Anordnung wird indessen für eine Reihe von prozessualen Fragen von Bedeutung. Nach einigem Schwanken scheint das Bundesgericht nunmehr dazu zu neigen, den Plan

---

[75]) Casalin, aaO., Nr. 21. Dagegen ist die Anfechtung des Planes selbst bzw. des Entscheides über die Plangenehmigung möglich; vgl. Casalin, aaO., Nr. 5, Abs. 3.

[76]) Vgl. z. B. Aufbaugesetz von Nordrhein-Westfalen, § 11, Abs. 1.

[77]) Vgl. z. B. Legge urbanistica, Art. 15/16.

[78]) Giacometti, aaO., S. 887.

[79]) Zwygart, aaO., S. 41; Imboden, Festschrift Fritzsche, S. 46; Kuttler, S. 118.

in Übereinstimmung mit der neueren schweizerischen Literatur[79]) wie eine konkrete Anordnung zu behandeln[80]).

## *E. Die Nachprüfung des planenden Ermessens*

Die Übersicht über die Rechtsschutzformen läßt das Grundproblem der Plankontrolle klar erkennen. Wohl ist es ohne Schwierigkeiten möglich, den Plan daraufhin zu prüfen, ob er formell rechtmäßig erlassen wurde und ob er durch seinen Inhalt nicht gegen die durch das Plangesetz aufgestellten materiellrechtlichen Vorschriften verstößt. Gegenüber einfachen Plangebilden wie z. B. Fluchtlinien, wird es allenfalls auch möglich sein, gröbste Fälle sachwidriger Planung im Rechtsschutzverfahren zu korrigieren. In seiner spezifischen Funktion, nämlich als Mittel zur Koordinierung von Einzelverfügungen, entzieht sich indessen der Plan in weitem Maße der Nachprüfung. Die dominierenden Typen des Rechtsschutzes, Verfügungsanfechtung und Normkontrolle, drohen in der Nachprüfung des planenden Ermessens ins Leere zu greifen[81]). Nur ein der Natur des Planes angepaßter, besonders gestalteter, Merkmale des Aufsichtsverfahrens tragender Rechtsbehelf vermöchte eine wirksame Plankontrolle zu gewährleisten. Dieses Sonderverfahren sollte jedenfalls in der ersten Stufe eine volle Ermessenskontrolle zulassen; es sollte, wie in Italien, mit der oberbehördlichen Plangenehmigung zusammengehen. Ein auf die Rechtskontrolle beschränktes Gerichtsverfahren hätte den Rechtszug zu beschließen. Das reine Justizverfahren vermag nur dann die Geltung der das planende Ermessen beschränkenden Grundnormen zu sichern, wenn es sich diesem Sonderverfahren anschließt. Die dem Plan zu Grunde liegenden Interessengegensätze müssen als Ergebnis einer früheren Verfahrensstufe vor dem Richter voll entfaltet sein.

So weist der Plan auf Grenzen des heutigen Rechtsweg-Staates hin. Er ruft in Erinnerung, was namentlich Walter Burckhardt immer wieder betonte: daß der Rechtsstaat nicht im Anliegen nach verwaltungsexterner justizförmiger

---

80) Einer Charakterisierung des Planes als Summe konkreter Verfügungen kommt es gleich, wenn das Bundesgericht einen angefochtenen Plan nur insoweit aufhebt, als sich dieser auf das Grundeigentum des Beschwerdeführers bezieht: BGE 74 I 147 ff., 77 I 211 ff., 78 I 424 ff.; Zentralblatt für Staats- und Gemeindeverwaltung, Bd. 53, S. 120 ff., Bd. 58, S. 263 ff.; Monatsschrift für bernisches Verwaltugnsrecht, Bd. 43, Nr. 96, S. 253. Diese Praxis des Bundesgerichtes ist aber nicht einheitlich; vgl. BGE 76 I 329 ff., 81 I 26 ff.

81) K. H. v. Köhler, Fragen des Eigentums im Verwaltungsrecht, DVBl. 1958, S. 196.

Kontrolle der öffentlichen Gewalt aufgeht, daß er, um Willkür zu unterdrücken, auch Sicherungen innerhalb der Verwaltung notwendig macht[82]).

## VIII. Programmatischer Leitplan und rechtsgestaltender Durchführungsplan

Um die komplexe Struktur der heutigen Raumplanung zu verstehen, ist eine letzte Differenzierung erforderlich. In Lehre und Praxis werden danach verschiedene Planformen unterschieden, ob der Plan die rechtliche Lage der Grundeigentümer verändere, oder ob er — ähnlich den sog. Normativvorschriften — lediglich Anweisungen an andere Behörden beinhalte[83]). Für die Grundeigentümer rechtsgestaltend wirkt der Plan dann, wenn er einen Baubescheid oder eine andere gegenüber dem Privaten zu treffende Verfügung mitzubestimmen vermag[84]). Nur als Anweisung an eine Behörde wirkt er, wenn er sich in keiner Richtung als Determinante individuell-konkreter Anordnungen entfaltet. Der rein programmatische, für den Grundeigentümer nicht unmittelbar wirksame Plan — vielfach als sog. Leitplan oder, wie in Italien[85]), als Koordinierungsplan bezeichnet — ist seinem Wesen nach eine bloße Vorstufe; er ist ein Element in einem zweistufigen Planverfahren. Durch den rein programmatischen Plan werden nicht individuelle Verfügungen, sondern Pläne zweiter Ordnung koordiniert. In seiner rechtlichen Struktur läßt sich der reine Leitplan zur Verwaltungsverordnung in Parallele bringen; er ist bloße Ermessensdirektive für die nachgehende Planung[86]).

Die klare Scheidung von koordinierendem Planungsprogramm und rechtsgestaltendem Bauplan ist nun freilich in der neueren Gesetzgebung mehr und mehr verwischt worden. Auch der Leitplan hat in einzelnen Beziehungen unmittelbar Gestaltungswirkung. Soweit er noch nicht durch einen Durchführungsplan konkretisiert wurde, wirkt er mitunter als vorläufige Eigen-

---

82) Walter Burckhardt, Die Verwaltungsgerichtsbarkeit in der schweizerischen Eidgenossenschaft, Zeitschrift für die gesamte Staatswissenschaft, Bd. 90 (1931), S. 248: „Wenn es gelingt, dem Verwaltungskörper Kontrolleinrichtungen einzubauen, welche die Gesetzmäßigkeit und die Folgerichtigkeit der Verwaltungspraxis sicherstellen, ohne der Einheit der Verwaltung und der Offizialmaxime Abbruch zu tun, ist dieses Mittel dem immer etwas künstlichen Mittel der Verwaltungsgerichtsbarkeit vorzuziehen".

83) Brohm, S. 21/22.

84) Preußisches OVG 61, Nr. 86, S. 386 ff., 68, Nr. 95, S. 435 ff.

85) Zum italienischen Recht vgl. Legge urbanistica, Art. 5.

86) H. Rasner, Vorbereitende Bauleitplanung und Enteignung, DVBl. 1956, S. 813; H. G. Rössler, Zur Nichtigkeit des Aufbaugesetzes von Nordrhein-Westfalen, DVBl. 1957, S. 124.

tumsbeschränkung, z. B. als Sperre für eine Neubebauung oder eine Nutzungsveränderung. Parallel mit dieser Entwicklung wurde vielfach sogar eine dreistufige Planung verwirklicht: zwischen den rein programmatischen und den rein gestaltenden Plan wurde eine Zwischenform eingeschoben, in deren rechtlicher Struktur Züge der vorangestellten wie der nachfolgenden Planstufe verschmolzen sind. Die Verwirklichung einer mehrstufigen Bauplanung und noch mehr die Vermischung von programmatischem Leitplan und rechtsgestaltendem Durchführungsplan trägt weiter dazu bei, das planende Ermessen einer wirksamen Nachkontrolle zu entziehen und damit die Effektivität der verfassungsimmanenten Planungsschranken zu entkräften. Der Verfassungsjurist wird daher an den Gesetzgeber die Forderung richten müssen, vor allem nach Klarheit und Evidenz der Planungstypen zu streben.

## IX. Plan und Rechtsstaat

Lassen Sie mich an den Beginn meiner Überlegungen zurückkehren. Es ist die Frage nach dem Verhältnis von Plan und Rechtsstaat gestellt.

Versteht man den Rechtsstaat nicht anders denn als eine spezifische Technik im Ineinandergreifen der Rechtsfunktionen, dann mag man in der Tat den Plan als einen nicht assimilierbaren Fremdkörper betrachten. Weder folgt er den zwei Grundstufen der Rechtsverwirklichung „Rechtssatz und Verfügung", noch läßt er sich bruchlos von einem System repressiven verwaltungsinternen Rechtsschutzes erfassen. Ja, es läßt sich sagen, daß sich im Plan wie in keinem anderen verwaltungsrechtlichen Institut die Regelwidrigkeiten häufen. Im Plan spiegelt sich als erstes die rechtsstaatliche Fragwürdigkeit des Ermessensaktes wider. Soweit es sich um programmatische Pläne handelt, kommt die der Verwaltungsverordnung eigene Problematik hinzu. Im Grenzfall kleinräumiger Planung kann zusätzlich auch der Problemkomplex des öffentlich-rechtlichen Vertrages berührt sein. Mit diesem Aufriß bekannter rechtsstaatlicher Fragwürdigkeiten verbindet sich schließlich der spezifisch juristische Aspekt der Planung, nämlich die Koordinierung von Einzelakten nach einem anderen Gesichtspunkt als dem der rechtssatzmäßigen Gleichheit. So mag die Übersicht, geht man von einer formal-technisierten Rechtsstaats-Vorstellung aus, in der Tat mit einer hoffnungslosen Unterbilanz schließen.

Aber der Rechtsstaat ist mehr als nur ein kunstvoll eingespieltes Funktionsgefüge. Sein formales Grundaxiom, das Prinzip vom Erfordernis des Rechtssatzes, ist nicht Selbstzweck und hat letztlich keinen Eigenwert. Die Einzelrechte und die Einzelverpflichtungen sollen sich auf allgemeine Normen gründen, weil damit allein die Verwirklichung der Rechtsgleichheit gewährleistet erscheint[87]). Die Formtypik des Rechtsstaates steht im Dienste eines doppelten Gerechtigkeitswertes: einmal der Forderung, daß ohne Ausnahme nach Grundsätzen entschieden werde, und sodann des Postulates, daß keine willkürlichen Unterscheidungen und keine willkürlichen Nicht-Unterscheidungen getroffen werden. Die Verpflichtung zur normativen Grundsätzlichkeit und das Willkürverbot gehören als Manifestationen des Gleichheitsgrundsatzes zu den das staatliche Funktionsgefüge tragenden Grundwerten. Daß im Plan die eingespielte rechtsstaatliche Formtypik zerbricht, bedeutet nicht die Preisgabe dieser rechtsstaatlichen Fundamentalwerte. Dem Gesetzgeber ist die Aufgabe gestellt, dem Gleichheitsgebot durch Institutionen außerhalb des überkommenen Funktions-Gerüstes Nachachtung zu verschaffen. So mag uns eben das Institut des Planes in Erinnerung rufen, daß sich der Rechtsstaat nicht auf ein System formalrechtlicher Automatismen reduzieren läßt. Das rechtsstaatliche Denken bewährt sich im Bestreben, das Institutionelle immer wieder auf die grundlegenden Gerechtigkeitswerte auszurichten.

[87]) Hans Huber, Niedergang des Rechts und Krise des Rechtsstaates, Festgabe Giacometti, 1953, S. 76.

## Leitsätze der Berichterstatters über: Der Plan als verwaltungsrechtliches Institut

*I.*

*Der Plan ist in der Gestalt linearer Baubeschränkungen (Fluchtlinien) eine bereits dem klassischen Verwaltungsrecht vertraute Institution. Die linear-geometrische Bauordnung steht im Gegensatz zur normativ-rechtssatzmäßigen Bauordnung. Durch die Aufgliederung der kommunalen Rechtskreise in eine Vielzahl von Bauzonen (Nutzungsklassen und Bauklassen) wurde in den letzten Jahrzehnten eine weitere Form planender Baulenkung entwickelt. Aus der Verbindung der klassischen linearen Baubeschränkung und der Zonengliederung hat sich der moderne Raumplan entwickelt.*

*II.*

*Der Plan ist wie der Rechtssatz Determinante für den Rechtsanwender. Er bestimmt spätere Verfügungen. Unter dem Gesichtspunkt seiner bindenden Wirkung für die Baubehörden läßt er sich nicht vom Rechtssatz unterscheiden. Der Übergang von einer rechtssatzmäßigen zu einer plangebundenen Bauregelung bewirkt weder eine Ausweitung noch eine Einengung des Entscheidungsspielraumes der Baubehörde. In beiden Fällen ist das System der grundeigentumsbeschränkenden Vorschriften als ein lückenloses Ganzes gedacht. Wer den Plan der allgemeinen Norm gleichsetzt, hat in erster Linie dessen Determinations-Funktion für den Rechtsanwender im Auge.*

*III.*

*Das Spezifische des Planes liegt in dessen Inhalt. Die graphische Darstellung läßt sich nur in Ausnahmefällen in rechtssatzmäßige Aussagen umwandeln. Charakteristisch für den Plan ist dessen ungleiche Auswirkung auf die Grundeigentümer. Für jeden betroffenen Privaten wirkt er anders. Der Plan ist, bezogen auf die Normadressaten, nicht ein gleiches, sondern ein ungleiches Maß. Während der Baugesetzgeber, der rechtssatzmäßige Grundeigentumsbeschränkungen verwirklicht, von Gegebenheiten ausgeht, die der konkreten Eigentumseinheit (der Parzelle) inhärent sind, sieht der Planer zunächst über alle eigentumsmäßigen Differenzierungen hinweg. Planung ist stets Verfügung über eine zur Ganzheit verschmolzene Summe von Gütern.*

IV.

*Der Rechtssatz als allgemeine Norm ist durch folgende Merkmale gekennzeichnet, die kumulativ erfüllt sein müssen:*

*1. Er hat sich auf einen nicht-geschlossenen, d. h. nicht nur unbestimmten, sondern zum voraus überhaupt nicht bestimmbaren „generellen" Adressatenkreis zu beziehen (Gegensatz: das Einzelpersonengesetz);*

*2. Er hat sich auf einen „abstrakten" Gegenstand zu beziehen, d. h. er hat*

*a) menschliche Handlungen zu determinieren, die einerseits räumlich (Gegensatz: das Einzelfallgesetz) und andererseits zeitlich (Gegensatz: das Zeitgesetz) auseinander liegen, und er hat*

*b) die von ihm erfaßten Tatbestände nach gleichem Maß zu messen, d. h. unter Abstrahierung vom Partikulären nach einem gleichen allgemeinen Gesichtspunkt zu beurteilen.*

V.

*Der Plan ist dem Adressaten nach generell. Er weist ferner die für den Rechtssatz ckarakteristische räumliche Breite und Dauerhaftigkeit auf. Hingegen ist dem Plan die Verallgemeinerung durch abstrahierende Außerachtlassung des Besonderen fremd. Er reiht das Partikuläre aneinander, während es im Rechtssatz auf ein gemeinsames Kriterium bezogen ist.*

VI.

*Die Elemente des Planes sind Verfügungen. Diese werden jedoch in spezifischer Weise miteinander verknüpft. Seinem Inhalte nach ist der Plan ein Instrument nicht-rechtssatzmäßiger Koordinierung von ermessensweise getroffenen Einzelverfügungen. Im Plan tritt an die Stelle des Gleichheitsmaßes eine zweckrationale dezisionistische Folgerichtigkeit.*

VII.

*Ob man den Plan als „Allgemeinverfügung" bezeichnen will, ist eine Frage der Benennung. Dem Begriff der Allgemeinverfügung werden in der Lehre abweichende Inhalte gegeben; der grundsätzliche Erkenntniswert dieses Konzeptes erscheint fraglich. Am naheliegendsten dürfte es sein, unter Allgemeinverfügung die dem Gleichheitsmaß entsprechenden, im Hinblick auf den Adressatenkreis zwar generellen, im Hinblick auf den Gegenstand aber konkreten Anordnungen zu verstehen (Beispiel: das stationäre Verkehrszeichen). Plan und Allgemeinverfügung werden damit zu den beiden Typen generell-konkreter Anordnungen.*

*VIII.*

*Vielfach werden durch den Plan primär Konflikte zwischen den Anliegen Privater entschieden; das öffentliche Interesse kann bei Gleichwertigkeit von Planungsvarianten gegenüber der Abwägung der in Mitleidenschaft gezogenen privaten Rechte völlig zurücktreten. Wenn in den Planungsgesetzen den betroffenen Grundeigentümern eine Einwirkung auf die Plangestaltung eingeräumt wird, so liegt darin nicht nur eine atypische Variante des Rechtserzeugungsverfahrens. Darin ist vielmehr eine Aktualisierung des verfassungsrechtlichen Anspruchs auf rechtliches Gehör zu erblicken.*

*IX.*

*Das fundamentale Rechtsproblem der Planung liegt in der Vereinbarkeit der spezifisch planenden Auslese mit dem verfassungsrechtlichen Gebot der Rechtsgleichheit. Die Antinomie von planender Rationalität und formaler Gleichheit ist im Rahmen einer strikten Alternative überhaupt nicht lösbar; der eine Gesichtspunkt läßt sich nicht grundsätzlich dem anderen unterordnen. Entsprechend den Unrechtsfolgen sind vielmehr zwei Arten des Verstoßes gegen den Gleichheitsgrundsatz zu unterscheiden:*

*1. Lineare Baubeschränkungen und Zonengliederungen, die unter dem Gesichtspunkt der Planung folgerichtig (d. h. planerisch nicht willkürlich) erscheinen, sind gültig. Diskriminierungen von Grundeigentümern, die nicht auch im Rahmen einer rechtssatzmäßigen Ordnung haltbar wären, sind indessen als besonderes Opfer zu qualifizieren und durch Geldersatz auszugleichen.*

*2. Nur der schon nach seiner immanenten Eigengesetzlichkeit nicht folgerichtige und daher willkürliche Plan bleibt bereits als Eingriff ungültig.*

*X.*

*Der Plan weist auf Grenzen des reinen Rechtsweg-Staates hin. Zur rechtlichen Kontrolle des Planes, namentlich zur Überprüfung der verfassungsimmanenten Planungsschranken, eignet sich ein direktes gerichtliches Anfechtungsverfahren nicht. Noch stärker greift eine vorfrageweise Planprüfung ins Leere. Nur ein der Natur des Planes angepaßter, besonders gestalteter, Merkmale des Aufsichtsverfahrens tragender Rechtsbehelf vermag einen wirksamen Rechtsschutz zu garantieren. Dieses Sonderverfahren sollte jedenfalls in der ersten Stufe eine volle Ermessensprüfung zulassen. Ein auf die Rechtskontrolle beschränktes Justizverfahren hätte den Rechtszug zu beschließen.*

*XI.*

*Die verfassungsimmanenten Planungsschranken sind heute auch dadurch entkräftet, daß die Grenzen zwischen der rein programmatisch-koordinierenden und der unmittelbar rechtsgestalteten Planung immer mehr verwischt werden. An den Gesetzgeber ist die Forderung zu richten, vermehrt nach Klarheit und Evidenz der Planungstypen zu streben.*

*XII.*

*Im Plan häufen sich die bereits am öffentlichrechtlichen Vertrag, am Ermessensakt und an der Verwaltungsverordnung in Erscheinung tretenden Irregularitäten gegenüber Rechtssatz und Verfügung, den beiden klassischen Elementen der öffentlichrechtlichen Verhaltensordnung. Dennoch bewirkt der Plan nicht zwangsläufig eine Beeinträchtigung des rechtsstaatlichen Prinzips. Der Rechtsstaat ist mehr als nur ein kunstvoll eingespieltes Funktionsgefüge und ein System formalrechtlicher Automatismen. Seine spezifische Formtypik — die Gegenüberstellung von Rechtssatz und Verfügung — steht im Dienst eines doppelten Gerechtigkeitswertes: einmal der Forderung, daß ohne Ausnahme nach Grundsätzen entschieden werde, und sodann des Postulates, daß keine willkürlichen Unterscheidungen und keine willkürlichen Nicht-Unterscheidungen getroffen werden. Es ist möglich, diesen grundlegenden Gerechtigkeitswerten auch außerhalb des überkommenen Funktionsgerüstes von allgemeiner Normsetzung, konkretem Normvollzug und justizmäßiger Rechtskontrolle Ausdruck zu geben.*

# Der Plan als verwaltungsrechtliches Institut

2. Mitbericht von Privatdozent Dr. Klaus Obermayer, München

I. Um die verwaltungsrechtliche Bedeutung des Planes zu untersuchen, ist es zunächst erforderlich, den Begriff des Planes klar herauszustellen.

1. Jeder Begriff verlangt präzise Kriterien und es soll nicht verkannt werden, daß ihrer Ermittlung im Falle des verwaltungsrechtlichen Planes besondere Schwierigkeiten im Wege stehen.

a) Einmal ist zu bemerken, daß das Wort „Plan“ ein Allerweltsausdruck ist, der im Hinblick auf Entstehung, Entwicklung und Gebrauch keine ursprüngliche juristische Affinität aufweist. Es gehört der Umgangssprache des Alltags genauso an wie der Nomenklatur der verschiedenen Fachdisziplinen. Nach Brochhaus ist unter einem Plan ein „Entwurf“ zu verstehen, „in dem eine beabsichtigte Handlung gedanklich vorweggenommen wird mit dem Ziel, den gewünschten Effekt möglichst sicher und ohne Umwege zu erreichen“[1]).

b) Sicher gibt es auch im Verwaltungsbereich schon seit langer Zeit Pläne[2]). So werden z. B. die Fluchtlinien- bzw. Bebauungspläne, die Enteignungspläne und die Haushaltspläne der Selbstverwaltungskörperschaften bereits im vergangenen Jahrhundert bekannt[3]). Die Raumordnungspläne haben eine 50jährige Geschichte hinter sich[4]). Die Wirtschaftspläne wurden im Jahre 1933 durch das Wohnsiedlungsgesetz gesetzlich verankert[5]). Aber alle diese Pläne standen doch mehr oder minder beziehungslos nebeneinander. Der verwaltungsrechtliche Plan ist erst nach 1945 „entdeckt“ worden, als es galt, unsere bis ins Mark er-

---

[1]) Der Große Brockhaus, 16. Aufl. 1956, 9. Bd., S. 221. — Über die Geschichte des Wortes „Plan“ (im Sinne von „Vorhaben“) vgl. Friedrich Maurer und Fritz Stroh, Deutsche Wortgeschichte, 2. Bd., 1949, S. 400.

[2]) Vgl. Werner DVBl. 57 S. 225.

[3]) Vgl. § 2 PrFluchtlG v. 2. 7. 1875 (GS S. 561) und §§ 15 ff. Pr EnteignG v. 11. 7. 1874 (GS S. 221).

[4]) Vgl. Klamroth, Organisation und rechtliche Grundlagen der Landesplanung in der Bundesrepublik Deutschland und in Berlin, 1954, S. 10 ff.

[5]) § 2 des Gesetzes über die Aufschließung von Wohnsiedlungsgebieten (WSG) v. 22. 9. 1933 (RGBl. I S. 659).

schütterte Sozialordnung neu aufzubauen. Die umfassende und intensive Planungstätigkeit der öffentlichen Gewalt machte einen neuen Schwerpunkt verwaltungsrechtlichen Handelns sichtbar, der eine rechtsstaatliche Einordnung und eine rechtswissenschaftliche Bewältigung verlangte. Forsthoff lenkte mit Nachdruck unsere Aufmerksamkeit auf diesen Verwaltungssektor[6]), der auf einmal eine zentrale Rolle im Rahmen der öffentlichen Daseinsvorsorge eingenommen hatte.

War nun der Plan ein gängiger verwaltungsrechtlicher Fachausdruck geworden, so doch ein solcher, der keine dogmatische Vergangenheit besitzt[7]). Der Verwaltungsakt, um dessen begriffliche Neubildung wir in den letzten Jahren auch nachhaltig bemüht waren, konnte immerhin auf eine Geschichte von mehreren Dezennien zurückblicken. So lagen schon viele von Rechtslehre und Rechtsprechung herausgearbeitete Ansatzpunkte vor, als nach Einführung der Generalklausel eine Neubesinnung auf die dem Rechtsstaat adäquaten Kriterien des Verwaltungsaktes geboten war. Der Plan hingegen ist kein vorgeprägter Begriff. Zum ersten Mal soll er unter verwaltungsrechtlichen Aspekten theoretisch geformt und mit wissenschaftlich verwertbaren Merkmalen ausgestattet werden.

c) Nicht zu übersehen ist schließlich, daß sich das Ringen um die Bestimmung des verwaltungsrechtlichen Plan-Begriffs unter einer gewissen rechtsideologischen Belastung vollzieht. Wir stehen sehr stark im Banne der klassischen verwaltungsrechtlichen Institute, die jedenfalls heute vorwiegend unter dem Gesichtspunkt des Rechtsschutzes betrachtet werden. Daher rührt die Neigung, den Plan von vornherein auf eine Ebene mit dem Verwaltungsakt und der Rechtsverordnung zu stellen, sei es, daß er einem dieser Rechtinstitute zugeordnet oder daß er als ein aliud mit ihnen konfrontiert wird[8]). Durch eine nicht geprüfte Prämisse wird so das Untersuchungsergebnis von vornherein in einem entscheidenden Punkte festgelegt.

2. Soll trotz aller Schwierigkeiten ein verwaltungsrechtlicher Plan-Begriff gewonnen werden, so sind folgende methodischen Erwägungen zu berücksichtigen. Es kommt einmal darauf an, Einverständnis darüber zu erzielen, welche Pläne dieser Begriff erfassen soll. Sodann muß versucht werden, ohne Seitenblick auf die bereits erwähnten klassischen verwal-

[6]) Lehrbuch des Verwaltungsrechts, I. Band, 7. Aufl. 1958 (zit. Verwaltungsrecht), S. 185 ff. und DVBl. 57 S. 113 ff.

[7]) Deshalb wird man auch in den früheren verwaltungsrechtlichen Lehrbüchern vergeblich nach einer Erörterung des Planes suchen.

[8]) Vgl. Forsthoff DVBl. 57 S. 114 und Verwaltungsrecht S. 186 sowie Werner DVBl. 57 S. 225.

tungsrechtlichen Hoheitsakte von allen in Betracht gezogenen Plänen Merkmale zu abstrahieren, die ihnen gemeinsam sind.

a) Bei einem sinnvollen teleologischen Vorgehen können nur solche Pläne berücksichtigt werden, die die Gestaltung einer bestimmten Ordnung zum Ziele haben.

(1) Damit scheiden von vornherein alle Pläne aus, die nichts anderes als bloße Absichten zur Vornahme oder Unterlassung von Handlungen bekunden. Ferner sind jene Pläne auszunehmen, die wie die Geschäftsverteilungspläne lediglich die Eigenschaft einer Übersicht oder einer organisatorischen Einteilung besitzen.

(2) Die dem Plan-Begriff zu unterstellenden Pläne können schon aus technischen Gründen nicht ausnahmslos angeführt werden. Aus der bunten Fülle bundes- und landesrechtlicher Verwaltungspläne sollen daher nur einige besonders charakteristische herausgegeriffen werden.

An erster Stelle sind die wichtigsten auf die Gestaltung und Nutzung des Raumes gerichteten Pläne zu nennen, nämlich

die Raumordnungspläne[9]),

die Leitpläne[10]) einschließlich der Wirtschafts-[11]), Flächennutzungs-[12]), Übersichts-[13]), Baugebiets-[14]), Generalbebauungs-[15]), Generalbaulinien-[16]) und (Gesamt-)Aufbaupläne[17]),

die Bebauungspläne[18]) einschließlich der Fluchtlinien-[19]), Baulinien-[20]), Ortsbau- und Durchführungspläne[22]),

---

[9]) § 3 nw.LandesplanungsG v. 11. 3. 1950 (GV S. 41) und Art. 11 bay.LandesplanungsG v. 21. 12. 1957 (GVBl. S. 323).

[10]) § 5 nwAufbauG v. 29. 4. 1952 (GV S. 75).

[11]) § 2 WSG, § 4 rh.pf.AufbauG v. 1. 8. 1949 (GVBl. S. 317).

[12]) § 5 nds. AufbauG v. 9. 5. 1949 (GVBl. S. 107), § 3 hess. AufbauG v. 25. 10. 1948 (GVBl. S. 139) und § 5 EntwBundesbauG (Bundestagsdrucksache 336).

[13]) § 4 wü.-bad. AufbauG v. 18. 8. 1948 (Reg. Bl. S. 127) und § 6 bad. AufbauG v. 25. 11. 1949 (GVBl. 1950 S. 29).

[14]) § 5 hess. AufbauG.

[15]) § 4 hess. AufbauG.

[16]) § 59 Abs. 1 bay. BauO v. 17. 2. 1901 (GVBl. S. 87).

[17]) § 10 EntwBundesbauG; vgl. auch die Aufbaupläne nach § 6 Hamb. AufbauG v. 11. 4. 1949 (GVBl. S. 45) und § 6 rh. pf. AufbauG.

[18]) § 6 hess. AufbauG.

[19]) § 2 pr. FluchtlG v. 2. 7. 1875 (GS S. 561).

[20]) § 4 bay. BauO v. 17. 2. 1901 (GVBl. S. 87).

[21]) Art. 7 wü. BauO v. 28. 7. 1910 (Reg. Bl. S. 333).

[22]) § 10 nw. und nds. AufbauG sowie § 18 rh. pf. AufbauG.

[23]) § 4 BauRegVO v. 15. 2. 1936 (RGBl. I S. 104).

die Baustufen-[23]) und Aufbaupläne[24]),
die Umlegungs-[25]) und Flurbereinigungspläne[26]),
die im Rahmen eines Planfeststellungsverfahrens aufgestellten Pläne (Enteignungs-[27]), Straßenbau-[28]), Wasserausbau-[29]) und Bundesbahnbaupläne[30]),
die Landbeschaffungspläne[31]) und
die wasserwirtschaftlichen Rahmenpläne[32]).

In diesem Zusammenhang sind auch

die Wohnungsbauprogramme nach dem zweiten Wohnungsbaugesetz[33])

vorzumerken. Sie sind zwar im Gesetz nicht ausdrücklich als „Pläne" bezeichnet. In ihrem Wesen entsprechen sie aber dem auf der Gesetzesstufe in Vorbereitung befindlich „Lücke-Plan". Ferner sollen noch

die Haushaltspläne der Selbstverwaltungskörperschaften

besondere Beachtung finden.

b) Es kommt nun darauf an, bei den genannten Plänen gemeinsame Merkmale aufzufinden.

(1) Zunächst ist festzustellen, daß es sich um Ausarbeitungen von Verwaltungsbehörden handelt, die einem bestimmten Zweck dienen. Eine zwecklose Planung wäre ja auch an sich schon eine contradictio in adiecto. Die Zweckbedingtheit kann aber nicht als hervorstechendes

---

24) § 2 Abs. 3 BauGestVO v. 10. 11. 1936 (RGBl. I S. 938).
25) Art. 30 bay. BaugeländeerschlG v. 4. 7. 1923 (BayBS II S. 419),
§ 16 bad. AufbauG,
§ 26 wü.-bad. BaulandG i. d. F. v. 24. 9. 1948 (Reg. Bl. S. 157),
§ 31 wü.-ho. BaulandG v. 28. 11. 1949 (Reg. Bl. 1950 S. 1),
§ 25 nw. AufbauG,
§ 28 nds. AufbauG und
§ 60 Erstes BundesbauG.
26) § 56 FlurbG.
27) § 15 pr. EnteignG v. 11. 7. 1874 (GS S. 221),
Art. 16 wü. EnteignG v. 20. 12. 1888 (Reg. Bl. S. 466) und
Art. 18 old. EnteignG v. 21. 4. 1897 (GBl. Bd. 31 S. 541).
28) § 17 FStrG, § 2 bad. OrtsstrG v. 15. 10. 1908 (GVBl. S. 605), bay. StrWG v. 11. 7. 1958 (GVBl. S. 147).
29) § 163 pr. WasserG v. 7. 4. 1913 (GS S. 53).
30) § 36 BundesbahnG.
31) § 31 LBG.
32) § 36 WasserhaushG.
33) § 29 2. WohnungsbauG.

Kriterium gerade des Planes angesehen werden. Schließlich ist jede Verwaltungsmaßnahme, sofern sie nicht ausgesprochen unvernünftig ist, auf einen Zweck ausgerichtet.

(2) Zu erwägen wäre, ob sich der Plan-Zweck vielleicht dahingehend eingrenzen ließe, daß er sich auf die Verwirklichung eines bestimmten Ordnungszustandes[34]) erstrecken muß. So könnte man darauf verweisen, daß die baurechtlichen Pläne auf die Errichtung von Baukomplexen mit genau festgelegten Ausmaßen und die Haushaltspläne auf die Ausgeglichenheit des Etats am Ende des Haushaltsjahres abzielen; daß sie damit unter einem Ordnungsaspekt bestimmte Situationen gestalten sollen, die noch nicht vorhanden sind. Indessen ist es sehr wohl möglich, daß auch Hoheitsakte ohne Plancharakter eine solche Qualität besitzen. Es sei nur erinnert an die verschiedenen Vorschriften zum Schutz von Landschaftsteilen und Gewässern, die bisher übliche Beeinträchtigungen der Natur untersagen, um dadurch einen Zustand der Unberührtheit wiederherzustellen.

Das Ziel der Verwirklichung eines bestimmten Ordnungszustandes allein wird also dem Plan-Begriff nicht gerecht. Es muß vielmehr noch ein Kriterium gesucht werden, das für den Plan typisch ist und ihn unzweideutig von anderen Verwaltungshandlungen abhebt.

(3) Auf die Regelung des Totalablaufs eines künftigen Geschens[35]) oder auf die Vorwegnahme freier Einzelentscheidungen[36]) kann man bei dem hier zu entwickelnden Plan-Begriff wohl nicht abstellen. Der „Totalablauf" ist schon an sich ein relativer Begriff, weil sich immer die Frage erhebt, an welcher Stelle der Ablauf beginnt. Im übrigen können die Raumordnungs- und die baurechtlichen Leitpläne sicher nicht als Regelungen von Totalabläufen betrachtet werden, weil sie als „Pläne für die Planer"[37]) noch der Ausfüllung durch weitere Pläne bedürfen. Und mit der „Feststellung" von Straßenbau- und Wasserausbauplänen wird

---

[34]) Für das Gebiet der Betriebswirtschaft bestimmt Gutenberg (Grundlagen der Betriebswirtschaftslehre, I. Bd., 4. Aufl. 1958, S. 121) die Planung als einen ordnenden Akt, „der, zunächst gedanklicher Art, das betriebliche Geschehen in eine ganz bestimmte Bahn drängt, die für richtig und zweckmäßig befunden wird".

[35]) so Forsthoff DVBl. 57 S. 114 — Vgl. auch Gutenberg (Ztschr. f. Betriebsw. 1952, S. 671), der die betriebliche Planung u. a. als „Vorwegnahme einer künftigen Form des Ablaufs bestimmter Geschehnisse" beurteilt.

[36]) so Werner DVBl. 57 S. 225.

[37]) Vgl. Peters, Handbuch der kommunalen Wissenschaft und Praxis, 2. Bd., 1957 (zit. Peters), S. 493.

der Ablauf rechtlichen Geschehens auch nicht anders geregelt als mit jeder ohne Plan erteilten Konzession, die eine belegene Sache zum Gegenstand hat. Was weiter die Vorwegnahme von Einzelentscheidungen anlangt, so ist sie bei allen nicht planartigen rechtssatzmäßigen Regelungen insoweit gegeben, als ein Tatbestand aufgestellt ist und jeder diesen Tatbestand erfüllende Lebenssachverhalt die im Rechtssatz ausgesprochene Rechtsfolge auslöst. Sollte man jedoch im Hinblick auf die Bebauungspläne die konkrete Art der vorweggenommenen Einzelentscheidung wegen ihrer Bindung an ein bestimmtes Stück Boden hervorheben, so würde selbst damit nicht eine typische Planeigenschaft angeführt. Auch bei Landschaftsschutzverordnungen und Bausperren, die doch niemand als Pläne beurteilen dürfte, werden unter Bezugnahme auf konkrete Grundstücke Einzelentscheidungen vorweggenommen, so z. B. die Versagung einer Baugenehmigung oder ihre Erteilung unter bestimmten Auflagen.

(4) Das wesentliche Merkmal des Planes ist darin zu erblicken, daß er eine Reihe von Maßnahmen vorsieht, die zueinander in einem unlösbaren Verhältnis gegenseitiger Ergänzung und Abhängigkeit stehen, die also — wie bereits der Erstberichterstatter hervorgehoben hat — aufeinander „abgestimmt" sind. Diese Voraussetzung ist dann gegeben, wenn die verschiedenen Maßnahmen den gewünschten Erfolg nur durch ihr Zusammenwirken gewährleisten; und wenn sie derart aufeinander angewiesen sind, daß die Änderung oder der Wegfall einer einzigen Maßnahme eine Kettenreaktion auslöst, die die gesamte Konzeption in Frage stellt.

Einige Beispiele mögen diesen Sachverhalt der „planmäßigen" Abstimmung verdeutlichen:

Würde die Baubehörde lediglich für ein einziges neu zu errichtendes Bauwerk den Verlauf des vorderen Hausrandes bestimmen, so könnte man nicht von der Aufstellung eines Planes sprechen. Der Baulinienplan (bzw. der Fluchtlinienbestandteil des Bebauungsplanes[38]) entsteht erst dadurch, daß unter Berücksichtigung des für ein Grundstück festgelegten vorderen Bauverlaufs dieser auch für die anschließenden Grundstücke festgelegt wird, daß also eine Gebäudefluchtlinie — als Summe aufeinander abgestimmter Teillinien — gezogen wird. Der Plan erweitert sich dann dadurch, daß dieser einen Baulinie noch andere Baulinien — z. B. die Vorgartenlinie und die seitlichen und rückwärtigen Bebauungsgrenzen — hinzugefügt werden,

---

[38]) Vgl. Brohm, Rechtsschutz im Bauplanungsrecht, 1959, S. 23.

die ihrerseits einmal auf die Gebäudefluchtlinie und zweitens untereinander abgestimmt sind. Der Bebauungsplan ist noch umfassender als der reine Baulinienplan, weil er in einem „planmäßigen" Verhältnis zu den am Boden verlaufenden Baulinien noch andere Linien bzw. Beschränkungen aufnimmt, etwa hinsichtlich der Höhenlage im Gelände oder der Anzahl und Höhe der Stockwerke[39]). Soll nun eine Baulinie für ein einziges Grundstück geändert werden, so wird die ganze Linienführung unterbrochen. Soll eine Baulinie in vollem Umfang vor- oder zurückverlegt werden, so ergeben sich Rückwirkungen auf das gesamte Liniengefüge.

Der Wirtschafts- bzw. Flächennutzungsplan sucht die sinnvolle Entwicklung eines Gebietes dadurch sicherzustellen, daß er verschiedene Nutzungsräume — Baugebiete, Industriegebiete, Agrargebiete usw. — festlegt. Die Erweiterung eines Gebietes bedingt die Verkleinerung anderer.

Der Haushaltsplan verteilt die öffentlichen Einkünfte auf die einzelnen Ressorts in einer unterschiedlichen, durch die jeweiligen Ressortbedürfnisse veranlaßten Art und Weise, um dadurch einen Gesamtausgleich zu erwirken. Beansprucht ein Ressort einen größeren Betrag, so kann der Gesamtausgleich nur dadurch aufrecht erhalten werden, daß die für andere Ressorts bestimmten Mittel gekürzt werden.

Das Zusammentreffen mehrerer, aufeinander abgestimmter Festsetzungen kennzeichnet — wie unschwer einzusehen ist — auch alle übrigen vorher genannten Pläne. Jeder von ihnen trägt die Züge eines Ordnungsbildes, in dem verschiedene Teileffekte eine zentripetale Ordnungsfunktion erfüllen.

3. Nach diesen Überlegungen kann der verwaltungsrechtliche Plan definiert werden als

> Ausarbeitung eines Verwaltungsorgans, die durch verschiedene aufeinander abgestimmte Maßnahmen die Verwirklichung eines bestimmten Ordnungszustandes anstrebt.

II. Ist der Begriff des verwaltungsrechtlichen Planes ermittelt, so soll nun weiter versucht werden, unter systematischen Gesichtspunkten einzelne Planarten aufzustellen. Im

---

[39]) Es wird hier unter Berücksichtigung der bayerischen Verhältnisse zwischen dem Baulinienplan gemäß § 4 Abs. 2 bayBauO (der nur die am Boden verlaufenden Baulinien bestimmt) und dem gesetzlich nicht vorgesehenen aber in der Praxis entwickelten Bebauungsplan (der weitere Baubeschränkungen festlegt) unterschieden.

Zuge dieser Einteilung ist auch die Frage nach der Rechtsnatur des Planes — oder genauer gesagt der verschiedenen Pläne — aufzugreifen, eine Frage, deren Klärung wiederum für die Lösung des Rechtsschutzproblems von Bedeutung ist.

1. Eine Einteilung der Pläne könnte zunächst unter Berücksichtigung des Gegenstandes vorgenommen werden. Sie bietet sich von selbst an und ist hier nicht weiter zu verfolgen.

2. Gleichfalls nur angedeutet werden soll die Möglichkeit, die Pläne rein deskriptiv nach der Art ihrer Ausarbeitung zu unterscheiden. Dabei wäre z. B. zu berücksichtigen, ob bzw. inwieweit ein Plan durch eine Skizze oder durch das geschriebene Wort festgelegt ist.

3. Von größerem dogmatischen Wert ist es schon, als Unterscheidungsmerkmal das zeitliche Verhältnis heranzuziehen, in dem die aufeinander abgestimmten Maßnahmen zur Auswirkung gelangen sollen. Seine Beachtung vermittelt die Erkenntnis, daß die Pläne einmal auf ein zeitliches Zusammentreffen verschiedener Effekte abstellen, das andere Mal aber eine sukzessive Verwirklichung des erstrebten Erfolges vorsehen.

Die Umlegungs- und Flurbereinigungspläne, die Straßenbau-, Wasserausbau- und Bundesbahnbaupläne können ihr Ziel nur dann erreichen, wenn die von ihnen intendierten Rechtsänderungen allen Betroffenen gegenüber gleichzeitig eintreten.

Für eine andere Gruppe von Plänen spielt das Zeitmoment keine entscheidende Rolle. Die in einem Bebauungsplan getroffenen Anordnungen überlassen die Planbefolgung einer vielleicht in großen Zügen absehbaren, im einzelnen aber doch ungewissen künftigen Entwicklung. Es hängt hier von der Initiative der Grundstückseigentümer ab, wann ein Bauwerk errichtet wird und wann deshalb die geplanten Linien und Baubeschränkungen in der Rechtswirklichkeit relevant werden.

Wieder andere Pläne stellen gerade auf eine sukzessive Erfüllung des Planzwecks ab. Sie legen zeitliche Etappen fest, in denen die einzelnen Maßnahmen zur Auswirkung gelangen sollen. Die Raumordnungspläne, die baurechtlichen Leitpläne, vor allem aber die Wohnungsbauprogramme nach dem 2. Wohnungsbaugesetz sind sehr oft durch ein solches zeitliches Abstimmungsmoment gekennzeichnet. Das Planziel wird dann bei diesen Plänen dadurch erreicht, daß bestimmte Gestaltungsmaßnahmen in einer zeitlichen Reihenfolge vorgenommen werden.

4. Eine weitere Einteilung der Pläne kann die Genauigkeit zum Prüfstein nehmen, mit der die verschiedenen Einzelmaßnahmen festgelegt sind. Die Bebauungspläne z. B. schreiben die Gestaltung der zu errich-

tenden Bauwerke regelmäßig mit dreidimensionaler Exaktheit vor. Die Umlegungs- und Flurbereinigungspläne sowie die im Rahmen eines Planfeststellungsverfahrens aufgestellten Pläne weisen die beabsichtigten Rechtsänderungen bis in das kleinste katastermäßig faßbare Detail aus. Demgegenüber enthalten die Raumordnungspläne meist nur ungefähre Angaben, mit denen sie allgemeine Entwicklungsziele andeuten. Oft sind nicht einmal die einschlägigenRäume klar abgegrenzt sondern nur „symbolisch" bezeichnet. Das kommt dann zeichnerisch darin zum Ausdruck, daß Umgrenzungslinien fehlen und dafür Richtungs- oder Schwerpunktpfeile verwendet werden.

5. Die sicher wichtigste Einteilung der Pläne ist unter dem Gesichtspunkt ihrer rechtlichen Auswirkung zu treffen. Dabei sind von vornherein zwei Gruppen voneinander zu unterscheiden: die unverbindlichen und die verbindlichen Pläne.

a) Als unverbindliche Pläne sind jene Pläne zu betrachten, die ein förmliches Feststellungsverfahren nicht durchlaufen oder noch nicht durchlaufen haben. Sie sind Arbeits- bzw. Beurteilungsgrundlagen der Verwaltungsorgane, die den Erlaß rechtsverbindlicher Maßnahmen erst vorbereiten. Die Aufstellung solcher Pläne läßt sich außerdem dann als verfahrensrechtlicher Teilakt beurteilen, wenn sie die unabdingbare Voraussetzung für den Erlaß eines verbindlichen Hoheitsaktes darstellt. Manche Pläne — wie die Wohnungsbauprogramme und die wasserwirtschaftlichen Rahmenpläne — behalten stets ihren vorbereitenden Charakter, so daß sie niemals eine Verbindlichkeit erlangen können. Andere zunächst noch unverbindliche Pläne werden gerade zu dem Zweck entworfen, daß sie eines Tages — vielleicht nach der Vornahme gewisser Korrekturen — mit verbindlicher Kraft versehen werden. Das ist bei der Masse der hier behandelten Pläne der Fall, so bei den Bebauungsplänen, den Umlegungs- und Flurbereinigungsplänen und allen im Rahmen eines Planfeststellungsverfahrens aufgestellten Plänen. Wieder andere Pläne — nämlich die nordrhein-westfälischen und bayerischen Raumordnungspläne — können für verbindlich erklärt werden, ohne daß dies zwingend erforderlich ist.

Da die unverbindlichen Pläne weder gegenüber Verwaltungsorganen noch gegenüber außenstehenden Personen eine Rechtswirkung entfalten, können sie nicht als hoheitliche Rechtsakte gewertet werden. Das schließt nicht aus, daß gewisse unverbindliche Pläne — wie die bayerischen Flächennutzungs- und Generalbaulinienpläne — mittelbar dadurch eine rechtliche Bedeutung gewinnen, daß sie intern als Ermessensrichtlinien für den Erlaß verbindlicher Hoheitsakte — z. B. für Entscheidungen über die Festsetzung von Baulinien — verwendet werden.

b) Die eigentliche Rechtsakt-Problematik bezieht sich auf die verbindlichen Pläne, die auf Grund eines bestätigenden Hoheitsaktes das Stadium des reinen Entwurfs verlassen haben. Der Eintritt der Verbindlichkeit kann bewirkt werden durch eine ausdrückliche Verbindlichkeits-Erklärung seitens der Behörde, die den Plan aufgestellt hat, durch Genehmigung oder Prüfung (im Sinne einer Nichtbeanstandung) seitens der Aufsichtsbehörde oder durch Erlaß im Verordnungs- bzw. Satzungsverfahren. Als Beispiele solcher verbindlichen Pläne wären zu nennen die für verbindlich erklärten Raumordnungspläne, alle förmlich festgestellten Bodenpläne sowie die als Satzungen erlassenen Haushaltspläne.

(1) Vor einer Entscheidung über die Rechtsnatur dieser Pläne müssen die Kategorien feststehen, die für die Ermittlung der Rechtsnatur verwaltungsrechtlicher Hoheitsakte verfügbar sind[40]). Sie werden durch die beiden Fragen bestimmt, wer von einem Hoheitsakt rechtlich betroffen ist und in welcher Form diese Betroffenheit rechtlich relevant wird.

(a) Der Betroffenenkreis ist unter zwei Gesichtspunkten festzulegen:

aa) Zunächst ist zu klären, ob sich die Rechtswirkung auf Verwaltungsorgane beschränkt oder ob sie — gegebenenfalls auch — den Rechtskreis anderer der öffentlichen Gewalt unterworfener Rechtssubjekte berührt. Damit wird eine Abgrenzung zwischen den rein organisatorischen Akten — die sich lediglich auf den internen Sektor der öffentlichen Gewalt erstrecken — und den Rechtsakten gegenüber Personen ermöglicht. Mag die Unterscheidung zwischen einem Innen- und einem Außenverhältnis nach wie vor im einzelnen problematisch sein[41]), daß sie prinzipiell möglich und darüber hinaus notwendig ist, wird heute wohl nicht mehr bezweifelt werden können.

bb) Ferner ist zu prüfen, ob der Betroffenenkreis bestimmt bzw. bestimmbar oder unbestimmt ist. Damit wird auf den

[40]) Die Problematik des „Verwaltungsfabrikates" kann hier unberücksichtigt bleiben. Darüber vgl. Zeidler, Über die Technisierung der Verwaltung, 1959 (insbes. S. 10).

[41]) Vgl. hierzu vor allem: Herbert Krüger „Rechtsverordnung und Verwaltungsanweisung" in Festgabe für Rudolf Smend, 1952, S. 211 ff., Bachof „Verwaltungsakt und innerdienstliche Weisung" in Verfassung und Verwaltung in Theorie und Wirklichkeit (Festschrift für Wilhelm Laforet), 1952, S. 285, Obermayer, Verwaltungsakt und innerdienstlicher Rechtsakt (zit. Verwaltungsakt), 1956, S. 124 ff. und Maunz-Dürig, Grundgesetz (zit. Maunz-Dürig), Art. 19 Abs. IV S. 19 ff.

Unterschied zwischen Einzelakt und Norm abgestellt, der jedoch nicht mit den Gegensätzen von „abstrakt" und „konkret" sowie von „generell" und „individuell" identifiziert werden darf.

Wichtig ist die Erkenntnis, daß sich die Rechtserheblichkeit des Einzelaktes für die Betroffenen in einem einzigen Augenblick — nämlich im Zeitpunkt des Erlasses — erschöpft. Dabei spielt es keine Rolle, ob die Betroffenen namentlich genannt oder gattungsmäßig mit abstrakten Merkmalen bezeichnet werden. Wenn beispielsweise ein Polizeibeamter eine Versammlung auflöst und „alle anwesenden Personen" zum Verlassen des Versammlungsraumes auffordert, so setzt er trotz der abstrakt-generellen Formulierung einen Einzelakt, der hic et nunc gegenüber den gerade anwesenden und damit abschließend bestimmbaren Personen rechtserheblich ist.

Die Norm als eine weiterer Konkretisierung zugängliche Regel weist dagegen in die Zukunft[42]). Sie ist ein Teil einer vor der Rechtsgemeinschaft aufgerichteten, „währenden" Ordnung; sie ist dazu geschaffen, das — wie Goethe einmal gesagt hat — „in der Mittelhöhe des Lebens wiederkehrend Schwebende"[43]) zu bewältigen. Und darum leuchtet der in ihr enthaltene rechtserhebliche Funke immer wieder auf, wenn jemand irgendwann während ihrer Geltung den normmäßigen Tatbestand erfüllt. Die Zahl der von einer Norm[44]) Betroffenen ist demnach unbestimmt und unbestimmbar.

Diejenigen Normen, die als Rechtsakte gegenüber Personen eine Außenwirkung besitzen, werden herkömmlicherweise als „Rechtsnormen" bezeichnet. Die nur intern wirkenden Normen treten in der Fachsprache als „Verwaltungsnormen", „Verwaltungsvorschriften" und „Organisationsnormen" auf.

(b) Die rechtliche Betroffenheit kommt formal in unterschiedlicher Weise zur Geltung. Es stehen sich zwei Verfahrensarten gegenüber: Das gewöhnliche Verwaltungsver-

---

[42]) Vgl. Obermayer, Verwaltungsakt S. 76 ff.

[43]) Goethe, Die natürliche Tochter, 4. Aufzug, 2. Auftritt.

[44]) Der Normbegriff wird hier in einem weiteren Sinne verstanden ohne Rücksicht darauf, ob es sich um eine Norm mit einer vollen Tatbestands- und Rechtsfolgeseite oder um eine (hinsichtlich der Tatbestands- oder Rechtsfolgeseite) ausfüllungs- bzw. ergänzungsbedürftige Norm handelt. Über die Bedeutung des „Teilrechtssatzes" vgl. Obermayer BayVBl. 58 S. 69. — Wegen der Abgrenzung zwischen Norm und Einzelakt vgl. auch Jahrreiß (Mensch und Staat, 1957, S. 33), der der „Normsetzung" jenen Vorgang gegenüberstellt, der „in einem bestimmten Lebensfalle oder in mehreren abschließend aufzählbaren Lebensfällen, in ‚konkreten' Lagen entschieden" wird.

fahren, das mit einer Eröffnung des Rechtsaktes an die jeweils betroffenen Personen oder Organe seinen Abschluß findet; und das Verordnungsverfahren, das durch eine Kundmachung an die Allgemeinheit beendet wird. Einzeleröffnung und allgemeine Publikation sind die grundlegenden Unterscheidungsmerkmale beider Verfahrensarten. Ein innerer Zusammenhang zwischen dem Verfahren und dem Betroffenenkreis besteht insofern, als alle an einen unbestimmten Betroffenenkreis gerichteten Normen nur in dem zu einer öffentlichen Bekanntmachung hinführenden Verordnungsverfahren erlassen werden können, da eine Einzeleröffnung an alle jemals Betroffenen nicht möglich ist. Steht also fest, daß ein Hoheitsakt inhaltlich eine Norm ist, dann *muß* er im Verordnungsverfahren ergehen. Wie dieses im einzelnen abzuwickeln und welches Publikationsorgan dem Betroffenenkreis adäquat ist, muß jeweils besonders entschieden werden. Liegt ein Einzelakt vor, so ist grundsätzlich das Verwaltungsverfahren mit einer Einzeleröffnung an die bestimmten oder jedenfalls bestimmbaren Betroffenen geboten. Freilich sind Einzelakte auch ausnahmsweise in das „Gewand einer Verordnung"[45]) eingekleidet. Die Frage, wann eine solche Verfahrensgestaltung auch bei Einzelakten gegenüber Personen zulässig ist, rührt an die Problematik der Maßnahmegesetze. Sie kann in diesem Zusammenhang nicht weiter untersucht werden.

(c) Für bestimmte regelmäßige Verbindungen der soeben aufgeführten sachlichen und formalen Rechtsakt-Elemente sind die *klassischen verwaltungsrechtlichen Rechtinstitute* entwickelt worden.

aa) Der im Verwaltungsverfahren und nicht im Verordnungsverfahren erlassene Einzelakt mit Außenwirkung ist der *Verwaltungsakt* mit dem Unterfall der Allgemeinverfügung bei einer gattungsmäßig genannten bestimmbaren Personenmehrheit.

bb) Die als Verordnungen erlassenen Normen mit einer Rechtswirkung gegenüber Personen sind als *Rechtsverordnungen* — im Sinne rechtssatzmäßiger Verordnungen — bekannt.

cc) Die organisatorischen Akte, die in der Form einer Verordnung auftreten, werden als *Verwaltungsverordnungen* bezeichnet.

(d) Bei der Erörterung der vorgenannten Rechtsbegriffe und Rechtsinstitute sind *Fragen einer inneren Werthaftigkeit unberücksichtigt* geblieben. Sie haben

[45]) Vgl. hierzu Urt. d. BayVGH v. 20. 1. 1956, BayVBl. 56 S. 121 ff.

— das darf nicht verkannt werden — auch für das Verwaltungsrecht eine eminent wichtige Bedeutung. Auf einer Stufe verwaltungsrechtlicher Betrachtung, auf der lediglich rechtslogische und rechtstechnische Fragen zur Diskussion stehen, sind sie jedoch noch nicht einschlägig[46]).

(2) Die bekannten, an der rechtlichen Betroffenheit ausgerichteten Kategorien nehmen alle verwaltungsrechtlichen Hoheitsakte auf. Sie müssen deshalb auch berücksichtigt werden, wenn es darum geht, die Rechtsnatur der verbindlichen Pläne festzulegen.

(a) Die Merkmale eines Rechtsaktes gegenüber Personen tragen neben einigen verbindlichen Leitplänen die verbindlichen Bebauungs-, Baustufen- und Aufbaupläne, ferner die verbindlichen Flurbereinigungs- und Umlegungspläne sowie die in einem Planfeststellungsverfahren festgestellten Enteig-

[46]) Selbstverständlich wäre es denkbar, eine begriffliche Festlegung des Rechtssatzes vorzunehmen, die auf wertgebundenen Kriterien beruht. Ein solcher Rechtssatz hätte jedoch nichts gemein mit jenem Rechtssatz, um dessen Bestimmung seit langer Zeit unter dem Gesichtspunkt der rechtlichen Betroffenheit gerungen wird. Dieser Gesichtspunkt allein war ausschlaggebend, wenn der Unterschied zwischen einer (rechtssatzmäßigen) Verordnung und einem Verwaltungsakt erörtert wurde. Typisch hierfür waren z. B. die mannigfachen Überlegungen, die im preußischen Polizeirecht über die Abgrenzung zwischen Polizeiverordnung und Polizeiverfügung angestellt wurden, um die für das Zustandekommen oder die gerichtliche Nachprüfung einer polizeilichen Maßnahme geltenden Regeln zu ermitteln. Stehen nun die Art der rechtlichen Betroffenheit, die Modalitäten des Erlasses einer Maßnahme und die Möglichkeiten ihrer gerichtlichen Anfechtung im Vordergrunde, so erstrecken sich die wissenschaftlichen Bemühungen eben auf rechtslogische und rechtstechnische Fragen. Es darf dann auch — bei Anerkennung der genannten methodischen Voraussetzungen — nicht plötzlich der „Dienst an der Gerechtigkeit" als Kriterium des Rechtssatzes, sei es auf der Gesetzes- oder der Verordnungsstufe, eingeführt werden (vgl. Brohm S. 49. unter Bezugnahme auf Forsthoff). Freilich soll nicht übersehen werden, daß die Verwaltungsrechtswissenschaft jenseits der vordergründigen formaldogmatischen Probleme noch andere zu bewältigen hat, die ein tieferes Eindringen in Wesen und Aufgabe des Rechtes erfordern. Sie spielen z. B. eine Rolle, wenn die Rechtmäßigkeit der Akte (im Sinne ihrer juristischen Geltung) und ihre Zweckmäßigkeit (im Sinne einer optimalen Erfüllung ihrer Ordnungsfunktion) zur Debatte stehen. Sie sind weiter von Bedeutung, wenn festzustellen ist, welchen Rechtsakten für die Erzielung der verschiedenen rechtlichen Effekte der Vorzug zu geben ist (ob beispielsweise gewisse Handlungsverbote für die Allgemeinheit normativ oder jeweils für bestimmte Personen auf Grund eines Rechtssatzes durch Verwaltungsakt zu erlassen sind). Auch das Problem einer (inhaltlichen) Rangordnung der Rechtssätze wäre in diesem Zusammenhang zu nennen. In diesen Fällen gibt dann sicher der „Dienst an der Gerechtigkeit" nicht nur einen geeigneten sondern auch einen notwendigen Prüfungsmaßstab ab.

nungs-, Straßenbau-, Wasserausbau- und Bundesbahnbaupläne. Alle diese Pläne sind für Personen, die zur öffentlichen Gewalt in einem Verhältnis der Subordination stehen, von unmittelbar rechtserheblicher Bedeutung. Die Bebauungspläne verankern erstmals die Pflicht, Bauwerke in einer ganz bestimmten Art und Weise — mit einem bestimmten Grenzverlauf, einer bestimmten Höhe im Gelände usw. — aufzuführen. Die anderen Pläne schaffen neue Rechtsverhältnisse am Grundeigentum. Die Außenwirkung ist also unbestreitbar. Zu klären bleibt nur, inwieweit Einzelakte oder Normen gegeben sind.

aa) Als Einzelakte treten deutlich hervor die förmlich festgestellten Flurbereinigungs-, Umlegungs- und sonstigen Bodenpläne, soweit sie für bestimmte am (Plan-)Verfahren beteiligte Grundstückseigentümer rechtserheblich sind. Der Flurbereinigungsplan z. B. wendet sich an die derzeitigen Grundstückseigentümer des Bereinigungsgebietes, indem er die von ihnen zu duldenden Rechtsänderungen am Grundeigentum einschließlich der zu gewährenden Entschädigungsabfindungen festlegt.

Durch die Planfeststellung nach § 17 FStrG werden „alle öffentlich-rechtlichen Beziehungen zwischen dem Träger der Straßenbaulast und den durch den Plan Betroffenen rechtsgestaltend geregelt". Regelmäßig werden hierbei den angrenzenden Grundstückseigentümern oder anderen wegeunterhaltspflichtigen Personen Duldungs- oder Unterhaltungspflichten auferlegt.

Die genannten Pläne werden im Verwaltungsverfahren erlassen und den Betroffenen einzeln eröffnet. Sie werden dementsprechend von Rechtsprechung und Schrifttum auch fast einhellig als Verwaltungsakte qualifiziert[47]).

bb) Die Rechtsnatur des (verbindlichen) Bebauungsplanes ist keineswegs rechtslogisch in einer bestimmten Richtung zwingend vorgeschrieben[48]). Er kann gesetzlich sowohl als Einzelakt wie auch als Rechtsnorm ausgestaltet sein. Ein Einzelakt liegt vor, wenn sich die Festsetzung der Baulinien und sonstigen Baubeschränkungen nur an diejenigen Personen richtet, die im Zeitpunkt der Festsetzung die Verfügungsmacht über die vom Plan betroffenen Grundstücke besitzen. Dann sind die Baulinien und sonstigen Baubeschränkungen gewissermaßen als öffentliche Last den Grundstücken aufgedrückt

---

[47]) Vgl. Forsthoff Verwaltungsrecht S. 185 und die Rechtsprechungsübersicht bei Blümel DÖV 59 S. 669.

[48]) Vgl. die Zusammenstellung der verschiedenen zur Rechtsnatur des Bebauungsplanes vertretenen Ansichten bei Brohm S. 27 ff.; vgl. ferner Urt. d. OVG Hamburg v. 19. 5. 1958, MDR 59 S. 874 f.

mit der Folge, daß alle Rechtsnachfolger diese Last in gleicher Weise übernehmen, wie eine in das Grundbuch eingetragene privatrechtliche Belastung. Der Bebauungsplan ist als Rechtsnorm zu betrachten, wenn er jedem, der einmal auf der mit den Baulinien und sonstigen Baubeschränkungen versehenen Grundfläche bauen will, die Pflicht zu ihrer Beachtung auferlegt. Eine solche Verpflichtung resultiert dann nicht daraus, daß die Baulinien und sonstigen Baubeschränkungen am Grundstück haften. Sie ergibt sich vielmehr unmittelbar aus dem Bebauungsplan, der damit die gleiche Wirkung auslöst wie eine rechtssatzmäßige Naturschutzverordnung, die allen möglichen Bauwerbern — und nicht nur den derzeitigen Grundstückseigentümern — für die Errichtung von Bauwerken im Interesse des Naturschutzes bestimmte Auflagen macht.

Nach den in den einzelnen Bundesländern geltenden Bauvorschriften muß dem Bebauungsplan jedenfalls überwiegend ein normativer Charakter zugesprochen werden. Einer besonderen Betrachtung bedarf jedoch die bayerische und z. T. auch die württembergische Regelung. Entgegen meiner früheren Ansicht [49]) möchte ich heute den bayerischen Baulinienplan wegen seiner Ausrichtung auf die derzeitigen Grundstückseigentümer als Verwaltungsakt — oder genauer gesagt: als eine Summe von Verwaltungsakten — beurteilen. Damit pflichte ich wenigstens im Ergebnis der vom Bayer. Verwaltungsgerichtshof[50]) und vom Bundesverwaltungsgericht[51]) vertretenen Ansicht bei. Desgleichen sehe ich im württembergischen Ortsbauplan einen Verwaltungsakt, sofern er nur die Feststellung einer Baulinie von beschränkter Ausdehnung enthält[52]).

cc) In gleicher Weise wie die meisten Bebauungspläne sind auch die Baustufenpläne nach der Bauregelungsverordnung und die Aufbaupläne nach der Baugestaltungsordnung als Rechtssätze zu beurteilen[53]). Normative Akte sind weiterhin die für verbindlich erklärten Raumordnungspläne[54]); sie binden die nachgeordneten Behörden bei ihrer Plantätigkeit, stellen aber gleichzeitig im Außenverhältnis rechtserheblich fest, daß eine

---

[49]) Verwaltungsakt S. 80 und NJW 56 S. 1849 ff.

[50]) Urt. d. BayVGH v. 3. 6. 1955, BBBl. 55 S. 127.

[51]) Urt. d. BVerwG v. 24. 8. 56, BVerwGE 4. Bd. S. 68.

[52]) Art. 11 Abs. 2 wü. BauO.

[53]) Vgl. § 4 Abs. 1 BauRegVO und § 2 Abs. 3 BauGestVO, wonach bestimmte Baubeschränkungen sowohl in rechtssatzmäßiger Formulierung als Ortssatzungen wie auch in der Form von Baustufen- bzw. Aufbauplänen angeordnet werden können.

[54]) Über die Rechtsnatur und Problematik der Verbindlichkeitserklärung von Raumordnungsplänen vgl. Seeger „Grundfragen des Landesplanungsrechts" in Raumforschung und Raumordnung 1956 S. 193 ff. (196 ff.).

die Raumverhältnisse berührende Genehmigung nicht erteilt werden darf, wenn sie dem Raumordnungsplan widersprechen würde. Eine rechtssatzmäßige Bedeutung haben auch die verbindlichen Wirtschaftspläne als Ausfüllungsnormen zu § 6 Nr. 1 des Wohnsiedlungsgesetzes (wonach die Genehmigung zu einem Grundstücksgeschäft zu versagen ist, wenn anzunehmen ist, daß das Grundstück bebaut werden soll und daß die Bebauung dem Wirtschaftsplan widersprechen würde)[55]; ferner die nordrhein-westfälischen Leitpläne und die niedersächsischen Flächennutzungspläne, da nach ihrem Erlaß eine Änderung der bisherigen Nutzungsart von Grundstücken nur bei einer Übereinstimmung mit dem festgestellten Planungsziel zulässig ist[56].

Als Rechtssätze sind schließlich auch diejenigen Bestimmungen eines Flurbereinigungsplanes zu werten, die eine Auswirkung gegenüber einer unbestimmten Personenmehrheit besitzen, wie z. B. Hütungsverbote oder sonstige Nutzungsbeschränkungen für bestimmte Grundstücksflächen[57]. § 58 Abs. 4 FlBerG sieht deshalb auch ausdrücklich vor, daß der Flurbereinigungsplan für derartige Festsetzungen die Wirkung von Gemeindesatzungen hat. Sie werden im Gesetz nicht gerade sehr korrekt als „Festsetzungen" bezeichnet, „die im gemeinschaftlichen Interesse der Beteiligten oder im öffentlichen Interesse getroffen werden". Für Rechtssatz-Bestimmungen eines Flurbereinigungsplanes ist dann freilich eine öffentliche Bekanntmachung geboten.

(b) R e i n o r g a n i s a t o r i s c h e R e c h t s a k t e sind die verbindlichen Flächennutzungspläne, denen eine Außenwirkung fehlt.

Eine rein interne Wirkung entfalten ferner die in der Form einer Satzung (Verordnung) erlassenen Haushaltspläne der Selbstverwaltungskörperschaften, weil sie nur nachgeordneten Verwaltungsorganen für die Verwendung der öffentlichen Geldmittel Schranken auferlegen. Die Vorschrift des § 24 RHO, wonach durch den Haushaltsplan Rechte und Verbindlichkeiten Dritter nicht begründet werden, gilt auch für diese Haushaltspläne. Die Feststellung des Bundesverwaltungsgerichts, daß die etatmäßige Bereitstellung von Mitteln wenigstens für Subventionsmaßnahmen eine hinreichende Legitimation verwaltungs-

---

[55]) Vgl. W i e d e m a n n BayVBl. 59 S. 78 ff.

[56]) § 8 nw. und nds. AufbauG; vgl. auch P e t e r s S. 495 und B r o h m S. 21 f.

[57]) Vgl. S t e u e r, Kommentar zum Flurbereinigungsgesetz, 1956, S. 213.

mäßigen Handelns darstelle[58]), kann nicht gebilligt und demnach auch nicht für das Haushaltsrecht der Selbstverwaltungskörperschaften anerkannt werden. Einmal widerspricht sie schon eindeutig dem § 24 RHO. Weiter ist zu bedenken, daß nur der Gesamtplan des Haushaltsplanes mit den Schlußzahlen der Einzelpläne verkündet wird. Die Einzelpläne hingegen mit ihren verschiedenen in Kapitel und Titel eingeordneten Ansätzen, die die eigentliche Grundlage der Finanzwirtschaft sind, werden nicht veröffentlicht. Deshalb können sie auch nicht von der formellen Gesetzes- bzw. Verordnungs- (Satzungs-)Kraft erfaßt werden. Wollte man nun einen publizierten Gesamtplan als genügende Ermächtigung für die Ausschüttung von Subventionsmitteln betrachten, so widerspräche dies dem rechtsstaatlichen Grundsatz der Bestimmtheit einer jeden Rechtsgrundlage. Wollte man aber in den nicht veröffentlichten Einzelplänen eine rechtliche Deckung der erwähnten Maßnahmen erblicken, so wäre das Gesetzmäßigkeitsprinzip an sich mißachtet, weil insoweit eben kein für den Staatsbürger evidenter Rechtsetzungsakt gegeben ist.

III. Nach den Erörterungen über den Begriff des Planes und über die verschiedenen Planarten kann nunmehr die Einordnung des Planes in das rechtsstaatliche Normengefüge aufgegriffen werden[59]). Damit wird die Frage nach der Rechtmäßigkeit des Planes und dem gegen ihn eingeräumten Rechtsschutz zur Diskussion gestellt.

1) Wenn der Begriff des Planes keine die Rechtsnatur der Hoheitsakte bestimmenden Kriterien enthält, so darf er auch nicht als Ausgangspunkt für die Erörterung der Rechtmäßigkeits- und Rechtsschutzfragen herangezogen werden. Die Problemstellung kann also nicht lauten, in welchen Fällen der Plan als solcher rechtmäßig bzw. gerichtlich nachprüfbar ist. Vielmehr müssen die einzelnen nach den Merkmalen der rechtlichen Betroffenheit unterteilten Planarten jeweils gesondert in dieser Richtung geprüft werden. Sie folgen hinsichtlich ihrer rechtmäßigen Aufstellung und ihrer richterlichen Nachprüfbarkeit denselben Regeln wie jene Rechtsinstitute, denen sie auf Grund ihrer rechtlichen Auswirkung zuzuordnen sind.

2) Die Rechtmäßigkeit eines Planes hängt davon ab, daß seine Aufstellung durch eine ausreichende rechtsstaatliche Ermächtigung gedeckt ist.

---

[58]) Urt. d. BVerwG v. 21. 3. 1958, BVerwGE 6. Bd. S. 282 ff. (287).

[59]) Wegen der rechtsstaatlichen Problematik des Planes vgl. Forsthoff DVBl. 57 S. 115 ff. und Werner DVBl. 57 S. 225 f.

a) Die Ermächtigung muß zunächst dem allgemein in Art. 20 Abs. 3 GG verankerten Grundsatz der Gesetzmäßigkeit der Verwaltung[60]) entsprechen.

(1) Dieser Grundsatz ist für Verwaltungsakte, untergesetzliche Rechtsnormen und rein organisatorische Maßnahmen verschiedenartig ausgestaltet.

(a) Verwaltungsakte benötigen eine Rechtsgrundlage, die grundsätzlich in einem förmlichen Gesetz enthalten sein oder doch auf ein solches zurückgehen muß. Eine gewohnheitsrechtliche Grundlage kann in unserer zwangsläufig durch das ius srciptum geprägten Rechtsordnung nur noch ausnahmsweise anerkannt werden, so z..B. in formalgesetzlich überhaupt nicht geregelten besonderen Gewaltverhältnissen auf dem Gebiete des Unterrichts- und Bildungswesens. Die Rechtsgrundlage muß für den Erlaß bestimmter Verwaltungsakte eindeutige — allenfalls durch einen Beurteilungsspielraum aufgelockerte — Tatbestandsvoraussetzungen festlegen und auch Ermessensmaßnahmen durch einen tatbestandlichen Rahmen binden.

(b) Untergesetzliche Rechtsnormen bedürfen — sofern sie nicht „autonome" Satzungen[61]) sind — einer besonderen gesetzlichen Ermächtigung, die nach Inhalt, Zweck und Ausmaß bestimmt sein muß[62]).

(c) Rein organisatorische Maßnahmen verbindlicher und unverbindlicher Art können durch einen besonderen Rechtsetzungsakt vorgeschrieben sein, ohne daß sie hinsichtlich ihrer Rechtmäßigkeit auf einen solchen angewiesen sind. Im übrigen ist unmittelbar aus der Verfassung eine (verfassungs-)gesetzliche Ermächtigung der Exekutive zur Vornahme nur intern bedeutsamer Handlungen abzuleiten. Sie ist

---

[60]) Über Entwicklung und Wesen dieses Grundsatzes vgl.: Roos „Der Grundsatz der gesetzmäßigen Verwaltung und seine Bedeutung für die Anwendung des Verwaltungsrechts" in Berner Festgabe für den Schweizerischen Juristenverein 1955, S. 117 ff.; Scheuner „Der Bereich der Regierung" in Festgabe für Rudolf Smend, 1952, S. 203 ff.; Gygi, Interventionsrecht und Interventionsverwaltung, 1958, S. 31 ff.

[61]) innerhalb des eigenen Wirkungskreises von Selbstverwaltungskörperschaften (bzw. -Anstalten).

[62]) Art. 80 Abs. 1 Satz 2 GG enthält ein allgemeines rechtsstaatliches Postulat unter ausdrücklicher Bezugnahme auf den Erlaß von Rechtsverordnungen auf Grund bundesrechtlicher Ermächtigung. Er bindet jedoch im Hinblick auf Art. 28 Abs. 1 GG auch die Länderorgane. Demzufolge ist z. B. Art. 55 Nr. 2 Satz 3 Bay Verf (wonach für Rechtsverordnungen eine besondere gesetzliche Ermächtigung erforderlich ist) im Sinne des Art. 80 Abs. 1 Satz 2 auszulegen.

lediglich beschränkt durch den Vorrang des Gesetzes und durch den Vorrang der auf einer höheren Verwaltungsstufe erlassenen organisatorischen Anordnungen[63]).

(2) Überprüft man die Rechtsgrundlagen der verschiedenen Pläne, so wird man regelmäßig feststellen dürfen, daß sie mit dem Grundsatz der Gesetzmäßigkeit der Verwaltung übereinstimmen. Eine durchaus rechtsstaatliche Bindung der für die Aufstellung des Baulinienplanes verantwortlichen Behörde kommt z. B. in § 3 bay. BO zum Ausdruck, wonach bei der Festsetzung der Baulinien „auf Sicherheit und Bequemlichkeit des Verkehrs gesehen sowie den Wohnungsverhältnissen, den Anforderungen der Gesundheit, der Feuersicherheit und Schönheit tunlichst Rechnung getragen werden“ muß. Die bisher genannten internen Pläne gehen fast ausnahmslos auf eine besondere gesetzliche Ermächtigung zurück, die dann freilich nicht in einem Rechtssatz (mit Außenwirkung) sondern in einer Organisationsnorm (Verwaltungsvorschrift in Gesetzesform) gegeben ist.

b) Die Ermächtigung zur Aufstellung eines Planes hat neben dem Gesetzmäßigkeitsprinzip die sonstigen rechtsstaatlichen Prinzipien zu berücksichtigen. So sind enteignende Pläne an die Voraussetzungen des Art. 14 Abs. 3 GG gebunden. Auch müssen die Grundsätze der Rechtsklarheit und der Rechtssicherheit befolgt sein. In dieser Hinsicht erwecken die Rechtsgrundlagen mancher Pläne, die die Festsetzung der Baulinien und die Zulässigkeit der Enteignung durch Verwaltungsakt verfügen, erhebliche Bedenken. Ergehen die genannten Maßnahmen gegenüber den derzeitigen Grundstückseigentümern als Verwaltungsakte, so muß die Gewähr gegeben sein, daß sich die Rechtsnachfolger über die Grundstücksbelastungen eindeutig unterrichten können. Deshalb ist es erforderlich, die Bebauungspläne und die für Zwecke der Enteignung festgestellten Pläne als grundbuchähnliche Urkunden auszugestalten oder aber die durch sie verfügten Maßnahmen in Baulastenbücher eintragen zu lassen, die einen öffentlichen Glauben genießen und jedermann zur Einsichtnahme zugänglich sind. Die einschlägigen Vorschriften der bayerischen und württembergischen Bauordnung sowie des Bundesfernstraßengesetzes[64]) lassen diese Notwendigkeit unbeachtet.

---

[63]) Nur in diesem Rahmen kann von einer (allgemeinen) Organisationsgewalt der Exekutive gesprochen werden. Zu diesem Problemkreis vgl. vor allem Spanner DÖV 57 S. 640 ff., Koettgen und Ermacora in VVDStL Heft 16 S. 154 ff. und 191 ff.; vgl. ferner Obermayer DÖV 59 S. 355 und AöR 84. Bd. S. 118.

[64]) Wegen der bindenden Wirkung des Planfeststellungsverfahrens nach § 18 FStrG für ein nachfolgendes Enteignungsverfahren vgl. Marshall, Bundesfernstraßengesetz, 1954, S. 245.

3) Für die Entscheidung der Frage, ob ein Plan dem Rechtsschutz unterfällt, ist gleichfalls seine Rechtsnatur maßgeblich.

a) Gegen unverbindliche und nur intern wirkende Pläne kommt eine Rechtskontrolle auf Grund der verfassungsrechtlichen und der verwaltungsgerichtlichen Generalklausel nicht in Betracht.

b) Die Bestimmung des zulässigen Gerichtsweges gegen Pläne mit einer Außenwirkung richtet sich danach, ob sie Verwaltungsakt- oder Rechtsnorm-Pläne sind.

(1) Von den verbindlichen Plänen unterliegen die Verwaltungsakt-Pläne dem verwaltungsgerichtlichen Anfechtungsverfahren.

(2) Rechtsnorm-Pläne sind dem verwaltungsgerichtlichen Normenkontrollverfahren in jenen Bundesländern zugänglich, deren Verwaltungsgerichtsgesetze eine Nachprüfung untergesetzlicher Rechtsetzungsakte ausdrücklich vorsehen. Ob sie auch im Geltungsbereich der MRVO 165 justitiabel sind, hängt von der Tragweite des Art. 19 Abs. 4 GG ab.

Die bislang herrschende Meinung will die verfassungsrechtliche Generalklausel nur auf Verwaltungsakte erstrecken. Sie läßt sich dabei von der Vorstellung leiten, daß Rechtsnormen stets eines Vollzugsaktes bedürfen[65]). Demzufolge erblickt sie im Normenkontrollverfahren ein vorbeugendes Rechtsschutzmittel. Freilich darf nicht verkannt werden, daß sich in der Beurteilung des Art. 19 Abs. 4 vor allem dank der Arbeiten Forsthoffs[66]) und Dürigs[67]) ein grundlegender Wandel vollzieht. In diesem

---

[65]) Vgl. Forsthoff DVBl. 57 S. 113 und Brohm S. 43 f.

[66]) Forsthoff DVBl. 57 S. 117.

[67]) Maunz-Dürig Art. 19 Abs. IV S. 8 ff.

[68]) Es ist erstaunlich, mit welcher Hartnäckigkeit an der Feststellung festgehalten wird, daß Rechtsnormen erst durch Vollzugsakte relevant werden. Dabei ist die unmittelbar wirkende Rechtsnorm nicht etwa ein Phänomen, das seine Existenz irgendwelchen abnormen wirtschaftlichen oder sozialen Verhältnissen unserer Gegenwart verdankt. Sowohl auf der Gesetzes- wie auf der Verordnungsstufe gab es schon immer unmittelbar wirkende, auf keinen Vollzugsakt angewiesene Normen, deren Rechtsfolge „kraft Gesetzes" eintrat. Es sei nur auf die beamtenrechtlichen Bestimmungen verwiesen, nach denen ein Beamter mit Erreichung der Altersgrenze in den Ruhestand tritt. Auch normative Handlungsverbote zählen hierher. Wenn rechtssatzmäßig gewisse gewerbliche Tätigkeiten untersagt sind, so ist für diejenigen, die ein solches Gewerbe betreiben oder betreiben wollen, der Effekt genau derselbe, als wenn ihnen einzeln ein entsprechendes Verbot auferlegt würde. Der Eingriff wiegt gleich schwer, ob er nun allgemein durch unmittelbar wirkende Rechtsnorm oder durch Verwaltungsakt vorgenommen wird. Er muß deshalb unter der Geltung des Art. 19 Abs. 4 GG in jedem Falle einer richterlichen Nachprüfung zugänglich sein.

Zusammenhang soll nur auf die Tatsache verwiesen werden, daß es auch unmittelbar wirkende, auf keinen Vollzugsakt abzielende Rechtsnormen gibt[68]). Werden sie im Verwaltungsbereich erlassen, so muß ihnen derselbe Rechtsschutz zuteil werden, dem die Verwaltungsakte unterliegen. Eine andere Auffassung würde zu unhaltbaren Ergebnissen führen, die mit dem Sinngehalt des Art. 19 Abs. 4 unvereinbar wären.

(3) Besondere Rechtsschutzprobleme ergeben sich bezüglich der Bebauungspläne.

(a) Zunächst kann es zweifelhaft sein, ob die normativen Bebauungspläne bereits unmittelbare Rechtswirkungen entfalten. Formal betrachtet gewinnen sie eine unmittelbare Rechtserheblichkeit erst dann, wenn die von ihnen betroffenen Grundstücke bebaut werden. Doch ist zu berücksichtigen, daß die auf einem Grundstück verlaufende Baulinie regelmäßig in einem unlösbaren Zusammenhang mit einem ganzen System von Baulinien steht. Sollte nun ein Grundstückseigentümer den Rechtsschutz erst im Rahmen eines Baugenehmigungsverfahrens in Anspruch nehmen dürfen, so könnten andere durch dasselbe Bauliniensystem gebundene Bauwerber mit einem früheren Baubeginn Fakten schaffen, die einen späteren Rechtsschutz praktisch illusorisch machen. Deshalb ist es wohl geboten, die normativen Bebauungspläne hinsichtlich der gerichtlichen Nachprüfung den unmittelbar wirkenden Rechtsnormen gleichzusetzen[69]) und sie schon aus diesem Grunde dem Schutz des Art. 19 Abs. 4 GG anzuvertrauen. In welcher Weise dann dieser verfassungsrechtlich garantierte Rechtsschutz in den Ländern der ehemaligen britischen Besatzungszone zu bewerkstelligen ist, kann hier nicht näher erörtert werden[70]).

(b) Mit allem Nachdruck ist aber darauf hinzuweisen, daß es sehr unzweckmäßig ist, wenn Bebauungspläne als Normen erlassen werden und deshalb als Normen dem Rechtsschutz unterworfen sind. Wird eine Rechtskontrolle frühzeitig in Gang gebracht, so besteht die Möglichkeit, daß rechtswidrige Baulinien beseitigt werden. Stellt ein Bauwerber einen Normenkontrollantrag erst Jahre später, nachdem bereits andere Grundstückseigentümer in Übereinstimmung mit den nunmehr angefochtenen Baulinien Bauwerke errichtet haben, dann ergibt sich eine sehr schwierige Situation. Sollte die Baulinienfestsetzung seinerzeit rechtswidrig gewesen sein, so müßte sie

---

[69]) Da der Bebauungsplan stets auf eine Umsetzung durch einen Verwaltungsakt (Baugenehmigung) angewiesen ist, kann er nicht als (unmittelbar wirkende) „Vollzugsnorm" beurteilt werden (so Brohm S. 61).

[70]) Hierzu vgl. Obermayer BayVBl. 58 S. 71.

für nichtig erklärt werden. Aber im Hinblick auf die inzwischen errichteten neuen Bauten kann es sehr leicht möglich sein, daß die Baulinie nunmehr aus Gründen des öffentlichen Interesses rechtmäßig in derselben Weise festzusetzen ist, die seinerzeit — als noch keine Grundstücke bebaut waren — rechtswidrig war. Der Kläger würde also sein Ziel, eine andere Baulinienführung durchzusetzen, nicht erreichen. Bestenfalls könnte er einen Schadenersatzanspruch geltend machen.

(c) So wäre de lege ferenda einer Ausgestaltung des Bebauungsplanes als Verwaltungsakt unbedingt der Vorzug zu geben. Die Festsetzung der auf dem Boden und im Luftraum verlaufenden Baulinien umgreift die nachhaltigsten öffentlich-rechtlichen Beschränkungen für die wirtschaftliche Nutzung des Bodens zum Zwecke der Bebauung. So besteht ein dringendes Bedürfnis, hinsichtlich der Wirksamkeit dieser Baubeschränkungen baldmöglichst klare Rechtsverhältnisse zu schaffen. Das ist nur dann möglich, wenn sich der Bebauungsplan als eine Summe von Verwaltungsakten an bestimmte Personen richtet, denen für die Einlegung eines Rechtsmittels eine Frist gesetzt ist. Verwaltungsakt-Bebauungspläne erwachsen — von den seltenen Fällen ihrer Nichtigkeit abgesehen — in formelle Rechtskraft. Sie werden damit auch bei einer Fehlerhaftigkeit endgültig wirksam. Fehlerhafte Rechtsnorm-Bebauungspläne sind und bleiben immer nichtig, da das deutsche öffentliche Recht bei Rechtsnormen keinen Fehlergrad kennt, der der Anfechtbarkeit bzw. Aufhebbarkeit eines rechtswidrigen Verwaltungsaktes entspricht.

(d) Freilich bleibt auch dann, wenn Bebauungspläne als Verwaltungsakte dem Rechtsschutz unterliegen, noch ein weiteres Problem zu lösen. Es handelt sich um die Frage, inwieweit die Anfechtung der für ein Grundstück festgesetzten Baulinie durch einen Grundstückseigentümer einen Suspensiveffekt auslöst. Bei der engen Verzahnung der verschiedenen Baulinien untereinander wird man die Anfechtung einer einzigen Baulinie als einen Angriff auf alle übrigen Baulinien betrachten müssen, die mit der angefochtenen Baulinie in einem unlösbaren Zusammenhang stehen. Insoweit wird dann die Verbindlichkeit des gesamten Bebauungsplanes aufgeschoben. Die Verwaltungsbehörde hat freilich vorbehaltlich einer entgegengesetzten verwaltungsgerichtlichen Entscheidung die Möglichkeit, die Vollziehung des angefochtenen Bebauungsplanes anzuordnen, wenn sie dies im öffentlichen Interesse für geboten hält. Damit übernimmt sie aber ein großes Risiko, weil sie bei einer den Bebauungsplan ganz oder zum Teil beseitigenden Gerichtsentscheidung in erhebliche Haftungen geraten kann[71]). So wird sie von dem Mittel der Anordnung der Vollziehung nur dann Gebrauch machen dürfen, wenn die eingelegten Rechtsmittel offensichtlich unbegründet sind.

IV. Eine abschließende Betrachtung hat noch zu prüfen, welche Bedeutung dem im ersten Teil dieser Ausführungen entwickelten Begriff des verwaltungsrechtlichen Planes zukommt.

Auf den ersten Blick erscheint der dogmatische Ertrag dieses Begriffes recht gering. Läßt sich der Plan wirklich — so möchte man fragen — als ein besonderes Rechtsinstitut qualifizieren, wenn man es ablehnt, ihn im Verhältnis zu den klassischen Hoheitsakten als ein aliud zu behandeln; wenn man ihn seiner Rechtsnatur nach in mehrere Arten aufspaltet, von denen jede hinsichtlich der Rechtmäßigkeit und des Rechtsschutzes besonderen Regeln folgt?

Wir erinnern uns jener Feststellung Kormanns, wonach ein Rechtsbegriff „nur insoweit wissenschaftlichen Wert" hat, „als er praktische Bedeutung hat"[72]). Diese Worte sind sicher auch heute noch beherzigenswert, da die dogmatische Durchformung des Verwaltungsrechts immer noch nicht jene klare Geschlossenheit erlangt hat, die die Zivilistik seit langer Zeit auszeichnet. Aber das Postulat der „Praktikabilität" darf nicht auf den rechtstechnischen Bereich beschränkt bleiben. Und es darf nicht in einen Antagonismus gesetzt werden zu jenem — aller wissenschaftlichen Betätigung immanenten — Bedürfnis, eine Einsicht in das Wesen der Phänomene zu gewinnen und sie „theoretisch" zu erfassen.

Unter diesen Aspekten erweist sich auch der Plan-Begriff als ein „praktischer" Begriff, weil er die Erkenntnis verwaltungsrechtlich relevanter Vorgänge erleichtert und deren typische Merkmale hervorhebt; weil er als Rahmenbegriff Ausarbeitungen aufnimmt, die sich trotz ihrer Verschiedenartigkeit in einem wesentlichen Punkte gleichen. Der eigentliche Sinn des Plan-Begriffs aber dürfte darin zu suchen sein, daß er unsere Aufmerksamkeit auf Zusammenhänge lenkt, die durch die vordergründige Rechtsakt- und Rechtsschutzproblematik oft verdeckt werden.

Die „regula aurea" des Art. 19 Abs. 4 GG ist sicher ein unabdingbarer Bestandteil unserer rechtsstaatlichen Ordnung. Und es ist gut und richtig, daß seine Konsequenzen für das Verwal-

---

71) Vgl. Mang BayVBl. 59 S. 373.

72) Kormanns Einführung in die Praxis des Deutschen Verwaltungsrechts, 2. Aufl. 1930 (herausgegeben von Friedrich List), S. 12.

tungsrecht gründlich erwogen werden. Aber ein verwaltungsrechtliches Denken, das sich allzu ausschließlich von der Frage nach einer erfolgreichen Jurisdiktion der Verwaltungshandlungen leiten ließe, würde der Erstarrung anheimfallen. Im rein technischen Vollzugsbereich mögen die meisten Hoheitsakte in die Alternative „Rechtmäßigkeit" und „Rechtswidrigkeit" hineingestellt sein. Ist eine Konzession unter ganz bestimmten, durch deskriptive Rechtsbegriffe festgelegten Tatbestandsvoraussetzungen zu gewähren, dann ist ihre Erteilung tatsächlich ein Vollzugsakt, dessen Probleme beim Rechtsschutz auslaufen. Neben dem technischen Vollzugsbereich gibt es aber eine andere Verwaltungssphäre, die vom sogenannten freien Ermessen beherrscht wird. Gewiß sollte man die hier den Behörden vorbehaltene Freiheit grundsätzlich nicht allzu hoch veranschlagen. Die Ausfüllung eines tatbestandlichen Beurteilungsspielraumes und die Anwendung des Handlungsermessens sind doch weitgehend vorgezeichnet bzw. eingeschränkt, und zwar *intern* durch Erfahrungsgrundsätze und Verwaltungsvorschriften und *extern* durch das Gebot pflichtmäßiger Ermessensbetätigung und durch den Gleichheitssatz. Die *planende* Verwaltungstätigkeit aber ist trotz aller rechtlichen Abschirmung immer noch auf freie dynamische Impulse angewiesen. Hier gibt es noch eine Fülle von Aktionsmöglichkeiten, die mit den Kategorien der „Rechtmäßigkeit" und der „Rechtswidrigkeit" keineswegs erschöpfend festgelegt werden können. Die Unterlassung einer Planaufstellung oder eines Planvollzugs braucht noch lange nicht „rechtswidrig" zu sein. Und auf der anderen Seite kann das Verwaltungsgericht einen seiner Nachprüfung unterworfenen Plan sehr wohl als „rechtmäßig" bestehen lassen, obgleich er einer eklatanten Fehlentwicklung Vorschub leistet.

Jeder Plan erfordert konstruktive Kräfte, die in gewissem Maße rechtlich *gelenkt*, aber doch nicht mit juristischen Mitteln *erzeugt* werden können. Sie müssen bereits im Planverfahren zur Auswirkung gelangen. Vor allem aber sind sie erforderlich für jenen intelligiblen Akt, mit dem die leitenden Planer das sachliche Ergebnis konzipieren. Hierbei muß sich ein synthetischer, das Wesentliche erfassender Blick bewähren, der die vorhandenen Beurteilungsgrundlagen verwertet und die maßgeblichen Einfluß- und Entwicklungstendenzen in Rechnung stellt; der die verschiedenen Faktoren aufeinander abstimmt und sie zu einem geschlossenen Ordnungsbild vereint. Je weiter die Pläne in die Dimensionen von Zeit und Raum hineinreichen, je umfangreicher die eingesetzten Mittel, je wichtiger die erstrebten Zwecke und je vielseitiger die tangierten Probleme sind, desto größer ist die Verantwortung, die auf den

Schultern aller Planenden lastet. Die weitschichtigen Auswirkungen planender Verwaltungstätigkeit gewahren wir wohl am besten, wenn wir die Gesamtheit der auf den Raum bezogenen Pläne ins Auge fassen. Sie stellen ein organisch abgestuftes Plangefüge dar, das sich von den umfassenden Raumordnungsplänen über die baurechtlichen Leitpläne bis zu den auf wenige Grundstücke beschränkten Bodenplänen erstreckt[73]). Im Hintergrund dieser Pläne, die alle um die Bezwingung menschlicher Zukunft ringen, taucht dann die uralte Frage nach dem Verhältnis von Mensch und Raum[74]), von Mensch und Erde auf. Die verwaltungsrechtlich greifbaren Planungen erweisen sich plötzlich als Vorgänge von schicksalhafter Intensität, die den einzelnen und die Gemeinschaft in ihrem existenziellen Kern berühren. Sie wollen geistig bewältigt werden. Und deshalb mag uns das Rechtsinstitut des Planes nicht zuletzt daran erinnern, daß die Verwaltung ihre großen lebensformenden Aufgaben nur erfüllen kann, wenn sie von einem Hauch schöpferischen Geistes beseelt ist.

---

[73]) Vgl. die Feststellung Forsthoffs (DVBl. 57 S. 114), daß sich das Planungsgeschehen „in Akten fortschreitender Konkretisierung" vollzieht.

[74]) Vgl. Bülow, Zur Philosophie und Soziologie des Raumes und der Raumordnung, in Raumforschung und Raumordnung 1953 S. 69 ff.

# Leitsätze des Mitberichterstatters über: Der Plan als verwaltungsrechtliches Institut

## I. Der Begriff des Planes

1. *Die Begriffsbestimmung des verwaltungsrechtlichen Planes begegnet Schwierigkeiten, weil a) das Wort „Plan“ ein Allerweltsausdruck ist und keine ursprüngliche juristische Affinität aufweist;*

   *b) die im Verwaltungsrecht seit langer Zeit bekannten Pläne dogmatisch beziehungslos nebeneinander standen, so daß der Plan — anders als der Verwaltungsakt — kein vorgeprägter Rechtsbegriff ist;*

   *c) unter der Vorherrschaft der klassischen verwaltungsrechtlichen Rechtsinstitute die Neigung besteht, den Plan von vornherien auf eine Ebene mit dem Verwaltungsakt und der Rechtsverordnung zu stellen.*

2. *Für die Ermittlung eines verwaltungsrechtlichen Planbegriffs kommt es darauf an, Einverständnis über die dem Begriff zu unterstellenden Pläne zu erzielen und dann von diesen Plänen gemeinsame Merkmale zu abstrahieren.*

   *a) Dem Planbegriff sind alle Pläne zu unterstellen, die die Gestaltung einer bestimmten Ordnung zum Ziele haben, wie z. B.*

   *die Raumordnungspläne, die Leitpläne einschl. der Wirtschafts-, Flächennutzungs-, Übersichts-, Baugebiets-, Generalbebauungs-, Generalbaulinien- und Gesamtaufbaupläne, die Bebauungspläne einschließl. der Fluchtlinien-, Baulinien-, Ortsbau- und Durchführungspläne, die Baustufen- und Aufbaupläne, die Umlegungs- und Flurbereinigungspläne, die im Rahmen eines Planfeststellungsverfahrens aufgestellten Pläne (Enteignungs-, Straßenbau-, Wasserausbau- und Bundesbahnbaupläne), die Landbeschaffungspläne, die wasserwirtschaftlichen Rahmenpläne, die Wohnungsbauprogramme und die Haushaltspläne der Selbstverwaltungskörperschaften.*

*b) Das wesentliche Merkmal der genannten Pläne besteht darin, daß sie eine Reihe von Maßnahmen vorsehen, die zueinander in einem unlösbaren Verhältnis gegenseitiger Ergänzung und Abhängigkeit stehen.*

*3. Der verwaltungsrechtliche Plan ist begrifflich festzulegen als Ausarbeitung eines Verwaltungsorgans, die durch verschiedene aufeinander abgestimmte Maßnahmen die Verwirklichung eines bestimmten Ordnungszustandes anstrebt.*

## *II. Die einzelnen Planarten*

*1. Die Einteilung nach dem Gegenstand bietet sich von selbst an und ist nicht weiter zu verfolgen.*

*2. Rein descriptiven Wert hat auch eine Unterscheidung nach Art der Ausarbeitung (z. B. Planskizze oder geschriebenes Wort).*

*3. Ein dogmatisch wertvolleres Unterscheidungsmerkmal ist das zeitliche Verhältnis, in dem die aufeinander abgestimmten Maßnahmen zur Auswirkung gelangen sollen.*

*4. Eine weitere Einteilung kann die Genauigkeit zum Prüfstein nehmen, mit der die verschiedenen Einzelmaßnahmen festgelegt sind.*

*5. Die wichtigste Einteilung ist unter dem Gesichtspunkt der rechtlichen Auswirkung zu treffen, wobei zunächst die unverbindlichen von den verbindlichen Plänen zu unterscheiden sind.*

*a) Unverbindliche Pläne sind jene Pläne, die ein förmliches Feststellungsverfahren nicht bzw. noch nicht durchlaufen haben.*

*b) Verbindliche und damit der Rechtsakt-Problematik unterworfene Pläne sind jene Pläne, die auf Grund eines ausdrücklich bestätigenden Hoheitsaktes das Stadium des reinen Entwurfs verlassen haben.*

*(1) Vor einer Entscheidung über die Rechtsnatur der verbindlichen Pläne müssen die Kategorien feststehen, die für die Ermittlung der Rechtsnatur verwaltungsrechtlicher Hoheitsakte verfügbar sind. Sie werden durch die beiden Fragen bestimmt, wer von einem Hoheitsakt rechtlich betroffen ist und in welcher Form diese Betroffenheit rechtlich relevant wird.*

*(a) Unter dem Gesichtspunkt des Betroffenenkreises gibt es*

*aa) Rechtsakte (mit einer „Außenwirkung") gegenüber Personen und rein organisatorische Akte (mit einer „Innenwirkung" gegenüber Verwaltungsorganen);*

*bb) Einzelakte (als Rechtsakte gegenüber einem bestimmten bzw. bestimmbaren Kreis von Personen bzw. Verwaltungsorganen), deren Rechtserheblichkeit sich im Zeitpunkt des Erlasses erschöpft, und Normen (als Rechtsakte gegenüber einer unbestimmten Zahl von Personen bzw. Verwaltungsorganen), die einer weiteren Konkretisierung zugänglich sind.*

*Normen mit einer Außenwirkung gegenüber Personen werden herkömmlicherweise als „Rechtsnormen" bzw. „Rechtssätze" bezeichnet.*

*Die nur intern wirkenden Normen treten in der Fachsprache als „Verwaltungsvorschriften", „Verwaltungs-" oder „Organisationsnormen" auf.*

*(b) Die rechtliche Betroffenheit kommt formal*

*entweder im gewöhnlichen Verwaltungsverfahren durch Einzeleröffnung*

*oder im Verordnungsverfahren durch Kundmachung an die Allgemeinheit („allgemeinverbindliche" Publikation) zum Ausdruck.*

*Alle Normen müssen im Verordnungsverfahren (mit der dem jeweiligen Betroffenenkreis adäquaten Publikation) erlassen werden. Einzelakte sind regelmäßig dem Verwaltungsverfahren (mit Einzeleröffnung) vorbehalten.*

*(c) Für bestimmte regelmäßige Verbindungen sachlicher und formaler Rechtsakt-Elemente sind die klassischen verwaltungsrechtlichen Rechtsinstitute entwickelt worden.*

*aa) Verwaltungsakte sind die im Verwaltungsverfahren (und nicht im Verordnungsverfahren) erlassenen Einzelakte;*

*bb) Rechtsverordnungen (im Sinne rechtssatzmäßiger Verordnungen) sind die im Verordnungsverfahren erlassenen Normen mit einer Außenwirkung gegenüber Personen;*

*cc) Verwaltungsverordnungen sind die im Verordnungsverfahren erlassenen organisatorischen Akte.*

*(d) Bei der Festlegung aller auf die rechtliche Betroffenheit gemünzten Rechtsbegriffe und Rechtsinstitute müssen Fra-*

*gen einer inneren Werthaftigkeit unberücksichtigt bleiben, da sie für die Behandlung lediglich rechtslogischer und rechtstechnischer Probleme noch nicht einschlägig sind.*

*1. Unter Berücksichtigung der unter (1) dargestellten Rechtsbegriffe ist auch die Rechtsnatur der verbindlichen Pläne festzulegen.*

*(a) Als Rechtsakte gegenüber Personen erweisen sich neben einigen verbindlichen Leitplänen die verbindlichen Bebauungs-, Baustufen- und Aufbaupläne, ferner die verbindlichen Flurbereinigungs- und Umlegungspläne sowie die in einem Planverfahren festgestellten Enteignungs-, Straßenbau-, Wasserausbau- und Bundesbahnbaupläne.*

*aa) Einzelakte (Verwaltungsakte) sind die förmlich festgestellten Flurbereinigungs-, Umlegungs- und sonstigen Bodenpläne, soweit sie für bestimmte am (Plan-)Verfahren beteiligte Grundstückseigentümer rechtserheblich sind.*

*bb) Die Rechtsnatur des Bebauungsplanes ist rechtslogisch nicht in einer bestimmten Weise vorgeschrieben.*

*Er enthält Einzelakte (Verwaltungsakte), wenn sich die Festsetzung der Baulinien nur an diejenigen Personen richtet, die im Zeitpunkt der Festsetzung die Verfügungsmacht über die vom Plan erfaßten Grundstücke besitzen.*

*Er enthält Rechtsnormen, wenn er jedem, der einmal auf der mit den Baulinien versehenen Grundfläche bauen will, die Pflicht zu ihrer Einhaltung auferlegt.*

*Nach den in den einzelnen Bundesländern geltenden Bauvorschriften muß dem Bebauungsplan jedenfalls überwiegend ein normativer Charakter zugesprochen werden.*

*cc) Normative Akte sind weiterhin die für verbindlich erklärten Raumordnungspläne, die Baustufen- und Aufbaupläne, die Wirtschaftspläne (als Ausfüllungsnormen zu § 6 Nr. 1 WSG), einige Leit- bzw. Flächennutzungspläne (soweit sie die künftige Nutzungsart von Grundstücken regeln).*

*(b) Rein organisatorische Rechtsakte (ohne Außenwirkung) sind die verbindlichen Flächennutzungspläne, denen eine Außenwirkung fehlt, außerdem die Haushaltspläne der Selbstverwaltungskörperschaften.*

*Die Auffassung des Bundesverwaltungsgerichts, wonach die etatmäßige Bereitstellung von Mitteln wenigstens für Subventionsmaßnahmen eine hinreichende Legitimation verwaltungsmäßigen Handelns darstelle, ist abzulehnen, da nur der*

*Gesamtplan (mit den Schlußzahlen der Einzelpläne), nicht aber die Einzelpläne mit den verschiedenen Ansätzen von der formellen Gesetzes- bzw. Verordnungs-(Satzungs-)Kraft erfaßt werden.*

### *III. Die Einordnung des Planes in das rechtsstaatliche Normengefüge*

1. *Die Problemstellung kann nicht lauten, in welchen Fällen der Plan als solcher rechtmäßig bzw. gerichtlich nachprüfbar ist. Maßgeblich für die Lösung der mit der Rechtmäßigkeit und dem Rechtsschutz zusammenhängenden Fragen ist die jeweilige Rechtsnatur der verschiedenen Pläne.*

2. *Die Rechtmäßigkeit eines Planes hängt davon ab, daß seine Aufstellung durch eine ausreichende rechtsstaatliche Ermächtigung gedeckt ist.*

*a) Die Ermächtigung muß dem Grundsatz der Gesetzmäßigkeit der Verwaltung entsprechen.*

*1. Dieser Grundsatz ist für Verwaltungsakte, untergesetzliche Rechtsnormen und rein organisatorische Maßnahmen verschiedenartig ausgestaltet.*

*(a) Verwaltungsakte benötigen eine Rechtsgrundlage, die grundsätzlich (von den wenigen Fällen noch gültigen Gewohnheitsrechtes abgesehen) in einem förmlichen Gesetz enthalten sein oder doch auf ein solches zurückgehen muß. Die Rechtsgrundlage muß für den Erlaß bestimmter Verwaltungsakte eindeutige Tatbestandsvoraussetzungen festlegen und auch Ermessensmaßnahmen durch einen tatbestandlichen Rahmen binden.*

*(b) Untergesetzliche Rechtsnormen (mit Ausnahme „autonomer" Satzungen) bedürfen einer besonderen, nach Inhalt, Zweck und Ausmaß bestimmten gesetzlichen Ermächtigung.*

*(c) Rein organisatorische Maßnahmen (verbindlicher und unverbindlicher Art) können durch einen besonderen Rechtsetzungsakt vorgeschrieben sein. Im übrigen ist unmittelbar aus der Verfassung eine (verfassungs-)gesetzliche Ermächtigung der Exekutive zur Vornahme nur intern bedeutsamer Handlungen abzuleiten. Sie ist lediglich beschränkt durch den Vorrang des Gesetzes und den Vorrang der auf einer höheren Verwaltungsstufe erlassenen organisatorischen Anordnungen.*

*2. Für die Aufstellung der verschiedenen Pläne steht jedenfalls regelmäßig eine dem Grundsatz der*

*Gesetzmäßigkeit der Verwaltung entsprechende Rechtsgrundlage zur Verfügung.*

*b) Die Ermächtigung hat auch die sonstigen rechtsstaatlichen Prinzipien zu berücksichtigen. U. a. müssen die Grundsätze der Rechtsklarheit und der Rechtssicherheit befolgt sein. In dieser Hinsicht erwecken die Rechtsgrundlagen jener Pläne Bedenken, die die Festsetzung der Baulinien und die Zulässigkeit der Enteignung als Verwaltungsakte verfügen, ohne die betreffenden Belastungen des Grundeigentums in Urkunden mit öffentlichem Glauben für die Rechtsnachfolger evident werden zu lassen.*

3. *Für die Entscheidung der Frage, ob ein Plan dem Rechtsschutz unterfällt, ist gleichfalls seine Rechtsnatur maßgeblich.*

*a) Gegen unverbindliche und nur intern wirkende Pläne kommt eine Rechtskontrolle auf Grund der verfassungsrechtlichen und der verwaltungsgerichtlichen Generalklausel nicht in Betracht.*

*b) Die Bestimmung des zulässigen Gerichtsweges gegen Pläne mit einer Außenwirkung richtet sich danach, ob sie Verwaltungsakt- oder Rechtsnorm-Pläne sind.*

*1. Verwaltungsakt-Pläne unterliegen dem verwaltungsgerichtlichen Anfechtungsverfahren.*

*2. Rechtsnorm-Pläne sind dem verwaltungsgerichtlichen Normenkontrollverfahren in jenen Bundesländern zugänglich, deren Verwaltungsgerichtsgesetze eine Nachprüfung untergesetzlicher Rechtsetzungsakte ausdrücklich vorsehen. Im übrigen werden sie von der Rechtsschutzgarantie des Art. 19 Abs. 4 GG jedenfalls dann erfaßt, wenn sie „unmittelbar“ wirken und zur Entfaltung ihrer Rechtserheblichkeit nicht auf einen Vollzugsakt angewiesen sind.*

*3. Besondere Rechtsschutzprobleme ergeben sich bezüglich der Bebauungspläne.*

*(a) Formal betrachtet gewinnen die Rechtsnorm-Bebauungspläne eine unmittelbare Rechtserheblichkeit erst dann, wenn die von ihnen betroffenen Grundstücke bebaut werden. Sollte ein Grundstückseigentümer den Rechtsschutz aber erst im Rahmen eines Baugenehmigungsverfahrens in Anspruch nehmen dürfen, so könnten andere durch dasselbe Bauliniensystem gebundene Bauwerber mit einem früheren Baubeginn Fakten schaffen, die einen späteren Rechtsschutz illusorisch machen. Deshalb sind die normativen Bebauungspläne hinsichtlich der gerichtlichen*

*Nachprüfung den unmittelbar wirkenden Normen gleichzusetzen.*

*(b) Aus Gründen des Rechtsschutzes ist es zweckmäßig, Bebauungspläne als Normen zu erlassen.*

*(c) De lege ferenda ist die Ausgestaltung der Bebauungspläne als Verwaltungsakte (Summe von einzelnen Verwaltungsakten) zu fordern. Da die Bebauungspläne die nachhaltigsten öffentlich-rechtlichen Beschränkungen für die wirtschaftliche Nutzung des Bodens zum Zwecke der Bebauung enthalten, besteht ein dringendes Bedürfnis, hinsichtlich ihrer Wirksamkeit baldmöglichst klare Rechtsverhältnisse zu schaffen. Das ist nur dann möglich, wenn der Bebauungsplan als ein der formellen Rechtskraft fähiger Verwaltungsakt erlassen wird.*

*(d) Wird eine als Verwaltungsakt erlassene Baulinienfestsetzung angefochten, so erstreckt sich der Suspensiveffekt auf alle Baulinien, die mit der angefochtenen in einem unlösbaren Zusammenhang stehen.*

## *IV. Die Bedeutung des Planbegriffes*

*Die Bedeutung des Planbegriffes liegt darin, daß er*

1. *die Erkenntnis verwaltungsrechtlich relevanter Vorgänge erleichtert und deren typische Merkmale hervorhebt;*
2. *als Rahmenbegriff Ausarbeitungen aufnimmt, die sich trotz ihrer Verschiedenartigkeit in einem wesentlichen Punkte gleichen;*
3. *Zusammenhänge deutlich werden läßt, die durch die vordergründige Rechtsakt- und Rechtsschutz-Problematik oft verdeckt werden.*

# Der Plan als verwaltungsrechtliches Institut

## Aussprache und Schlußworte

**Peters:** Nach Rücksprache mit den Referenten habe ich folgenden Plan für die Diskussion aufgestellt. Das Gesamtthema der Diskussion wäre in vier Gruppen zu teilen:

P u n k t 1: „Wesen und Rechtswirkungen des Plans"; dazu würde gehören: Ziel des Plans, Zweck, Arten und Typen der Pläne, die Rechtsnatur des Plans und die rechtlichen Folgen einer Planaufstellung. Lediglich aber das materielle Recht; der Rechtsbehelf wird später unter 4 behandelt.

P u n k t 2: „Normen für die Planaufstellung". Dazu kommen die Frage der Ermessensbeschränkung. Willkürverbot, Gleichheitsdurchbrechung und allgemein positiv-rechtliche Vorschriften, etwa Verfahrensvorschriften usw., wie sie auf manchen Gebieten bestehen.

P u n k t 3: „Entschädigungsansprüche aus Planungen, Rechtsentziehungen, wirtschaftliche Schäden".

P u n k t 4: „Die Rechtsbehelfe gegen Pläne", also die Frage: „Entziehen sich manche Arten von Plänen wesensmäßig der Nachprüfung?" Da das freie Ermessen für sie typisch ist, entsteht das Problem der Ermessenskontrolle durch die Gerichte. Dann kämen die Fragen, die Herr Kollege Imboden behandelt hat. Dabei fällt wohl auf, daß wir das Thema als solches auf den Plan als Verwaltungsrechtsinstitut beschränkt haben. Mir ist jedoch während des Referats klar geworden, daß es eigentlich eher hätte heißen müssen: „Der Plan als Rechtsinstitut"; denn ein großer Teil der Planfragen tritt genauso auf bei anderen Typen von Plänen (wie der „Grüne Plan"), bei denen dann sogar an den Gesetzgeber bestimmte Forderungen gerichtet werden, nicht nur an die Verwaltung. Aber der Vorstand hat das Thema begrenzen müssen, und so ist es wohl richtig, daß wir die Diskussion auch darauf beschränken. Das hindert natürlich nicht, daß dort, wo Parallelerscheinungen zu finden sind, sich auch die Diskussion außerhalb dieser Begrenzung bewegt.

**Forsthoff:** Ich möchte kurz einen allgemeinen Eindruck andeuten, den ich aus den gestrigen und heutigen Vorträgen und Besprechungen gewonnen habe. Mir ist erst in diesen Tagen deutlich geworden, wie sehr die scheinbar getrennten Themen, die wir auf den verfassungsrechtlichen und den heutigen Tag verteilt haben, in ihrer Problematik zusammenhängen. Die transnationalen Gemeinschaften sind administrative Gebilde. Sie stehen im Dienste einer Einigung Europas und es werden ihnen, wenn die Einigung fortschreiten soll, weitere folgen. Die Aufgabe einer solchen Einigung stellt sich im 20. Jahrhundert offenbar wesentlich anders als im 19. Jahrhundert. Auch das 19. Jahrhundert hat ja große Einigungsbewegungen hervorgebracht, insbesondere auf dem Boden des deutschen Verfassungsrechts: den Einigungsversuch des Jahres 1848, den Norddeutschen Bund, die Reichsgründung. Zu dieser Zeit war das Mittel der Einigung selbstverständlich die gemeinsame Verfassung. Heute einigt man sich durch Schaffung gemeinsamer Administrationen. In dieser Tatsache drückt sich, wie ich glaube, eine für die moderne, industriell-technische Welt charakteristische Verschiebung der Gewichte aus, in denen wir unsere Hauptmaterien, das Verfassungsrecht und das Verwaltungsrecht einander zugeordnet finden.

Auch innerhalb des Verfassungsrechtes selbst haben sich die Gewichte, wie der gestrige Tag gezeigt hat, eindeutig verschoben. Das alte Zentralproblem der Verfassung: wie ist die Staatswillensbildung organisiert? tritt mehr und mehr hinter dem Problem des Rechtsschutzes zurück. Das hat natürlich gute Gründe. Denn in dem Maße, in dem das administrative Element im modernen Staat zunimmt, gewinnt auch der Rechtsschutz an Bedeutung.

Stellt sich das Problem der Einigung Europas vorzüglich als das Problem der gemeinsamen Administration dar, so tritt die Frage auf, wieviel wir von den Errungenschaften unserer Verfassungsentwicklung in die gemeinsamen administrativen Gebilde hineintragen können. Oder wird das Grundgesetz in seiner Rechtsstaatlichkeit, wie sie in den Artikeln 1—19 zum Ausdruck kommt, von den administrativen Einigungen vermöge der Auslegung des Art. 24 GG gewissermaßen unterlaufen? Das heutige Thema hat damit eine charakteristische Verwandtschaft. Ebenso wie die transnationale Administeration ist der Verwaltungsplan eine Rechtserscheinung, die sich der Struktur unseres öffentlichen Rechts nicht reibungslos einfügen will. Von unserem Verfassungsrecht her haben wir nur die Alternative, den Verwaltungsplan zur Norm oder zum Verwaltungsakt zu erklären, obgleich der Verwaltungsplan m. E. etwas anderes, ein aliud ist, das sich dieser Alternative entzieht.

Übrigens habe ich bedauert, daß der zeitgebundene Plan in den Vorträgen unberücksichtigt geblieben ist: der Fünfjahresplan oder der Vierjahresplan, wie man sie aus der Sowjetunion und dem nationalsozialistischen Staat kennt. Es wäre interessant und wichtig, einmal des näheren darzulegen, daß, warum und inwiefern der Plan, sobald er an die Zeit gebunden wird, sein Wesen vollkommen verändert. Dazu bedürfte es wahrscheinlich auch einer philosophischen Erfassung des Wesens der Zeit. Jedenfalls ist der Plan in der modernen Staatswirklichkeit ein Phänomen von besonderer Stoßkraft, das unser Sozialleben immer stärker bestimmt.

Die verfassungsrechtlichen Probleme, die der Plan als ein unserer Rechtstypik im Grunde fremdes Rechtsinstitut aufwirft, sind im Grunde die gleichen wie sie bei der dem Plan insoweit verwandten transnationalen Administration auftreten. Es sind Rechtsschutzfragen. Art. 19 Abs. 4 GG ist zur Zentralnorm des gesamten öffentlichen Rechts geworden. Ich sehe darin eine charakteristische, aber unausweichliche Minderung der verfassungspolitischen und verfassungsrechtlichen Substanz im Rahmen unseres öffentlichen Rechts. Auf diese allgemeine Bemerkung möchte ich mich zunächst beschränken.

**Merk:** Ich möchte mich beschränken auf die Behandlung von Ortsbau- und Straßenbauplänen. Man sollte hier von der Festsetzung der Fluchtlinien für ein bestimmtes Grundstück ausgehen. Daß das eine Verwaltungsverfügung ist, kann nicht in Zweifel gezogen werden. Ein Ortsbauplan weist nun die Eigentümlichkeit auf, daß es sich hier um eine Summierung von planmäßig miteinander verknüpften Einzelverfügungen handelt. Daß eine Wesensänderung eintritt dadurch, daß man nicht nur für ein Grundstück die Fluchtlinien festsetzt, sondern für mehrere bestimmte Grundstücke, vermag ich nicht einzusehen. Ich würde diese Fragestellung deshalb nicht so fassen, wie es von Herrn Obermeyer unter Ziff. II, 5, 2) bb geschehen ist. Dicse Fluchtlinien beziehen sich auf bestimmte Grundstücke und haben — ganz ähnlich wie eine Verwaltungsverfügung — eine bestimmte Gestaltung für diese Grundstücke im Auge. Um Rechtssätze würde es sich handeln, wenn ganz allgemein bestimmt werden könnte, z. B. daß die Baufluchten hinter den Straßenfluchten immer um 2 Meter zurückbleiben müßten, etwa so wie in Baugesetzen bestimmt wird, daß nur Dreiviertel oder die Hälfte eines Grundstücks bebaut werden darf, was eben für alle Grundstücke grundsätzlich gilt. So etwas kann bei den Fluchtlinienplänen praktisch nicht gemacht werden. Aber es ist eben doch wichtig, daß man bei den Verwaltungsverfügungen — sei es nun eine Einzel- oder Allgemeinverfügung — nicht in erster Linie auf den Personenkreis, sondern darauf abhebt, ob ein bestimmter verwaltungsrechtlicher Sachverhalt gestaltet wird. Ich vermag also mit Bezug auf den sachlichen Gehalt keinen Rechtssatz in der Festsetzung von Straßen- und Baufluchten zu erblicken. Es werden hier bestimmte Grundstücke unmittelbar in genau bestimmter und im allgemeinen in ganz verschiedener Weise erfaßt, und es ist da nicht von einer allgemeinen, abgezogenen Regelung von Tatbeständen die Rede. Daß die jeweiligen Eigentümer erfaßt werden, ist lediglich eine Folgeerscheinung der Rechtsverhältnisse an dem Grundstück; das ergibt aber keinen unbestimmten Personenkreis. Was die Kundmachung betrifft, so ergibt sich, daß, wenn die Festsetzung von Fluchtlinien als Verwaltungsverfügung aufzufassen ist, es genügt, daß sie den Beteiligten bekanntgemacht wird, soweit nichts Besonderes, wie z. B. ortsübliche Bekanntmachung, bestimmt ist; eine Verkündung, wie bei Rechtssätzen, ist nicht erforderlich. Diese Pläne mögen gegenüber sonstigen Verwaltungsverfügungen gewisse Besonderheiten aufweisen. Aber gegenüber einem Rechtssatz überwiegt m. E. doch die Verwandtschaft mit einer Verwaltungsverfügung. Es handelt sich — jedenfalls in sachlicher Hinsicht — um eine Sammelverfügung, die im Hinblick auf die einheitliche Zielrichtung der Linienführung als Allgemeinverfügung aufgefaßt werden kann. Im übrigen kann freilich das Gesetz auch eine besondere Form vorsehen, z. B. eine Satzung.

Wenn sodann Herr Obermayer in Ziff. II seiner Leitsätze die Auffassung des Bundesverwaltungsgerichts bekämpft, daß die Bereitstellung von Mitteln im Haushaltsplan eine genügende Rechtsgrundlage für die Gewährung von Finanzbeihilfen, den sog. Subventionen, bildet, weil beim Haushaltsplan die Einzelpläne mit ihren Einzelanforderungen nicht von der förmlichen Gesetzeskraft erfaßt werden, so vermag ich ihm darin nicht zu folgen. Allerdings werden die Einzelanforderungen nicht in das förmliche Haushaltsgesetz aufgenommen und im Gesetzblatt veröffentlicht; aber gleichwohl werden in den Einzelplänen der Verwaltung nur begrenzte Ermächtigungen zur Verwendung der bewilligten Mittel nach bestimmter Richtung gewährt, ohne daß dies nach außen veröffentlicht werden müßte und unbeschadet dessen, daß die Einzelanforderungen von der förmlichen Gesetzeskraft nicht erfaßt werden. Das zeigt sich insbesondere darin, daß ohne besondere Bestimmung Mittel nicht beliebig auf eine andere Einzelanforderung übertragen oder für sonstige Zwecke verwendet werden dürfen. Die Behauptung aber, daß die Verwaltungsverfügungen — abgesehen von der in der Verfassung oder in Gesetzen der Verwaltung erteilten allgemeinen Ermächtigung zum Handeln — jeweils einer besonderen Rechtsgrundlage in einem förmlichen Gesetze bedürfen, trifft nach deutschem Recht wohl für die belastenden Verwaltungsverfügungen zu, nicht aber in gleicher Weise für die begünstigenden, wie gerade für die Finanzbeihilfen.

**Winkler:** Die Thesen, die von den beiden Referenten vorgetragen worden sind, widerstreiten einander anscheinend. Und zwar sagt Herr Imboden, daß der Plan ein Verwaltungsakt sui generis ist, ein Typus des Verwaltungsakts in einem weiteren Sinne. Herr Obermayer hingegen löst den Plan in verschiedene rechtliche Formen auf, obwohl er ihn nach einem sehr reichhaltigen Anschauungsmaterial doch in e i n e n Begriff zusammengefaßt sieht. Irgendwie scheinen sich aber diese beiden entgegengesetzten Standpunkte dennoch zu begegnen. Angesichts dessen erinnere ich mich an die Ausführungen Tezners in seinem Administrativverfahren. Tezner hat in dieser Arbeit verschiedene Typen des Verwaltungsakts in ganz außerordentlicher Vielfalt nach durchaus heterogenen Gesichtspunkten geschildert. So hat er z. B. die Beurkundungen, die Verordnungen, die Mitteilungen, die Gestaltungen, die Verfügungen, die Bescheide, die Polizeiverwaltungsakte usw. aufgezählt. Die Gesichtspunkte der Typisierung haben durchaus unterschiedliche Qualität. Einmal sind es Gesichtspunkte des Inhaltes, zum anderen Gesichtspunkte der Erscheinungsform, dann aber auch Gesichtspunkte der Funktion, aber auch solche des Urhebers. Tezner unterscheidet, ohne eigentlich seiner Unterscheidung eine gemeinsame Unterscheidungsbasis zugrundezulegen.

Mit diesem Hinweis möchte ich aber nicht sagen, daß von einem einheitlichen Typus „Plan" nicht gesprochen werden darf, sondern nur darauf hinweisen, daß man, stellt man den Plan als einen Typus sui generis heraus, auf den Betrachtungsgesichtspunkt besonders achthaben muß. Der äußeren Erscheinungsform nach weist der Plan zweifellos Eigenheiten auf. Er liegt eben nicht im üblichen sprachlichen Ausdruck vor, sondern in einer lineargeometrischen Beschreibung. Auch seine Funktion zeigt bestimmte Eigenheiten, die eigentlich nur ihm zukommen. Die rechtlichen Auswirkungen des Plans hingegen sprengen diese Einheit der äußeren Erscheinungsform, wie Herr Obermayer sehr schön gezeigt hat. Ein Plan kann nämlich, auch vom österreichischen Recht her gesehen, durchaus die Rechtswirkungen einer Verordnung, also einer Norm oder eines Rechtssatzes, er kann aber auch die Rechtswirkungen eines Verwaltungsakts im engeren Sinne haben. Der Plan kann aber darüberhinaus genauso als Verwaltungsverordnung qualifiziert und er kann auch als bloße unverbindliche Mitteilung angesehen werden. Der Plan entfaltet demnach, so scheint mir, keine ihm spezifisch, d. h. ihm allein eigene Art von Rechtsverbindlichkeit, er kann nur seiner äußeren Erscheinung nach, nicht seiner

Funktion nach, nicht seinen Rechtswirkungen nach oder der Rechtsverbindlichkeit nach als eigener Typus betrachtet werden.

Und nun noch eine Bemerkung am Rande. Rechtssatz und linear-geometrische Bauplanung sind keine echten Gegensätze, weil die Vergleichbarkeit fehlt. Das liegt auf derselben Linie wie die Typologie Tezners. Der Gegensatz ist vielmehr: wörtlicher, sprachlicher Ausdruck einerseits und linear-geometrische Zeichnung andererseits. Daher ist vielmehr zu fragen, ob überhaupt und wenn ja, welcher normative Sinn dem Plan abgewonnen werden kann, obwohl oder weil er uns im linear-geometrischen Erscheinungsbild entgegentritt. Erst dann wäre eine Gegenüberstellung mit dem Rechtssatz möglich. Bloß deshalb, weil der Plan in dieser Erscheinungsform auftritt, kann man nicht sagen, daß ihm die normative Eigenschaft fehlt. Außerdem darf der Plan wohl nicht ganz isoliert für sich allein betrachtet werden, sondern er muß einerseits im Zusammenhang mit den ihn determinierenden Rechtssätzen gesehen werden und andererseits im Zusammenhang mit dem Sachbezug der Materie, in der er steht und für die er Aussagen abgeben soll. Von dorther werden sich dann zusätzliche Kriterien finden lassen, die für den Plan nach seinen Rechtswirkungen die Zuordnung zur Verordnung, zum Bescheid oder Verwaltungsakt im engeren Sinn oder zu anderen Typen verwaltungsmäßigen Handelns ermöglichen.

**Ipsen:** Zu dem ersten Punkt der Diskussion nenne ich das Stichwort einer möglichen Typologie der Pläne und knüpfe ich zunächst an die ersten Bemerkungen von Herrn Forsthoff an. Wir haben nach den Referaten unseren Blick im wesentlichen konzentriert auf die Bodenordnung, die Grundordnung und die Stellung des Eigentümers oder des Gewerbetreibenden, die sich im Zusammenhang mit dem Boden entfaltet. Ich frage mich ebenso wie Herr Forsthoff, ob wir bei der Betrachtung des Plans nicht über diesen engen, sachlichen Bereich und auch den des Verwaltungsrechts hinausgreifen müßten. Es wird ja auch „geplant" (zeitlich bemessen) zur Bewältigung bestimmter öffentlicher Aufgaben, sagen wir: der Versorgung. So dient, um nur ein Beispiel zu nennen, der Beschaffung des nötigen Brotgetreides unsere Getreidegesetzgebung mit allem, was damit zusammenhängt, angefangen von der Preisfestsetzung oder weiteren Beschränkungen bis zur regulierten Öffnung von Importschleusen mit Kontrollen zur Anhebung oder Absenkung der Preise, mit einer hoheitlich planenden Apparatur, die den daran Beteiligten (den Landwirt, den Importeur, den Händler), grundrechtlich gesprochen, in seinen Rechten aus den Artikeln 2, 12 und 14 berühren kann. Hier gibt es Zusammenhänge mit dem Plan, der den Grund und Boden betrifft. In dem Augenblick, in dem eine „Einplanung" oder „Verplanung" stattfindet (man nennt sie ja z. T. sonst „Planfeststellung"), werden alle, die mit ihrer beruflichen Funktion, mit ihrer Stellung als Grundeigentümer oder sonstwie davon tatbestandsmäßig erfaßt werden, durch die Verplanung in eine Art rechtlicher „Schicksalsgemeinschaft" eingeordnet. Diesen ersten entscheidenden Akt sollten wir besonders ins Auge fassen, und seine Justitiabilität wird die entscheidenden Fragen aufwerfen. Sie müssen unterschieden werden von den späteren Auswirkungen z. B. für den einzelnen Baulustigen, der dann, nachdem er „verplant" worden ist, feststellt, er dürfe nur zweigeschossig oder hier gar nicht bauen, weil ein Kinderspielplatz, eine Freifläche entstehen soll. Für ihn muß dann seine spätere Betroffenheit ermittelt und gefragt werden, ob er gegenüber der Versagung des Baubescheides Rechtsmittel bei den Verwaltungsgerichten ergreifen oder liquidieren darf, weil ihn ein Schaden trifft. Er befindet sich dann aber bereits in der vorher vollzogenen Einplanung und Verplanung. Dieser erste Akt (um die Grenzen seiner Justitiabilität zu erfassen) wird uns im wesentlichen im letzten Punkt unseres Diskussionsprogramms beschäftigen. Das hängt damit zusammen, daß es Sinn und Zweck des Plans ist, nivellierend zu wirken und die Besonderheiten, die der einzelne in seiner Grundstückslage aufweist, dem Planzweck unterzuordnen. Wenn davon gesprochen worden ist — ich glaube, von beiden Referenten —, der Plan bewirke per se die nivellierende Verplanung, nur potentiell Ungleichbehandlung und Differenzierung, dann ist das genau das, was ich dem Wesen dieses Vorgangs entnehmen möchte. Die Betroffenen befinden sich nun einmal im Nexus dieser Verplanung und sind ihr unterworfen, wobei es mir unter Eigentumsgesichtspunkten nicht schwerfällt, die gedankliche Brücke zu schlagen zu Formen einer Art „Vergemeinschaftung" des Eigentums unter Vorstellungen, die zwar nicht gerade in Art. 15 GG unterzubringen sind, diesen Vorgang der Verplanung das Eigentum aber doch als einen solchen der Gemeinschaftsordnung charakterisieren.

**Peters:** Wir gehen davon aus, als ob der Plan primär aus juristischen Gründen aufgestellt werde; er dient aber den allerverschiedensten Stellen dazu, sich in irgendeiner Weise auf ein bestimmtes kommunales oder politisches Ziel zu koordinieren. Der Plan hat gewöhnlich finanzielle Bedeutung. Zunächst wird rein formal das Ziel, das man erreichen will, herausgestellt. Es wird herausgearbeitet, welche technischen Mittel dazu erforderlich sind. Bei den Zeitplänen ist die Zeit der primäre Maßstab, während sonst bei den anderen Plänen die Zeit auch ein Faktor sein kann. Wenn man z. B. einen Universitätsplan für den Aufbau einer Universität aufstellt, so wirken, auch soweit es keine Zeitpläne sind, zeitliche Momente hinein. Man will etwa in 10 Jahren bestimmte Institute aufbauen. Dann kommt die Finanzplanung, und schließlich folgt die Bodenplanung, und gerade bei der letzteren können die Rechte Dritter beeinträchtigt werden. Wir Juristen müssen uns von der Vorstellung freimachen, als ob der Plan in erster Linie zum Gegenstand habe, wie Eingriffe in die Rechte Dritter irgendwie vorgenommen oder verhindert werden sollen. Diese Fragen sind eigentlich das, was, vom Plan aus gesehen, letztlich nebenher mit dranhängt. Ich habe daher Bedenken dagegen, daß man von den Eingriffen her die ganzen Fragen des Plans als Verwaltungsinstitut aufwirft. Sicher, es gibt Entschädigungsansprüche, es muß irgendwelche Rechtsbehelfe geben; denn auch der Plan bewegt sich im Rechtsstaat und kann daher nicht einfach über fremde Rechte hinweggehen. Aber wir müssen wirklich doch zuerst klar herausstellen, was das Wesen des Plans ist, und das ist m. E. ungefähr richtig von Herrn Kollegen Obermayer definiert worden. Der Plan besteht darin, daß er Richtlinien für zukünftige Maßnahmen der Behörden enthält, daß durch ihn die Koordinierung verschiedener Maßnahmen innerhalb der Verwaltung erfolgt, daß die Zeit irgendwie als ein das Ganze zusammenfassender Faktor auftritt und daß letztlich die zugrundeliegenden bestimmten politischen Bewertungen ins Spiel gebracht werden. Man will z. B. Wohnungen bauen und entscheidet sich bereits durch den Plan für oder gegen Eigenheime. So werden, das wurde noch nicht gesagt, nun auch die verschiedenen politischen Wertmaßstäbe eingeplant. Ich glaube, daß der Jurist, dem es darauf ankommt, nachher die Rechte des Einzelnen sicherzustellen, erst in zweiter Linie auf das Planungsgeschäft einzuwirken berufen ist.

**Forsthoff**: Das scheint mir eigentlich das Aufregende an der Sache zu sein: daß alles, was innerhalb der Planung geschieht, schließlich auch der ergehende, den einzelnen betreffende Verwaltungsakt, in einem kontinuierlichen Ablauf steht. Das unterscheidet etwa den Plan von der Bauverfügung; diese bleibt eine bestimmte Zeit bestehen, aber unverändert. Das Planungsgeschehen geht bei uns deduktiv vor sich. Beim größeren Raum fängt es an, etwa bei der Landesplanung, und es verengt sich dann bis zum Ortsbebauungsplan. Das Ganze aber ist ein kontinuierliches Geschehen, in das Herr Obermayer nach dem geltenden Recht durchaus zutreffend die Zäsur der unverbindlichen und der mit Außenwirkung ausgestatteten

Pläne hineinlegt. Diese Zäsur machen wir als Juristen; ob wir sie mit gutem Gewissen machen können, ist die Frage. Aber da steckt das Problem; denn in den unverbindlichen Flächennutzungsplänen, Generalbebauungsplänen usw., liegen schon die Vorgriffe, die alles Weitere, Spätere bestimmen. Es scheint mir das Fundamentalproblem des ganzen Rechtsschutzes zu sein, daß er meistens zu spät kommt. Unsere etwas mechanische Zäsur zwischen Innenwirkung, bei Flächennutzungsplänen und beim Generalbebauungsplan usw. einerseits und dem Ortsbebauungsplan mit Außenwirkung andererseits ist dogmatisch vielleicht noch ganz schön, aber unter dem Gesichtspunkt des Rechtsschutzes ist sie höchst problematisch.

Und dann das zweite. Darf ich noch eine Frage an Herrn Obermayer stellen? Mir ist nicht ganz klar geworden, Herr Obermayer, Ihre Unterscheidung innerhalb der Rechtsnatur der Bebauungspläne, zwischen den Einzelakten, von denen Sie sagen, daß sie sich nur an bestimmte Personen richten und deren Rechtsnachfolger, und den Rechtsnormen. Haben Sie das abgehoben aus dem bayer. Baurecht, wo man das vereinfachte Fluchtlinien- und Baulinienfestsetzungssystem ohne Auslegung und ohne öffentliche Mitteilung durch Zustellung an die Eigentümer kennt, und den anderen Fall: der publizierten satzungsmäßigen Festlegung?

**Obermayer:** Ja, darauf habe ich abgestellt.

**Forsthoff:** Mir ist der Unterschied nicht klar. Ich sehe keinen Unterschied in der Rechtswirkung, ob eine Baulinie durch Einzelakt oder durch Satzung festgelegt wird. Für das betroffene Grundstück ist die Rechtslage in jedem Falle die gleiche. Ich würde meinen, daß die dem Grundstück auferlegte Bindung in jedem Falle eine öffentliche Last ist. Ich habe bis heute noch nicht begriffen, warum diese Bindung generell sein soll. Sie unterscheidet sich doch in nichts von einer eingetragenen Servitut, die ebenso gegenüber dem Rechtsnachfolger wie jedem Dritten wirksam ist, die wir aber wegen dieser dinglichen Wirkung nicht als etwas Normatives ansehen. Mit dem Gesichtspunkt des Generellen kann man deshalb m. E. hier nicht operieren. Würden Sie Ihre Unterscheidung noch näher verdeutlichen?

**Obermayer:** Ich glaube, wir müssen unterscheiden zwischen dem Effekt, der in der Rechtswirklichkeit ausgelöst wird und dem juristisch-technisch gestaltenden Akt, der diesen Effekt auslöst. Es ist möglich, Bauverbote normativ festzulegen, etwa durch Naturschutz- oder Landschaftsschutzverordnungen, die es jedermann verbieten, in einem bestimmten Gebiet zu bauen.

Dann wird der Effekt „Bauverbot" erreicht durch eine Norm. Es ist aber genauso gut möglich, daß dieser gleiche Effekt durch einen Verwaltungsakt erreicht wird. Das ist dann der Fall, wenn eine Verwaltungsbehörde gegenüber einzelnen Grundstückseigentümern ein Bauverbot verfügt auf Grund einer allgemein publizierten Norm, die eine solche Befugnis gewährt.

**Mehrere Stimmen:** Ein Bebauungsplan in der Form von Einzelverfügungen? Entscheiden soll also die rein formale Unterscheidung zwischen der Einzelzustellung in einem Fall, und dem Erlaß durch Beschluß der Gemeindevertretung im anderen Fall?

**Obermayer:** Nicht ganz so! Ich gehe davon aus, daß die Bebauungspläne rechtlich ausgeformt wurden in einer Zeit, der unsere heutigen, strengen rechtsstaatlichen Grundsätze fremd waren und die auch nicht die scharfe Unterscheidung zwischen Verwaltungsakt und Norm kannte. Deshalb möchte ich die Publikation als Indiz für das Vorliegen einer Norm und die Einzeleröffnung als Indiz für das Vorliegen eines Verwaltungsaktes werten. Entscheidend aber scheint mir die Erkenntnis zu sein, daß bestimmte rechtliche Wirkungen, die sich für den Betroffenen im Ergebnis gleich auswirken, sowohl durch einen Verwaltungsakt wie auch durch eine Norm erreicht werden können. Die generellen Verbotsnormen und die Einzelverbote, die auf Grund einer Norm ergehen, bedeuten praktisch für den Betroffenen das gleiche. Wenn eine Naturschutzverordnung die Nutzung der Grundstücke in einem bestimmten Gebiet untersagt, dann wirkt sich diese normative Beschränkungsanordnung für den Eigentümer eines Steinbruchs genau so aus, als wenn ihm durch Verwaltungsakt auf Grund einer Norm die Nutzung untersagt worden wäre.

**Ule:** Ich habe doch Bedenken dagegen, daß das Thema durch die Bezeichnung „Der Plan als verwaltungsrechtliches Institut" in gewisser Weise, und zwar in doppelter Hinsicht, möchte ich sagen, verengt worden ist, da mir scheint, als ob dadurch der Zugang zum Wesen des Plans erschwert wird. Einmal fragt man sich bei dieser Beschränkung auf das verwaltungsrechtliche Institut, was denn überhaupt der Gegensatz dazu ist. Ich würde etwa den „Grünen Plan" oder die „Vierjahrespläne" und dgl. nicht unbedingt als Gegensatz zu einem verwaltungsrechtlichen Institut verstehen können. Aber die entscheidende Frage ist, glaube ich, die, daß hier von einem Rechtsinstitut die Rede ist, und insofern möchte ich das, was Herr Peters ausgeführt hat, noch etwas schärfer zum Ausdruck bringen. Ist der Plan nicht im Grunde genommen ein vorrechtliches und außerrechtliches Institut, das nur in einer ganz bestimmten Situation verrechtlicht wird? Ich meine, jedes Verwaltungsgesetz, soweit es sich nicht um Organisationsnormen, Verfahrensnormen und dgl. handelt, will doch einen Plan verwirklichen, auch wenn dieser Plan nicht in irgendwelchen Rechtssätzen festgelegt ist. Und wenn beispielsweise ein Staat sich dazu entschließt, eine Wehrmacht aufzustellen, oder wenn für die Erziehung der Jugend ein ganz bestimmter Plan aufgestellt wird (der Bundes-Jugendplan ist bisher noch nicht genannt worden), dann muß man sich doch die Frage stellen, wie dieser Plan nun verwirklicht werden kann, und das heißt im Rechtsstaat mit rechtlichen Mitteln. Das ist ein Sonderproblem unserer staatsrechtlichen Situation, aber wohl kein allgemeines Problem des Planes. Im Rechtsstaat erfolgt die Verwirklichung des Plans dann im Wege der Norm oder durch Einzelakte auf Grund einer Norm. Würde man den Anschauungsbereich noch weiter ziehen, als das hier geschehen ist, und würde man sich von den Bauplänen stärker lösen, so käme wohl der Gesichtspunkt sehr viel mehr heraus, daß der Plan das erste ist und daß alles weitere aus der Notwendigkeit, den Plan auszuführen, folgt. Diese Notwendigkeit erfordert es im Rechtsstaat, Rechtssätze zu erlassen. Also mir scheint, daß man im Plan nicht nur ein verwaltungsrechtliches Institut sehen sollte, sondern ein, im Grunde genommen, technisches Institut, ein Verwaltungsinstitut, wenn Sie wollen.

**Bachof:** Ich möchte nochmals auf die Frage zurückkommen, die Herr Forsthoff eben an Herrn Obermayer gestellt hat und die ich hiermit, anders formuliert, ebenfalls stelle. Herr Obermayer hat in seinen Leitsätzen — II, 5, b (2), a, bb — ausgeführt: „Der Bebauungsplan enthält Einzelakte (Verwaltungsakte), wenn sich die Festsetzung der Baulinien nur an diejenigen Personen richtet, die im Zeitpunkt der Festsetzung die Verfügungsmacht ... besitzen". Er hat das, wenn ich mich recht erinnere, heute morgen mündlich dahin erläutert: es handele sich dann um einen Verwaltungsakt, wenn dem Festsetzungsbescheid „dingliche" Wirkung zukomme, wenn er also auch gegenüber den Rechtsnachfolgern gelte und sozusagen eine öffentliche Last auf das Grundstück lege. Nun die — bewußt überspitzte — Frage: Wenn ich sage, „Es wird diesem derzeitigen Eigentümer dieses Hauses verboten, anders als so (d. h. anders als nach Maßgabe der ihm gegenüber festgesetzten Baulinie) zu bauen; dies Verbot gilt aber mit dinglicher Wirkung, d. h. auch gegenüber den Rechtsnachfolgern" — so soll das ein Verwaltungsakt sein? Wenn ich aber sage: „J e d e m (auch künftigen) Eigentümer dieses Grundstücks wird verboten, anders als nach Maßgabe der Baulinie zu bauen" — so wäre dies, wenn ich Sie recht verstanden habe, eine Verordnung? Dann würde man die Unterscheidung zwischen Norm und Verwaltungsakt also lediglich von der mehr oder minder willkürlichen und beliebigen, im Effekt doch völlig gleichen Formulierung abhängig machen (Zwischenruf: Frist!). Frist? Ob ich sage, „mit dinglicher Wirkung, und also auch mit Wirkung gegen jeden Rechtsnachfolger", oder ob ich sage, „mit allgemeiner Wirkung gegen jeden, der einmal bauen will: das bedeutet im einen wie im anderen Falle eine unbegrenzte und unbefristete Wirkung. Somit würde es lediglich von der Formulierung abhängen, ob eine Maßnahme als Verwaltungsakt oder als Norm zu qualifizieren ist; und von dieser Formulierung allein würde es abhängen, ob ich etwas als Norm publizieren muß oder ob ich es als Verfügung einzeln zugehen lassen kann. Diese Konsequenz, die sich mir aus Herrn Obermayers Ausführungen- falls ich ihn richtig verstanden habe — zu ergeben scheint, würde mir nicht einleuchten.

**Obermayer:** Darf ich nochmals auf das Beispiel vom Steinbruch zurückkommen. Es ist doch möglich, daß durch Verwaltungsakt dem Eigentümer des Steinbruchs, Herrn A, gesagt wird, dieser Steinbruch darf nicht mehr genutzt werden. Aber auf der anderen Seite gibt es Naturschutzverordnungen, die generell die Nutzung in einem bestimmten Raum untersagen. Dann ergibt sich für Herrn A als Eigentümer des Steinbruchs die gleiche Folge: er kann seinen Steinbruch nicht mehr nutzen. So ist es auch bei der Feststellung der Zulässigkeit einer Enteignung. Regelmäßig wird sie durch Verwaltungsakt gegenüber den derzeitigen, an einem (Plan-)Verfahren beteiligten Grundstückseigentümern vorgenommen. Auf der anderen Seite kennt das preußische Fluchtliniengesetz die normative Zulässigkeitsfeststellung der Enteignung. Sind die Fluchtlinien festgesetzt, dann ist auch für alle künftigen Grundstückseigentümer die Zulässigkeit der Enteignung insoweit festgestellt.

**Bachof:** Wenn ich darauf kurz erwidern darf: Es ist nicht zu bestreiten, daß man mit dem Verwaltungsakt oft die gleichen Wirkungen erzielen kann wie durch die Norm. Die Frage ist nur, ob man l e d i g l i c h nach der F o r m u l i e r u n g etwas beliebig bald als Norm und bald als Verwaltungsakt gestalten kann, obwohl es im einen wie im anderen Fall völlig denselben Adressatenkreis, völlig denselben Sachgegenstand, völlig denselben Zeitpunkt betrifft. (Zwischenruf: N i c h t denselben Adressatenkreis!) Ob ich sage „Eigentümer Müller und alle seine potentiellen Rechtsnachfolger", oder ob ich sage, „jeder, dem das Grundstück einmal gehört", das ist doch derselbe Adressatenkreis!

**Obermayer:** Ich möchte nicht sagen, Herr Müller und seine Nachfolger, sondern das Grundstück des Herrn Müller, mit der Folge, daß der Nachfolger es mit dieser Last übernimmt.

**Bachof:** Oder auf der anderen Seite: „jeder, der dieses Grundstück besitzt". Natürlich kann ich entweder sagen: „das Grundstück darf nicht bebaut werden"; oder ich kann sagen: „jeder Eigentümer des Grundstücks darf es nicht bebauen". Aber auch das ist doch kein wirklicher inhaltlicher Unterschied, sondern eben wieder nur ein Unterschied in der Formulierung.

**Obermayer:** Ich möchte aus der Form auf die Sache schließen. Nach der bayer. Bauordnung werden die derzeitigen Grundstückseigentümer beigeladen, ihre Grundstücke mit den Nummern werden auf dem Plan festgehalten.

**Merk:** Ich möchte doch nochmals wiederholen, daß mir das Wesentliche an einer Verwaltungsverfügung darin zu liegen scheint, daß ein bestimmter gegebener Sachverhalt verwaltungsrechtlich gestaltet wird. Und dies geschieht bei Fluchtlinienplänen mit Bezug auf genau bestimmte Grundstücke. Und wenn auch die betreffende Verwaltung hierbei weitere Zwecke verfolgt, nämlich einheitliche Gestaltungen der Straßen- und Baufluchtlinien, so wird doch unmittelbar in seinem Rechtskreis nur der einzelne Eigentümer mit Bezug auf sein Grundstück betroffen, und zwar jeweils in besonderer Weise. Daß es sich also dem Wesen nach um eine Verwaltungsverfügung handelt, das ergeben auch bestimmte Baugesetze, wie z. B. die bayerische Bauordnung von 1901, die württ. Bauordnung von 1910 und das badische Ortsstraßengesetz von 1908. Da wird nicht nur gesagt, daß die Beteiligten vor der endgültigen Planfeststellung zugezogen werden, sondern auch, daß, wenn der Ortsbauplan endgültig festgestellt und damit wirksam geworden ist, das die Wirkung hat, daß von diesem Zeitpunkt ab diese Fluchten für die betreffenden Grundstücke, die in diesen Bebauungsplan hineinfallen, maßgebend sind. Das ist also eine unmittelbare Rechtswirkung, wie wir das beim Rechtssatz so nicht sehen; da handelt es sich um die Regelung von Tatbeständen allgemeiner Art, die sich möglicherweise in der Zukunft im Einzelfalle verwirklichen können. Diese Unterscheidung ist von grundlegender Bedeutung auch für die Frage des Rechtsschutzes, wovon noch die Rede sein wird.

**Winkler:** Das Beispiel des Herrn Obermayer vom Steinbruch scheint nach den Ausführungen von Herrn Professor Forsthoff zu zeigen, daß eigentlich in den rechtlichen Auswirkungen zwischen den beiden Fällen kein erheblicher Unterschied ist. Vom österreichischen Recht her gesehen, liegt gewiß auch nur ein Unterschied im Adressaten vor; das ist aber doch ein ganz wesentlicher Unterschied, denn mit ihm ist der Rechtsschutz verbunden. Vom Rechtsschutz her gesehen, erlangen diese Merkmale ganz wesentliche Bedeutung. Wenn Herr X als Grundstückseigentümer angesprochen ist, dann hat er die Möglichkeit, den administrativen Instanzenzug zu erschöpfen und eine Verwaltungsgerichtsbeschwerde einzubringen; sein Rechtsnachfolger hat kein Rechtsmittel mehr, wenn und weil der Rechtsvorgänger darauf verzichtet hat. Wenn hingegen eine Verordnung erlassen wird, also wenn der Grundstückseigentümer durch das Gattungsmerkmal „Grundstückseigentümer" angesprochen wird, dann hat er nach österreichischem Recht von vornherein kein Rechtsmittel. Das ist ein ganz wesentlicher Unterschied, der festgehalten werden muß. Zur Illustration dieser Frage ein Beispiel aus dem Flurverfassungsrecht. Im Flurverfassungsgesetz wurde für die Grundstückszusammenlegung verfügt, daß Pläne für die künftige Gestaltung der neuen Ordnung der Grundstücke aufgelegt werden. Die Auflegung der Pläne hat für sich allein keine Rechtsverbindlichkeit. Sie ist eine bloße Mitteilung. Zur Verbindlichmachung des Planes bedarf es noch für jeden Einzelnen der bescheidförmigen Vorschreibung mit dem Hinweis auf den Zusammenlegungsplan. Dadurch wird der Zusammenlegungsplan zum mittelbaren Bescheidinhalt und erlangt erst auf diese Weise Rechtsverbindlichkeit. Man hat also die generelle Form der verbindlichen Verordnung vermieden, und dafür den Weg der individuellen Mitteilung gewählt, obwohl im Endeffekt die Auswirkungen dieselben sind, obwohl also auch jeder Grundeigentümer, der Rechtsnachfolger eines erstbetroffenen Grundeigentümers wird, daran gebunden ist. Bei alledem steht die Frage der unmittelbaren Bekämpfbarkeit im Vordergrund. Das ist auch ein Argument dafür, daß man doch die rechtlichen Aspekte des Fragenkomplexes „Plan" nicht in den Hintergrund drängen soll. Ich bin keineswegs dagegen, den Plan etwa funktionell zu definieren und außerrechtlich zu untersuchen, zu klassifizieren und zu qualifizieren. Aber von der rechtlichen Seite her ist der Plan kein eigener Typus, sondern er erlangt nur Wirksamkeit in den typischen Formen unserer Rechtsordnung.

**Pfeifer:** Das Thema lautet: „Der Plan als verwaltungsrechtliches Institut", aber die Behandlung hat den Plan vielleicht noch etwas weiter gefaßt. Ich würde sagen, der Plan, ganz allgemein definiert, wie es etwa Herr Obermayer zunächst getan hat, ist ein Institut, das vielleicht der Verwaltungslehre angehört. In dem Augenblick, wo er mit irgendwelchen Rechtswirkungen verbunden ist, sei es bloß interner Natur — das ist anläßlich von Anordnungen, die für die ausführende Verwaltung rechtsverbindlich sind — oder sogar nach außen mit rechtsbegründer Natur, tritt er ins Verwaltungsrecht. Mit der Wirkung auf das Verwaltungsorgan oder auf den einzelnen Bürger ist er eben ein Institut des Verwaltungsrechts. Je nachdem, was wir im Auge haben, müssen wir dieses Institut eben auch verschieden behandeln. Ich meine, wenn wir von der Rechtsnatur des Planes hier bei Punkt 1 sprechen, so können natürlich nur rechtsverbindliche Pläne verstanden sein; dabei ist aber hier noch der, ich möchte sagen, vorbereitende Plan zu erwähnen, der wie etwa der wasserwirtschaftliche Rahmenplan des österreichischen Wasserrechts eine wasserwirtschaftliche Ordnung herstellen soll und dessen Verwirklichung als im öffentlichen Interesse gelegen anerkannt ist, ohne daß die Verwaltungsorgane nun verpflichtet wären, in allen einschlägigen Verfahren nur nach diesem Plan, starr daran gebunden, vorzugehen; vielmehr sagen die Erläuterungen ausdrücklich, daß es nur ein Rahmen ist, von dem im Einzelfall die Sachverhaltswürdigung auch zur Abweichung führen kann. Erst ein weiteres Stadium, das im Gesetz als wasserwirtschaftliche Rahmenverfügung bezeichnet wird, die durch Verordnung erlassen wird, bewirkt, daß das, was im Rahmen dieses Vorbereitungsplanes entwickelt wird, umgewandelt wird in etwas, was für den einzelnen unmittelbare Wirkungen rechtsbegründender oder rechtsbeschränkender Art hat. Man kann daher keine allgemeingültige Aussage über den Plan überhaupt machen, sondern es kommt darauf an, um welchen Zweck des Planes es sich handelt, wenn wir sein Wesen jeweils richtig erfassen wollen und je nachdem wird vielleicht auch zu unterscheiden sein, ob in dem einen oder anderen Falle ein Rechtsmittel gegeben ist oder nicht.

**Friesenhahn:** Ich möchte davor warnen, das Thema im Sinne der Herren Ule und Forsthoff allzusehr auszuweiten. Ich finde die Entscheidung des Vorstandes eigentlich sehr glücklich, daß das Thema auf den Plan als Institut des Verwaltungsrechts eingeengt worden ist. Mir hat das Referat von Herrn Imboden gezeigt, daß er als solcher abgrenzbar ist und uns vor eine Fülle von ganz neuen Problemen stellt. Das für mich erregende Referat von Herrn Imboden, der sozusagen von oben in das Thema eingestiegen ist und nicht mit den m. E. zweitrangigen formalen Unterscheidungen begonnen hat, hat mir klar gemacht, daß der Plan, so wie er ihn als Institut des Verwaltungsrechts faßt, uns vor ebenso interessante wie schwierige Fragen stellt. Darauf sollten wir uns konzentrieren und nicht ins Uferlose übergehen. M. E. sind Fünfjahrespläne, Grüner Plan, Regierungsprogramme u. dgl. etwas ganz anderes wie Pläne, die unmittelbare oder wenigstens mittelbare Wirkung für den Betroffenen haben. Herr Imboden hat auch damit eine ganz klare Grenze gezogen, daß er sagte, Planung sei stets Verfügung über eine zur Ganzheit verschmolzene Summe von Gütern, eine Parallele zu Herrn Ipsens etwas erweiterndem Begriff der rechtlichen Schicksalsgemeinschaft. Ich möchte aber nun Herrn Peters widersprechen, der den Plan verharmlosen möchte, indem er von der reinen Technizität der Planung spricht und damit etwas beiseite schiebt, was Herr Imboden und auch Herr Ipsen richtig herausgestellt haben, daß nämlich schon zu Beginn der Einplanung, Verplanung, sofort die rechtliche Auswirkung auf den Kreis der Betroffenen einsetzt. Das Wichtige, was Herr Imboden herausgestellt hat, dürfte doch sein, zu prüfen, ob der Planer nicht schon bei der Aufstellung seines Plans an gewisse faßbare Rechtsgrundsätze gebunden ist, damit nicht sozusagen die gesamte Gütermasse den Dispositionen eines nach Ermessen handelnden Planers unterstellt bleibt. Darin sehe ich die Gefahr Ihrer These, Herr Peters, die mir etwas von dem Interesse des Kommunalpolitikers diktiert zu sein scheint. Der möchte immer gern über die Gesamtmasse möglichst frei verfügen! Mir scheint, daß demgegenüber Herr Imboden mit Recht stärkeres Gewicht darauf gelegt hat, wie man den Planer eingrenzen kann, weil der Plan eben sehr weitgehende rechtliche Wirkungen auslöst.

**Forsthoff:** Ich möchte Herrn Friesenhahn durchaus zustimmen, der mich offenbar mißverstanden hat, wenn er glaubt, daß ich alle möglichen Pläne wie den Vierjahresplan und den Jugendplan in die Problematik hineinziehen möchte. Ich möchte im Gegenteil dafür plädieren, daß der Plan ein verwaltungsrechtliches Institut in einem konkreten Sinne ist oder wenigstens dahin entwickelt werden muß. Das Stichwort dafür ist schon im Referat von Herrn Imboden gefallen. Das spezifische Element des Planes ist die Koordination von Interessen und Rechtslagen. Gegenstand der Koordination sind die Rechte und Interessen Dritter und des Planträgers selbst. Diese Dritten brauchen nicht Private zu sein, wie die Planfeststellung der Bundesbahn zeigt, die sich auch auf Rechtsverhältnisse an öffentlichen Straßen, Wasserläufen usw. erstreckt. Erlauben Sie mir einen Vorgriff auf Punkt 4. Mir wird immer klarer, daß der normale Rechtsschutz, weil der Plan im Ablauf einer unter Umständen erheblichen Zeitdauer steht, in der Regel zu spät kommt. Deshalb werden wir unser Interesse mit besonderem Nachdruck dem Planfeststellungsverfahren zuwenden müssen. Mir scheint, daß das Planfeststellungsverfahren eine viel größere Bedeutung gewinnen muß und auch wird, als es zur Zeit noch hat. Auf diesem Gebiet besteht zur Zeit noch eine Rechtszersplitterung, die wir uns auf die Dauer nicht mehr leisten können. Wir haben Enteignungsgesetze mit und ohne Planfeststellungsverfahren (z. B. Bayern) und auch die einzelnen Verfahren weisen Unterschiede auf, die noch nicht genügend beachtet sind und vielleicht auch diese Materie unnötig komplizieren. Jedenfalls führen wir den Rechtsschutz noch am besten zum Siege, wenn wir ihn in der frühesten Phase des Planungsgeschehens, also bei der Planfeststellung, wirksam werden lassen.

**Bachof:** Auch mir hat von den Ausführungen dieses Vormittags den stärksten Eindruck gemacht, daß das entscheidende Element des Planes eben diese Koordinierung, diese Herbeiführung einer rechtlichen Schicksalsgemeinschaft ist; das Inbeziehungsetzen einer größeren Zahl von Grundstücken, von Eigentümern, von anderen Beteiligten, privaten Beteiligten sowohl wie öffentlichen Institutionen. Das bedingt notwendig, daß der Plan an eine größere Zahl von Beteiligten gerichtet wird, jedenfalls nicht nur an ganz wenige Adressaten; und dies, scheint mir, hat er mit der Norm gemeinsam. Eine Baulinienfeststellung etwa in einem bisher völlig unverplanten Gebiet, von der nur ein einzelnes Grundstück betroffen würde, das wäre ja doch kein Plan, sondern im Gegenteil das Musterbeispiel eines „planlosen" Vorgehens. Erst durch das Inbeziehungsetzen zu anderen Grundstücken wird das zum „Plan". Wenn ich freilich bei einem vorhandenen Plan die Linie eines Grundstücks ändere, vielleicht gerade mit Rücksicht auf die anderen Linien, dann ist das ein Teilplan oder eine Änderung eines Plans; aber isoliert betrachtet, wäre eine solche Baulinienfestsetzung niemals ein Plan. Ich meine also: Daß der Plan sich an viele wendet, das hat er mit der Norm gemein. Aber er unterscheidet sich zugleich von der Norm. Denn die Norm ist, wie Herr Imboden richtig dargelegt hat, vom Grundsatz formaler Gleichheit und Gleichbehandlung geprägt; während der Plan jeden einzelnen, der in die rechtliche Schicksalsgemeinschaft eingeschlossen ist, individuell, speziell und verschieden behandelt und behandeln muß, wenn der Plan seinen Zweck und sein Ziel erreichen soll. Eben hierdurch unterscheidet sich der Plan von einer Norm und nähert sich, sagen wir einmal, einer Summe von Einzelverfügungen (Verwaltungsakten). Aber ich möchte sagen, er ist doch zugleich mehr als das und nicht nur eine Summe von Verwaltungsakten; denn summierte Einzelverfügungen können zwar in einer gewissen logischen und sachlichen Beziehung zueinander stehen, sie brauchen es aber nicht zu tun. Bei der „Summe" der Verfügungen, die im Plan zusammengefaßt sind, stehen alle diese Verfügungen jedoch in einer notwendigen Beziehung zueinander. Dadurch unterscheidet der Plan sich grundlegend von einer bloßen Summe von Einzelverfügungen. Mir scheint, dieses charakterisierende Element macht den Plan doch wohl zu einem aliud. Er ist einerseits weder Einzelverfügung noch eine bloße Summe von Einzelverfügungen, andererseits aber auch keine Norm. Infolgedessen neige ich nach wie vor dazu zu sagen: Man kann den Plan nicht in seine Elemente aufspalten; jedenfalls kann man das nicht bei allen Plänen. Man kann ihn nicht aufspalten in normative und in Verwaltungsaktelemente; sondern man wird sich dazu bekennen müssen, daß der Plan — ich beschränke mich dabei auf diejenigen Pläne, die Herr Friesenhahn genannt hat — in der Tat etwas anderes ist, was gewissermaßen zwischen Norm und Verwaltungsakt steht: ein tertium.

**Peters:** Darf ich, Herr Forsthoff, eine Frage an Sie richten? Wenn Sie die Tendenz haben, das Feststellungsverfahren möglichst früh in dem ganzen Planverfahren in Gang zu bringen, wo wollen Sie dann bei den mehrfach gestuften Plänen das Feststellungsverfahren ansetzen? Wir haben zunächst im großen den Landesraumplan, dann den Leitplan, dann kommt der Generalbebauungsplan, dann der Bebauungsplan, darauf folgt der Fluchtlinienplan. Je weiter Sie oben anfangen, um so mehr halten Sie unter Umständen durch eine einzige Person ein Jahr oder länger ein Verfahren auf, dessen Dringlichkeit als Ganzes niemand sonst bestreitet.

**Forsthoff:** Ich bin mir völlig darüber im klaren, daß wir Juristen es nicht verhindern können, daß den Letzten die Hunde beißen. Aber diese Chance möglichst vermindern, das können wir doch dadurch, daß wir einen ganz anderen Akzent auf das Planfeststellungsverfahren legen.

**Ule:** Ich habe durchaus nicht die Absicht gehabt, mit meiner Bemerkung eine Diskussion über andere Pläne herbeizuführen, wie Herr Friesenhahn angenommen hat, sondern ich habe nur herausheben wollen, daß der Plan eben kein spezifisches Instrument einer rechtsstaatlichen Verwaltung ist, sondern daß er etwas anderes ist. Es gibt ihn ja überall. Jeder Staat, ganz gleichgültig, ob er nun rechtsstaatlich oder anders geordnet ist, wird den Plan haben. Und mir scheint, die Problematik liegt gerade darin, daß der Plan sich in die rechtsstaatliche Ordnung nur schwer einfügen läßt. Das ist auch das Anliegen der Referenten gewesen, und ich glaube, es kommt schärfer heraus, wenn man auch diese anderen Dinge mit in die Erörterung einbezieht, als wenn man von vornherein nur bestimmte überlieferte, rechtsstaatliche, doch auch schon durchgeformte Planungen zum Gegenstand der Erörterung macht.

**Ipsen:** Nur eine Bemerkung zu Ihren Ausführungen, Herr Peters, im Zusammenhang mit denen von Herrn Forsthoff. Man meint, den Rechtsschutz möglichst früh bei Beginn der Verplanung einsetzen zu müssen. Es ist aber noch gar nicht sicher, ob das ein Rechtsschutz gerade im Sinne eines Gerichtsschutzes werden kann und darf. Es geht um die Frage, ob dies nicht ein ganz anderer Schutz sein muß — etwa im Sinne jener Vorstellungen, die Herr Imboden gehabt hat bei Erwähnung des preußischen Fluchtliniengesetzes, nämlich i. S. eines Aufsichtsverfahrens mit verwaltungsinternen, rechtsstaatlichen Sicherungen unter Beteiligung der potentiell Betroffenen. Das ist zwar ein Vorgriff auf Frage 4, er gehört aber hierher, weil ich Herrn Peters so verstand, als ob er die Schwierigkeiten in der Frage sähe, wo man den Rechtsschutz ansetzen solle, da die ersten rechtlich folgenschweren Entscheidungen schon im frühesten Stadium der Planung fielen. Das Rechtsmittel braucht nicht gleich die Anfechtungsklage zu sein.

**Kaiser:** Wenn man den Plan, wie es mehrfach geschehen ist, als eine Rechts- und Schicksalsgemeinschaft der durch den Plan betroffenen Menschen charakterisiert, dann, so scheint es mir, gibt man ihm eine Dimension, die die Folgerung rechtfertigt, daß er aus den gegebenen Kategorien und Alternativen des Verwaltungsrechts herausfällt. Daraus würde ich allerdings nicht eine so weitgehende Folgerung ziehen, wie Herr Ule sie gezogen hat, daß man den Plan als geradezu etwas Vorrechtliches ansehen müsse. Ich habe zunächst geglaubt, daß Sie, Herr Ule, auf eine Unterscheidung wie die von Recht und Politik hinzielten. Die Unterscheidung von Recht und Technik ist mir in diesem Zusammenhang schwer eingängig, weil ich der Meinung bin, daß der Staat nicht anders handeln kann als in den Formen des Rechts und daß auch die Feststellung des Plans, daß auch die dezisionistische Stufe des Plans, von der Herr Imboden gesprochen hat, gar nicht anders als in den Formen des Rechts vollzogen werden kann. Ich glaube, daß deshalb der Plan, wenn schon nicht mit den gegebenen rechtsstaatlichen Kategorien, so doch im Rahmen und System des Rechtsstaats geordnet, rechtlich erkannt und lokalisiert werden muß, wobei es mir wichtig erscheint, daß für den Rechtsstaat der Gleichheitssatz einen besonderen Rang einnimmt, einen höheren Rang als bestimmte gegebene verwaltungsrechtliche Institutionen.

Unter diesem Gesichtspunkt öffnet die Kennzeichnung des Plans als einer Rechts- und Schicksalsgemeinschaft den Blick auf aktuelle Zusammenhänge. Einmal liegt in dieser Kennzeichnung tatsächlich ein tertium comparationis zu Plänen wie dem „Grünen Plan“, der ja auch eine Rechtsgemeinschaft darstellt. Zum anderen zeigt sich gerade an diesem Beispiel das Phänomen vorgängiger, ständisch und interessenmäßig begründeter Rechts- und Schicksalsgemeinschaften, hier der Landwirtschaft, die sich jener Qualität auch sehr bewußt ist. Für diesen Stand bewirkt der „Grüne Plan“ bestimmte Rechte und Privilegien. Es gilt, die Verschiedenartigkeit solcher Rechtsgemeinschaften zu sehen, die durch Pläne eine rechtliche, begünstigende oder belastende Besonderung erfahren oder erst durch Pläne konstituiert werden, jedoch das gemeinsam haben, daß sie fast sämtlich funktions- und interessebestimmt sind.

Herr Ipsen hat die Brücke zum Eigentumsschutz geschlagen; mir scheint, daß die „Situationsgebundenheit“ des Eigentums, die der Judikatur als Kriterium dient, um das Vorliegen einer entschädigungspflichtigen Enteignung zu verneinen, in unmittelbarer Nachbarschaft zum Begriff der Schicksalsgemeinschaft steht. Beide begegnen Bedenken unter dem Gesichtspunkt des Gleichheitssatzes. Das Bundesverwaltungsgericht hat in der Frage der süddeutschen Bodenreformgesetze aus dem generellen Charakter des Eingriffs sogar Folgerungen für die Festsetzung einer relativ geringen Entschädigung gezogen. An diesen Beispielen zeigt sich, daß die ihnen gemeinsame nivellierende Wirkung des Plans rechtsstaatlich noch nicht bewältigt ist.

**Peters:** Darf ich jetzt eine Zäsur machen? Ich glaube, daß der erste Punkt erledigt ist und daß wir jetzt zu Punkt 2, zu den „Normen für die Planaufstellung“ kommen.

**Winkler:** Ich glaube, daß die Frage der Gleichheit zwischen diesen beiden Punkten steht, weil sie durch Herrn Imboden dazu verwendet wurde, den Typus „Plan“ zu beweisen. Vom Gleichheitssatz her hat man ja auch ein wesentliches Argument für die Typisierung gewonnen. Mir scheint, daß sich der Gleichheitssatz nicht nur sonst, sondern auch hier als ziemlich trügerisch erweist. Es ist zwar zuzugeben, daß durch die Pläne Ungleichheiten hervorgerufen werden, und zwar in einem höheren Maße als sonst durch irgendwelche Rechtsakte. Aber diese Ungleichheiten sind doch nur Folgeerscheinungen von Ungleichheiten, die vor den Plänen bereits existieren, nämlich weil jemand Grundeigentum hat und der andere nicht, weil jemand dort Grundeigentum hat und nicht da, ob und daß er in den Geltungsbereich des Planes fällt. Die Frage ist nicht, ob tatsächlich in dem einen oder anderen Fall gleich oder ungleich gehandelt wurde, sondern die Frage ist vielmehr, ob die Maßnahme an sich, unabhängig von gleichen und ungleichen Fällen, sachlich zu rechtfertigen ist.

**Merk:** Es könnte Bedenken erregen, wenn man hier den Gleichheitssatz für die Rechtssatznatur anführt. M. E. fällt das nicht zusammen, sondern wir haben das Grundrecht der Gleichheit eben erst allmählich errungen. Aber ein Rechtssatz bedeutet doch nur, daß hier Verhältnisse zwischen Rechtspersonen abgegrenzt werden mit Bezug auf ihre Willensmacht. Das wir jetzt das unter den Grundsatz der Gleichheit stellen, ist etwas Besonderes.

**Peters:** Die Merkwürdigkeit des Gleichheitssatzes ist hier folgende: Wir haben ein großes Gebiet, das durch die Verwaltung in Industrieland, Bauland, Grünflächen usw. aufgeteilt wird. Der eine darf danach nur noch zweistöckig bauen, der andere darf ein Hochhaus errichten, wieder andere, deren Land Grünfläche werden soll, dürfen überhaupt nicht bauen. Plötzlich entstehen für zwei Nachbarn ohne deren Zutun ganz verschiedene Möglichkeiten und Beschränkungen. Ich glaube, daß darin das Problem liegt.

**Bachof:** Erst recht entsteht dies Problem bei Veränderungen eines Planes!

**Peters:** Wenn der Plan verändert wird, dann gibt es u. U. Entschädigungen. Wenn der Plan aber erstmalig aufgestellt wird, dann können noch keine Entschädigungen geleistet werden.

**Ipsen:** Das ist mit einem Satz zu sagen. Ich möchte ja darauf hinaus, daß die Verplanung in jene Sphäre hineingehört, die ich nach unserer üblichen Teilung Legislativbereich nennen müßte — nicht, um das Normative des Plans zu unterstreichen, sondern um ihn aus dem Exekutiven herauszulösen. Für mich ist die Frage, welche Maßstäbe und welche Normen für die Verplanung unter dem Gesichtspunkt des Gleichheitssatzes in Betracht kommen. Ich brauche nur zu prüfen, ob sich die Verplanung bei der Aufteilung eines großen Gebiets in diese und jene Zonen von Willkürgesichtspunkten freigehalten hat in jenen üblichen Begrenzungen, die sich bei der Gleichheitssatzanwendung in Bezug auf den Gesetzgeber allmählich eingependelt haben.

**Merk:** Man kann natürlich sagen, daß der Gleichheitssatz als Grundrecht hier keine Anwendung findet; denn der Plan kann Grundstücke in verschiedener Weise erfassen. Das ist nicht etwas, was man auf die Formel eines Rechtssatzes unter Berücksichtigung des Gleichheitsgrundsatzes bringen kann. Im übrigen sind selbstverständlich auch hier die allgemeinen Ermessensschranken zu beachten.

**Ule:** Darf ich eine Frage an Herrn Merk stellen? Wenn ein Bundesgesetz erlassen würde — ein etwas paradoxer Fall —, in dem bestimmt würde, daß 10 km von jedem Stadtzentrum aus nur noch einstöckig gebaut werden darf, würden Sie das nicht als einen Rechtssatz ansehen?

**Merk:** In einer bestimmten Straße?

**Ule:** Überhaupt. Man könnte um das Zentrum jeder Stadt einen Kreis schlagen und alles Gebiet, das außerhalb dieses Kreises ist, dürfte nur einstöckig bebaut werden. Das wäre also eine Zoneneinteilung.

**Merk:** Es kann dies m. E. in die Form eines allgemeinen Rechtssatzes gebracht werden, genau so, wie wenn in Baugesetzen steht, es dürfe nur die Hälfte oder $^{2}/_{3}$ einer Grundstücksfläche bebaut werden, die Häuser dürften nur eine bestimmte Höhe haben usw. Das ist ein Rechtssatz, der für alle Fälle überall, wo gebaut wird, gilt. So könnte ja auch eine Stadt in Wohnbezirke bestimmter Art, z. B. mit offener oder auch geschlossener Bauweise, eingeteilt werden. Es kann durch örtliche Bauordnung z. B. auch bestimmt werden, daß ein Stadtteil als Industrieviertel bebaut werden darf, ein anderer nur als Wohnviertel.

**Ule:** Aber das ist doch, glaube ich, Diskussionsgegenstand. Auch wenn ich die Regelung auf e i n e Stadt beschränke und in ihr eine solche Zoneneinteilung durch eine Bauordnung festsetze, dann muß diese Regelung doch ein Rechtssatz sein.

**Merk:** Das kann ich mir, wie gesagt, als Rechtssatz vorstellen, weil nicht bestimmte Grundstücke mit unmittelbarer Rechtswirkung erfaßt werden sollen, sondern für jedermann innerhalb des betreffenden räumlichen Bezirks eine bestimmte Art der Bebauung vorgeschrieben oder verboten wird. Die Rechtswirkung des badischen Ortsstraßen- und des preußischen Fluchtliniengesetzes erfassen jedoch mit ihren Wirkungen unmittelbar bestimmte Grundstücke in einer ganz bestimmten Weise; wenn der Fluchtlinienplan rechtskräftig ist, dann kann der betreffende Grundstückseigentümer nichts mehr dagegen tun, soweit nicht Ausnahmeerteilungen vorgesehen sind. Das ist doch ganz etwas anderes als beim Rechtssatz, der künftige Fälle in allgemein bestimmten Tatbeständen regeln will.

**Hans Schneider:** Wenn man auch sagen kann, daß nicht der Gleichheitssatz maßgeblich eine Planung begrenzt, sondern daß im wesentlichen, wie Herr Imboden ausgeführt hat, die zweckrationale Folgerichtigkeit das Charakteristikum des Planes darstellt, so wird doch eine Rechtsregel bei der Plangestaltung zu beachten sein, die ich aus dem Gleichheitsgrundsatz ableite, nämlich das Gebot der Verhältnismäßigkeit, also der Grundsatz von der angemessenen Relation zwischen dem verfolgten Ziel und den eingesetzten Mitteln. Ich würde von jedem Plan fordern, daß er das Prinzip der Verhältnismäßigkeit (eine Ausformung des allgemeinen Willkürverbots) beachtet.

**Peters:** Wir kommen jetzt zum dritten Punkt, zum Problem der Entschädigungsansprüche, die Herr Imboden in seinem Referat ausführlich behandelt hat.

**Merk:** Was die Entschädigung anlangt, so haben wir ja im allgemeinen bestimmte Regelungen in den Baugesetzen. Es fragt sich aber, wenn solche nicht bestehen, tritt hier eine Aufopferung ein, die der einzelne leistet und für die er zu entschädigen ist, indem er in ungleicher Weise damit belastet wird?

**Peters:** Wir haben doch vorhin gesagt, der Plan *dürfe* die Einzelnen ungleich behandeln.

**Merk:** Ja, gewiß, ich habe dies auch selbst gesagt. Ich meine aber jetzt die Frage, ob alle diejenigen, die vom Ortsbauplan erfaßt werden, nicht im Unterschied der einzelnen untereinander, sondern ob jeder, der hier betroffen wird durch diesen Ortsbauplan, einen Anspruch auf Entschädigung hat. Es ist die Frage: Wird hier ein besonderes Opfer erbracht? Hier ist die Rechtsprechung oberer Bundesgerichte sehr weit gegangen, indem sie z. B. Bausperren schon als Enteignung betrachtet, wenn sie über ein bestimmtes Maß und eine bestimmte Zeit hinausgehen. Es ist also die Frage zu prüfen, abgesehen von diesen Bausperren, ob durch den Ortsbauplan mit den Straßen- und Baufluchten den Betroffenen ein besonderes Opfer auferlegt wird. Das ist im allgemeinen zu verneinen. Vielmehr handelt es sich hier — z. B. nach dem badischen Ortsstraßengesetz, aber auch nach dem preußischen Fluchtliniengesetz — im allgemeinen um Eigentumsbeschränkungen i. S. des Artikel 14 Abs. 1 Satz 2 GG, die auf Grund des Gesetzes ergehen. Die Gemeinde hat aber die Möglichkeit zu enteignen, soweit die in Anspruch genommenen Grundstücke in den Bereich einer öffentlichen Straße fallen, und dann bekommt der Betreffende die Enteignungsentschädigung. Und dann, wenn der Eigentümer z. B. nach badischem Recht das Grundstück freilegt, das in den Bereich einer öffentlichen Straße fällt, dann hat er sofort den Anspruch auf Übernahme des Grundstücks gegen Entschädigung nach Enteignungsgrundsätzen. Entschädigungsansprüche kommen danach nur in ganz besonderen Fällen vor. Im übrigen werden hier vielfach Bauplatzumlegungen in Frage kommen, die grundsätzlich nicht als Enteignung aufzufassen sind.

**Forsthoff:** Ich möchte nur sagen, Herr Peters, mir ist sehr zweifelhaft, ob wir das Thema so allgemein diskutieren können. Es differenziert sich doch in zahlreiche Spezialtatbestände aus. Wir haben das damals bei der Vorbereitung des Entwurfs des Bundesbaugesetzes sehr genau diskutiert. Da ist die erste Frage die: Konzedieren wir, daß kein Grundstück an sich sozusagen die Baulandqualität schon in sich trägt? Ist das eine verliehene Qualität oder ist das eine unmittelbar innewohnende? Dann kommt die Frage des Bauzwangs, die Herabzonung und alle diese Dinge. Man kann die Entschädigungsfrage hier nicht allgemein diskutieren, sondern wenn das von Anfang an konkret werden soll, dann muß man jedes einzelne Planungsinstitut wieder innerhalb des Plans ins Auge fassen und zu ihm die Entschädigungsfrage gesondert stellen. Ich weiß nicht, ob wir hier so differenzieren sollten, zumal nach den Referaten, die ja auch in diesem Sinne nicht differenziert haben.

**Peters:** Ich bin auch nicht der Meinung, daß wir das ganze Entschädigungsproblem aufwerfen sollten. Aber wie steht es mit der Entschädigungspflicht bei Bausperren?

**Friesenhahn:** Es ist von Herrn Imboden gesagt worden, Diskriminierungen von Grundeigentümern, die nicht auch im Rahmen einer rechtssatzmäßigen Ordnung haltbar wären, seien als besonderes Opfer zu qualifizieren und durch Geldersatz auszugleichen (IX, 1). Das ist doch die These, die wir allgemein diskutieren könnten. Ist diese Grenze richtig gezogen? Können wir dafür einige Grundsätze aufstellen?

**Pfeifer:** Die Frage der Entschädigung hängt eng zusammen mit dem Gleichheitssatz. Ich möchte folgendes sagen: Nach der österreichischen Verfassung haben wir leider in dem Artikel, der von der Enteignung handelt (Art. 5 StGG), keine Bestimmung, daß immer Entschädigung geleistet werden muß, im Gegensatz zu Ihren Verfassungen, Weimarer Verfassung, Grundgesetz usw. Die Rechtswissenschaft hat aber in letzter

Zeit zur Fundierung dieses Entschädigungsanspruchs gesagt, daß, wenn eine Enteignung vorgenommen und nicht entschädigt wird, der Gleichheitsgrundsatz verletzt wird, weil man dem einen hier ein Opfer im Interesse der Allgemeinheit zumutet, das den anderen nicht trifft. Von diesem Gesichtspunkt her folgert die Rechtswissenschaft, daß, auch wenn ein ausdrücklicher Satz in der Verfassung nicht enthalten ist, doch, um die Verletzung des Gleichheitssatzes hintanzuhalten, Entschädigung geleistet werden muß. Ich meine, dieser Gedanke läßt sich natürlich hierher auch ohne weiteres verpflanzen und anwenden; denn an und für sich ist der Sinn des Eigentums der, daß man auf seinem Grundstück nach Belieben bauen kann. Kommt jetzt eine Ordnung, durch die für bestimmte Flächen überhaupt ein Bauverbot ausgesprochen wird, für andere eine Beschränkung des Bauens, dann ist es natürlich, daß hier dem Betroffenen ein Opfer auferlegt wird. Wir in Österreich haben diesen Aufopferungsanspruch nicht so allgemein geregelt wie etwa § 75 des Allgemeinen Landrechtes für Preußen. Aber bei uns wird dafür die Enteignung sehr weit ausgelegt. Enteignungsfälle sind nicht nur gegeben, wenn man jemandem sein Eigentum entzieht, sondern nach der Rechtsprechung des Verfassungsgerichtes auch, wenn Privatrechte schlechthin durch einen hoheitlichen Akt entzogen oder geschmälert werden (Erk. Slg. 71). Auch das ist schon Enteignung. Man kann das jetzt Aufopferung oder Enteignung in diesem weiteren Sinne nennen, es kommt auf dasselbe hinaus. Wenn man eben vom Gleichheitssatz ausgeht, käme man meiner Ansicht nach zwingend dazu, daß Entschädigungen gezahlt werden müssen für alle, denen *besondere* Opfer im Interesse der Allgemeinheit auferlegt sind. Allerdings kann auch nach österreichischem Recht (§ 364 ABGB) die Ausübung des Eigentumsrechtes zum allgemeinen Wohl durch *Gesetz*, also eine generelle Norm, eingeschränkt werden.

**Bachof**: Nur ein Wort dazu: Eigentum ist gerade *nicht* das Recht, *beliebig* auf dem Grundstück zu bauen oder *beliebig* mit dem Grundstück zu machen, was man will; sondern das Eigentum hat gewisse soziale Lasten und soziale Bindungen. Die Frage ist nur: *Wo* verläuft die Grenze zwischen Enteignung und Sozialbindung? Sie meinen, diese Grenze werde überhaupt erst durch den Plan geschaffen? Nein, sie wird durch den Plan weitgehend nur „konkretisiert". Aber die Frage ist, wo verläuft jene Grenze. Man kann also *nicht* sagen: „Der einzelne kann mit dem Eigentum beliebig tun, was er will; deshalb ist jede Beschränkung des beliebigen Tuns eine Enteignung".

**Hans Schneider:** Eine ergänzende Bemerkung noch: Es ist bisher nur die Frage der Entschädigung unter dem Gesichtspunkt der Enteignung oder Aufopferung angeschnitten worden. Es könnte aber noch die Frage gestellt werden unter dem Gesichtspunkt des Schadensersatzes wegen einer Amtspflichtverletzung, begangen durch eine Verletzung des Planes seitens der Behörde. Wichtig ist dabei, inwieweit der Plan die Behörde bindet und der Behörde im Verhältnis zu Dritten eine Amtspflicht auferlegt. Deswegen ist die Unterscheidung, ob die Pläne Außenwirkung haben oder lediglich behördenintern bindend sind, bedeutsam. Wenn ein Plan nur im Verwaltungsinteresse oder nur im allgemeinen öffentlichen Interesse erlassen worden ist, wie bei zahlreichen Bauvorschriften, so ist die Verletzung einer solchen Vorschrift keine Verletzung einer Amtspflicht, die der Behörde Dritten gegenüber obgelegen hat. Wenn es sich aber handelt um Pläne, die auch im Interesse der Grundstückseigentümer erlassen worden sind, dann können Schadensersatzansprüche entstehen.

**Peters:** Wir kommen jetzt von den Entschädigungsfragen zum 4. Punkt, zum Probiem der Rechtsbehelfe.

**Ule:** Ich will vorerst zu der Frage des verwaltungsgerichtlichen Rechtsschutzes, also Anfechtungsklage oder Normenkontrollverfahren, nicht Stellung nehmen, sondern zunächst nur hervorheben, daß beide Referenten die Vorverlegung des Rechtsschutzes in das Planfeststellungsverfahren vorgeschlagen haben. Das scheint mir eine Bestätigung des Gedankens zu sein, der schon vor einem Jahr in Wien erörtert worden ist, daß man in bestimmten Verwaltungsverfahren nicht bis zu dem Erlaß des Verwaltungsaktes warten darf, um dann erst dem Betroffenen die Gelegenheit zu geben, die Gerichte anzurufen, sondern daß man bereits vorher dafür sorgen muß, daß seine rechtlichen Interessen in diesem Verfahren berücksichtigt werden. Ich habe nur ein gewisses Bedenken gegen die Formel, die Herr Imboden im Leitsatz X gebraucht hat, wo er davon spricht, daß nur ein der Natur des Planes angepaßter, besonders gestalteter, Merkmale des Aufsichtsverfahrens tragender Rechtsbehelf einen wirksamen Rechtsschutz garantieren könne. Ich habe heute von Bedenken gelesen, die im Rechtsausschuß des Bundestages dagegen vorgebracht worden sind, beim Bundesbaugesetz die Aufsichtsbehörde einzuschalten, weil damit in das Selbstverwaltungsrecht der Gemeinden eingegriffen werde. Es gibt also noch Spezialprobleme unserer Verwaltungsorganisation, die dafür sprechen könnten, das Rechtsmittel in die erste Stufe des Verfahrens zu legen. Das Aufsichtsverfahren braucht ja auch nicht unbedingt eine Stufe hinaufgehoben zu werden. Jedenfalls würde man wahrscheinlich vielen Schwierigkeiten, die heute in der Praxis bestehen, aus dem Wege gehen, wenn man die interessierten Kreise bereits vorher in dieses Verfahren einschalten kann.

**Peters:** Halten Sie es für richtig, etwa so wie beim preußischen Fluchtlinienverfahren, daß ein Einspruchsverfahren schon bei der Aufstellung des Planes besteht?

**Ule:** Ja, zumindest die Möglichkeit der Beteiligung in irgendeiner Form, etwa eines Anhörungsrechts, muß für die Betroffenen bestehen und von der Verwaltung gewahrt werden. Ob man das als Einspruchsverfahren im strengen Sinne ausgestalten soll, ist eine andere Frage.

**Forsthoff:** Ich würde gerne noch einmal auf das zurückkommen, was eben Herr Ipsen — ich glaube es war Herr Ipsen — gesagt hat und was mir sehr wichtig erscheint. Es muß bei der Einschaltung des Rechtsschutzes des Betroffenen in einer frühen Phase nicht notwendig an eine Verwaltungsklage gedacht werden. Die Referate und die bisherige Diskussion haben m. E. gezeigt, daß wir in Ansehung der gesamten Pläne mit dem justizstaatlichen Perfektionismus des verwaltungsgerichtlichen Verfahrens vielleicht nicht so weit kommen, wie wenn wir den Rechtsschutz innerhalb der Verwaltung selbst ernster nehmen. Ich habe immer wieder das ungute Gefühl, daß der heutige Justizstaat bei der Verwaltung eine gewisse Gleichgültigkeit in der Beurteilung der Rechtsfragen begünstigen könnte, dahingehend, daß mit der Verwaltungsklage ja doch gerechnet werden müsse und es dem Verwaltungsgericht überlassen sei, zu entscheiden, was schließlich rechtens ist. Daß zur Wahrung des Rechts der Verwaltungsbeamte zunächst einmal und zwar genau so berufen ist wie der Verwaltungsrichter, sollte oberster Leitgedanke aller Verwaltung sein und bleiben. Wir würden deshalb gut daran tun, Formen des Rechtsschutzes zu suchen, die man, wie auch die Herren Referenten betont haben, sehr früh einsetzen kann; freilich um den Preis, nicht die vollen verfahrensrechtlichen Gewährleistungen zu haben, welche die Verwaltungsklage bietet. Ich komme noch einmal darauf zurück: es scheint mir für den Rechtsschutz von entscheidender Bedeutung zu sein, daß das Planungsgeschehen ein über längere Zeiträume erstrecktes Kontinuum ist, dessen Anfänge in die unverbindlichen Vorstufen zurückreichen. Wer hier die ersten Fakten setzt und damit das praevenire spielt, mauert bereits eine Position ein, die man später auch mit dem perfektesten Rechtsschutz nur noch schwer aus den Angeln heben kann. Darum wären hier andere Methoden des Rechtsschutzes am Platze als diejenigen, die wir ganz zu Recht bei normalen Verwaltungsakten gelten lassen.

**Bachof:** Herr Forsthoff hat völlig zu Recht erneut auf das sehr Problematische der beliebten Unterscheidung zwischen „rechtsverbindlichen" und „nicht rechtsverbindlichen" Plänen hingewiesen. Es ist in der Tat so: Wenn der nicht rechtsverbindliche („vorbereitende") Plan erst mal im Schoße der Verwaltung geboren ist, dann beißt praktisch nachher keine Maus mehr etwas davon ab. Aber der verständliche Wunsch, deshalb den Rechtsschutz — oder, wenn ich es einmal so nennen darf, die Beteiligung oder Anhörung der Betroffenen — möglichst weit vorzuverlegen, stößt doch auf gewisse praktische Schwierigkeiten. Man schafft damit leicht eine gewisse Unruhe in der Bevölkerung. Wir haben es bei der Großplanung unserer Universität erlebt, daß schon gewisse Gerüchte und Erwartungen — als Folge einer Erörterung von Planungsabsichten — die Folge hatten, daß die Grundstückspreise auf breiter Linie spekulativ in die Höhe schossen. Wir sind deswegen dazu übergegangen, das Gremium der Personen, die an derartigen Besprechungen noch beteiligt werden, so klein wie möglich zu halten. Man kann eine ganze Planung unmöglich machen, wenn Pläne zu früh bekannt werden. Das ist die Kehrseite, und da liegt eine Grenze für die allzufrühe Beteiligung und Anhörung der Betroffenen.

**Merk:** Ich beschränke mich wieder auf die Ortsbauplanung als Beispiel für eine Planung mit unmittelbarer Rechtswirkung. Es ist hier von wesentlicher Bedeutung, ob wir den Plan als Rechtssatz auffassen oder aber als Verwaltungsverfügung. Wäre er ein Rechtssatz, so könnte die Rechtssatzüberprüfung in Frage kommen, wie das im süddeutschen Verwaltungsgerichtsgesetz im bekannten § 25 bestimmt ist. Wenn der Plan aber eine Verwaltungsverfügung ist, dann haben wir dieselben Rechtsbehelfe, wie bei jeder Verwaltungsverfügung, also zunächst den Rechtsschutz im Verwaltungsweg, bei dem insbesondere Ermessensfragen überprüft werden können, und dann die Anfechtungsklage, mit der etwaige Rechtsmängel geltend gemacht werden können.

**Winkler:** Nach den österreichischen Erfahrungen hat man den Eindruck, daß der „Plan" eine gewisse Eigengesetzlichkeit hat, die auf den Rechtsschutz nicht ohne Auswirkung ist. Es gibt zwar bei vielen Planerstellungsverfahren ein förmliches Parteiverfahren. Bei verschiedenen Planverfahren wird durch die Oberinstanz und durch den Verwaltungsgerichtshof das

Rechtsschutzbedürfnis aber doch sehr in den Hintergrund gedrängt. Ich möchte mehr zur Warnung, als um unsere Rechtseinrichtungen schlecht zu machen, einen konkreten Beispielsfall schildern. Die Gemeindevertretungen haben die Möglichkeit, Fluchtlinien festzusetzen und Verbauungspläne aufzustellen. In den Gemeindeordnungen und auch in den Bauvorschriften ist vorgesehen, daß der einzelne Betroffene die Möglichkeit hat, an die Landesregierung als Oberinstanz Berufung einzulegen. Die Landesregierungen pflegen über diese, expressis verbis als „Berufung" bezeichnete Beschwerde, durch förmlichen Bescheid abzusprechen. Dieser enthält eine Anweisung, daß die Gemeindevertretung den Plan abändern muß. In solchen Fällen handelt der Verwaltungsgerichtshof eigentlich entgegen seiner Aufgabe. Er sagt nämlich, der Bescheid, mit dem über das Rechtsmittel des Einzelnen erkannt wird, hat zwar die Erscheinungsform eines Bescheides, ist aber kein Bescheid, sondern nur eine Äußerung über die Geltendmachung des Aufsichtsrechts und auf die Ausübung des Aufsichtsrechts hat der Einzelne keinen Rechtsanspruch; deshalb ist darüber nicht mit Bescheid zu erkennen.

Das ist das eine Argument, und nun das andere: Es tritt dieser Akt der Oberbehörde zwar in der Bescheidform in Erscheinung, weil jedoch über eine Verordnung, also über Fluchtlinien- oder Verbauungspläne abgesprochen wird, wird dieser als Bescheid in Erscheinung tretende Akt als der generellen Erscheinungsform teilhaftig und daher als nicht anfechtbar angesehen. Was den Verwaltungsgerichtshof dabei bewogen haben mag, ist vielleicht die Eigengesetzlichkeit der Pläne und die Tatsache, daß bei Plänen, die einmal erstellt sind, die Gefahr besteht, daß die Verwaltungsaufgabe durch den Rechtsschutz zunichte gemacht wird.

**Ipsen:** Genau dieselbe Problematik beschäftigt uns nach dem Personenbeförderungsgesetz für die Planung des öffentlichen Verkehrsbedürfnisses in einem bestimmten Raum, wo Verkehrsinteressenten, Verkehrsträger, Konzessionäre ein Widerspruchsrecht haben und es darum geht, ob die Bescheidung dieses Widerspruchs ihrerseits anfechtbar ist oder nicht. Das ist bei uns kontrovers. Das Bundesverwaltungsgericht hat das Gegenteil von dem angenommen wie wir in Hamburg im Oberverwaltungsgericht, nämlich Anfechtbarkeit. Das Problem ist: Wie weit darf der einzelne sich gerichtlich gegen diese Verplanung des öffentlichen Verkehrs wenden?

**Winkler:** Für die angerufene Ober- oder Aufsichtsinstanz ist es schwierig, den Verbauungsplan abzuändern, weil sie kein Anordnungsrecht hat, sondern weil sie gewissermaßen nur in Ausübung des Aufsichtsrechts vielleicht eine Anweisung geben kann, den Plan abzuändern.

**Ule:** Ich möchte trotz der Bedenken, die Herr Bachof und Herr Winkler geäußert haben, doch dafür plädieren, daß man die Beteiligung des einzelnen in das Verwaltungsverfahren vorverlegt, und zwar deshalb, weil man mit den Mitteln der verwaltungsgerichtlichen Klage oder der Normenkontrolle an die für die Betroffenen entscheidenden Fragen, die doch im wesentlichen sachtechnische Fragen und keine Rechtsfragen sind, gar nicht herankommt. Das zeigt sich auch bei anderen Plänen. Ich darf das an einem Beispiel aus dem Kommunalrecht kurz erläutern. Der Haushaltsplan eines Landkreises ist doch auch Ausdruck eines Planes der Aufgaben, die dieser Kreis wahrnehmen will. Die Kreise finanzieren sich nun aus eigenen Steuern und zum Teil aus der Kreisumlage, die von den kreisangehörigen Gemeinden getragen wird. Diese Kreisumlage darf bloß dann erhoben werden, wenn der notwendige Bedarf auf andere Weise nicht gedeckt werden kann. Ja, was ist nun der notwendige Bedarf? Das, was der Kreistag eben für notwendig hält, wenn er den Plan aufstellt. Die einzelne Gemeinde im Kreise kann sich zwar gegen den Kreisumlagebescheid wehren, aber doch praktisch ohne Erfolg. Denn z. B. die Frage, ob man den Bau eines Schwimmbades für fünf Gemeinden im Kreise für notwendig oder nicht notwendig hält, ist kaum justitiabel. Man hat die Gemeinden darauf hingewiesen, daß sie durch ihre Abgeordneten im Kreistag darauf hinwirken können, daß die Fragen in ihrem Sinne entschieden werden. Aber es ist Zufall, ob sie einen solchen Abgeordneten haben oder nicht. Sollte man in derartigen Fällen nicht prinzipiell daran denken, bei der Aufstellung derartiger Pläne die Betroffenen in das Verfahren, zumindest im Wege der Anhörung, einzuführen? Das sind doch Dinge, die, glaube ich, sehr ernsthafter Erwägung bedürfen.

**Bachof:** Damit wir uns nicht mißverstehen, Herr Ule: Ich wollte keineswegs grundsätzlich gegen eine Vorverlegung des Feststellungsverfahrens sprechen. Ich wollte nur sagen: man muß das Für und Wider abwägen. Es gibt auch Erwägungen, die d a g e g e n sprechen, die Betroffenen allzu früh zu beteiligen; man muß damit vorsichtig sein.

**Ule:** Nur noch ein Wort. Das großartigste Beispiel einer Stadtplanung in Deutschland ohne Enteignungsverfahren ist bekanntlich Hannover, wo es gelungen ist, ohne Enteignungsverfahren die Stadt nach dem Kriege „durchzuplanen". Daß so etwas bei geschickter Verwaltungsführung geht, zeigt ja doch gerade dieser Fall.

**Peters**: Herr Forsthoff, mir wäre die Vorverlegung der Rechtsbehelfe an sich sympathisch, aber dann nur zusammen mit der Tendenz, der Ausweitung der Art. 19 Abs. 4 entgegenzutreten. Dadurch aber, daß heute schon fast alle Reflexrechte nach Art. 19 Abs. 4 zum Gegenstand von Rechtsmittelverfahren werden, haben wir kaum noch die Möglichkeit, den Rechtsweg auszuschalten, weil wir sonst subsidiär immer beim ordentlichen Rechtsweg enden. Daher haben wohl auch die Verwaltungsgerichte schon die Tendenz, ihrerseits ihre Zuständigkeit zu erweitern. Man müßte streng dabei bleiben, nur echte subjektive öffentliche Rechte als Voraussetzung für den Rechtsweg nach Art. 19 Abs. 4 GG anzuerkennen. — Dann darf ich noch auf etwas anderes kurz hinweisen. Wollen Sie doch bitte auch die andere Seite zu vieler Rechtsbehelfe sehen. Der Bürger hat ja nicht nur Rechte, sondern auch erhebliche Interessen. Eines dieser Interessen ist, daß die Verfahren im Bauwesen nicht zu lange hinausgeschoben werden. Die Verzögerungen der Verfahren sind aber nicht Schuld der Bürokratie. Die Beamten können sich auf allzu viele Vorschriften und schwebende Verfahren berufen. Eine Ermöglichung von Rechtsmittelverfahren in einem zu frühen Stadium legt unter Umständen in hunderten von Fällen das Bauen und den Bauwillen für längere Zeit lahm.

**Hans Schneider**: Ich möchte diesen Bemerkungen zustimmen. Sie bestätigen im Grunde, was Herr Forsthoff sagt: daß es zweckmäßig ist, die Kontrolle möglichst zeitlich vorzuverlegen. Eine verwaltungsrechtliche Anfechtungsklage ist auch wegen der Wirkung, die man mit ihr erzielen kann, nämlich der Rechtskraftwirkung des Urteils zwischen den Parteien, ungeeignet. Man muß doch immer eine Wirkung erzeugen wollen, die dann für und gegen alle am Plan Beteiligten gleichermaßen etwas feststellt. Das erreicht man mit der verwaltungsrechtlichen Klage nicht, höchstens beim Normenkontrollverfahren.

**Bachof**: Ich möchte Herrn Peters widersprechen. Die Frage des Rechtsschutzes (19 IV GG) liegt m. E. auf einer anderen Ebene. Das Feststellungsverfahren hat im wesentlichen das Ziel, die widerstreitenden Interessen überhaupt erst einmal offenbar zu machen und möglichst bereits jetzt auszugleichen. Natürlich sollen in diesem Verfahren auch schon etwa vorgekommende Rechtsverletzungen behoben werden. Aber das ist nicht der eigentliche Zweck dieses Verfahrens. Dagegen hat das nachfolgende Rechtsschutzverfahren (das wir ja gar nicht ausschließen *können*) ausschließlich und allein die Aufgabe, Rechtsschutz zu gewähren. Es ist freilich wichtig, die Gerichte dazu zu erziehen, daß sie diese ihre Aufgabe nicht überschreiten.

Aber ich glaube nicht, daß die Existenz des Rechtsschutzverfahrens in irgendeiner Weise das Vorverfahren beeinträchtigt. Ich vermag die Situation der Verwaltung an Hand meiner praktischen Erfahrungen auch nicht so schwarz zu sehen wie Herr Peters. Wenn die Verwaltung sich dadurch hemmen läßt, so ist das allein ein Mangel an Zivilcourage unserer heutigen Verwaltungsbeamten. Wir erleben freilich immer wieder, daß die Gerichte die Verwaltung geradezu ermuntern und sie fragen: „Warum habt ihr nicht dies oder jenes getan? Warum ist nicht z. B. längst eine Vollziehungsanordnung erlassen?" Dann hören wir oft von der Verwaltung als Antwort: „Warum sollten wir das tun? Es ist ja viel bequemer, erst die Verwaltungsgerichte entscheiden zu lassen". Natürlich kann jede Institution mißbraucht werden. Aber solcher Mißbrauch der Gerichte beruht nicht primär auf der Überdehnung des Rechtsschutzes, sondern auf der Gedankenlosigkeit oder der mangelnden Initiative der Verwaltung. Daß eine gewisse Versuchung darin liegt, die weitgespannten Rechtswegsmöglichkeiten zu mißbrauchen, um die eigene Verantwortung auf die Gerichte abzuwälzen, will ich gar nicht bestreiten. Aber ich meine, in erster Linie sei es Sache der Verwaltung, dem entgegenzutreten.

**Ipsen:** Ich möchte vorschlagen, diese Thematik unseres Punktes 4 auch nicht einmal mehr dem Namen nach als eine Rechtsschutzproblematik zu bezeichnen, sondern sich bewußt zu machen, daß diese Willensbildungsvorgänge, die schließlich zur Entscheidung führen, in diesem Stadium, im Anfangsstadium der Verplanung, sich etwa in jener Ebene vollziehen, in der in den Parlamenten Gesetzgebungsverfahren stattfinden mit allen Konsequenzen, die das hat. Aus diesen Gründen fürchte ich auch nicht so sehr um das, was Herr Bachof mit guten Gründen als Konsequenz einer allzu weiten Beteiligung an Planerwägungen bezeichnet — Stichwort: die Grundstückspreise steigen, sobald der Rektor meint, hierhin würde ein schönes Seminargebäude passen. Solche Sorgen entstehen ja auch, wenn Parlamente sich über gesetzgeberische Dinge unterhalten. Ich habe mein Heizöl für den Winter eingekauft.

In Gesetzgebungsverfahren der Parlamente, die sich in Publizität vollziehen, finden Vorgänge statt mit vergleichbaren Reaktionen. Warum soll das nicht auch erreichbar sein in der Willensbildung über den Plan, ob diese sich nun im kommunalen oder im höheren Bereich vollzieht? Die Betrachtung der ganzen Frage als gerichtliches Rechtsschutzproblem scheint mir gefährlich zu sein, weil dann sofort das Menetekel das Art. 19 Abs. IV auftaucht.

**Forsthoff:** Ich möchte nur eine ganz kurze Bemerkung dazu machen und doch Herrn Peters in gewisser Weise beipflichten. Ich finde es sehr interessant, daß uns hier der Rechtsschutzperfektionismus des Art. 19 Abs. IV mindestens teilweise im Wege steht. Ich finde es sehr beachtenswert, daß das in dieser ganz besonders gelagerten Materie klar zu Tage tritt. Es muß nicht nur das A und O sein, daß wir Art. 19 Abs. IV haben.

**Ule:** Wenn man bereits den interessierten Einzelnen, und das heißt doch den einspruchsbereiten Einzelnen, an dem Verfahren beteiligt, würde dadurch nicht ein Teil der Klagen, die sonst entstehen würden, abgefangen werden? Dadurch würde der Art. 19 Abs. 4 zwar nicht rechtlich, aber doch praktisch weitgehend lahmgelegt werden.

**Peters:** Heute wirken hier bereits Interessentenverbände, die die Dinge vorbereitend mit in die Hand nehmen und viele späteren Klagen in der Praxis verhindern.

**Hans Schneider:** Man könnte ja durch eine gesetzliche Vorschrift (etwa in der Verwaltungsgerichtsordnung) vorsehen, daß nicht mehr klagen kann, wer die Möglichkeit hatte, seine Einwendungen vorher im Einspruchsverfahren zur Geltung zu bringen.

**Winkler:** Man soll gewiß den Rechtsschutz soweit als möglich vorverlegen; man soll dem Einzelnen die Möglichkeit geben, möglichst rechtzeitig seine Interessen geltend zu machen. Aber man muß sich auch wohl darüber im klaren sein, daß das noch nicht ausreicht. Der Einzelne braucht doch auch einen repressiven Rechtsschutz. Wenn nicht wenigstens die Möglichkeit der Anrufung eines Verwaltungsgerichts besteht, dann werden die Verwaltungsbehörden sehr bald diesen „gesetzesfreien Raum" entdeckt haben und ihn benutzen, um so zu entscheiden und so vorzugehen, wie es ihnen genehm ist.

**Merk:** Ich möchte vergleichsweise auf das Verfahren nach §§ 16 ff. Gewerbeordnung und auf die Planfeststellung für die Enteignung hinweisen, ferner auf die Ortsbaugesetze, wie z. B. das badische Ortsstraßengesetz. In all diesen Fällen haben die Beteiligten die Möglichkeit, frühzeitig Einwendungen zu erheben. Diese frühzeitige Heranziehung der Beteiligten kann dazu führen, daß Rechtsmittel später weitgehend sich erübrigen.

**Bachof:** Wenn ich jetzt einmal eine andere Unterfrage der Frage 4 anschneiden darf! Es scheint mir das diejenige Frage zu sein, an der sich ja der ganze Streit, ob der Plan ein Verwaltungsakt oder eine Norm oder vielleicht etwas noch anderes sei, entzündet hat. Das ist die Frage, wie weit nun eigentlich Art. 19 Abs. 4 gegenüber solchen Plänen durchgreift. Darum ging doch in der Praxis der ganze Streit! Ist der Plan ein Verwaltungsakt, dann kann ich ihn unmittelbar angreifen; ist er eine Norm, dann kann ich ihn nicht unmittelbar angreifen, sondern bin auf Inzidentkontrolle, abstrakte Normenprüfung oder dgl. angewiesen.

Ich meine, daß sich auch hier wieder zeigt, wie sehr die ganze Alternativfragestellung „Norm oder Verwaltungsakt?" im Ausgangspunkt verfehlt ist. Das führt freilich wieder zur Frage 1 zurück. Wenn Judikatur und Wissenschaft in den ersten Jahren der Geltung des Art. 19 Abs. 4 ganz überwiegend gesagt haben, „öffentliche Gewalt" im Sinne dieser Vorschrift seien nur Einzelakte, so deswegen, weil auch sie stets in dem Bann der Alternative „Verwaltungsakt oder Norm" standen. Nachdem man heute doch wohl allgemein stärker zu der Erkenntnis tendiert, daß es Akte gibt, die man weder der einen noch der anderen Kategorie zuordnen kann, vielmehr als Zwischenformen oder gar als etwas Drittes anerkennen muß, wird man auch die Frage für Art. 19 Abs. 4 GG anders stellen müssen. Ich glaube, Herr von der Heydte war seinerzeit der erste, der gegenüber einer damals noch einheitlichen Meinung auf der Heidelberger Staatsrechtslehrertagung den Art. 19 Abs. 4 auch auf Normen erstrecken wollte. Später haben mein Assistent Jesch und jetzt auch Herr Dürig in seinem Kommentar sehr nachdrücklich diese Ansicht aufgegriffen; auch sie wollen alle Normen dem Art. 19 Abs. 4 unterfallen lassen; bei solcher Ausweitung des Begriffs „öffentliche Gewalt" fielen wohl auch alle Pläne notwendig unter Art. 19 Abs. 4. Ich teile diese Ansicht nicht. Wenn ich ganz kurz meine eigene Meinung skizzieren darf: Man wird auch bei Art. 19 Abs. 4 differenzieren müssen und nicht an jener Alternative „Norm oder Verwaltungsakt" festhalten dürfen. Man wird teleologisch interpretieren und also fragen müssen: Was wollte man mit dem Art. 19 Abs. 4 eigentlich erreichen? Die Antwort lautet: Man wollte einen vollständigen Rechtsschutz gegenüber Maßnahmen der öffentlichen Gewalt überall dort vorsehen, wo die öffentliche Gewalt unmittelbar in Rechte Dritter eingreift. Das tut sie vielfach — und sogar normalerweise — mit einer Norm noch nicht, weil die Norm in der Regel erst die Voraussetzung des Eingriffs schafft. Mit dem Verwaltungsakt greift die öffentliche Gewalt dagegen regelmäßig unmittelbar ein und deswegen hat man gesagt: Verwaltungsakte fallen unter Art. 19 Abs. 4, Normen nicht. Wir haben aber heute gesehen: Pläne greifen oft, aber nicht immer und nicht in allen Punkten, unmittelbar in Rechte ein. Und ich behaupte überdies:

auch manche Normen greifen unmittelbar in Rechte ein. Denn es sind keineswegs alle Normen eines Vollzugs durch Einzelakte fähig und bedürftig, und es sind erst recht nicht alle Pläne eines Vollzugs fähig und bedürftig. Herrn Forsthoffs Schüler Brohm hat wohl den Plan deswegen als „Vollzugsnorm" charakterisiert, weil der Plan sich sozusagen selbst vollziehe; er hat daraus die Folgerung des Unterfallens der Pläne unter Art. 19 Abs. 4 gezogen. So weit würde ich nicht gehen. Ich würde sagen, auch der Plan vollzieht sich nicht in allen Punkten selbst; das ist vielmehr sehr verschieden.

Ich möchte deshalb heute — unter Abweichung von eigenen früheren Äußerungen — sagen: Art. 19 Abs. 4 kommt immer dann zum Zuge, wenn eine Maßnahme öffentlicher Gewalt — sei es ein Einzelakt, eine Norm oder ein Plan — unmittelbar und ohne Zwischenschaltung eines besonderen Vollzugsaktes in Rechte Dritter eingreift, sich also „selbst vollzieht".

**Peters:** Darf ich eine Frage dazu stellen? Wenn also der Eingriff unmittelbar durch das Gesetz erfolgt, wie wollen Sie dann das Verbot behandeln? Bei einem Verbot, etwa beim Bauverbot, ist ja damit schon unmittelbar in das Recht eingegriffen. In der praktischen Wirkung geschieht es aber gewöhnlich erst, wenn man einen Antrag auf eine Bauerlaubnis stellt und dieser jetzt auf Grund des Gesetzes abgelehnt wird.

**Bachof:** Mit Unterschied, Herr Peters. Dieses Problem hat seinerzeit der Stuttgarter Verwaltungsgerichtshof herausgearbeitet. Es gibt Folgen, die erst auf Grund eines speziellen Vollzugsakts eintreten: Im allgemeinen bedarf es zum Bauen einer Baugenehmigung. Man kann dann die Verweigerung der Baugenehmigung (Einzelakt) angreifen; ob das in diesen Fällen stets genügt, möchte ich dahingestellt sein lassen. Aber es gibt andere Fälle, wo die Norm unmittelbar — sei es die Baunorm, sei es der Plan — in Rechte eingreift. Es ist — jedenfalls nach württembergischen Baurecht — so, daß nicht alle Bauten einer Baugenehmigung bedürfen. Gewisse Kleinbauten sind generell von der Baugenehmigung freigestellt, dürfen aber z. B. nicht errichtet werden in einem Gebiet, das die Ortsbausatzung unter Bauverbot stellt. In einem solchen Fall ist unmittelbar und allein die Ortsbausatzung die Verbotsnorm. Es ist gar kein weiterer Vollzugsakt mehr nötig, ja nicht einmal mehr möglich. Was soll der Betroffene denn nun eigentlich machen, wenn er trotzdem bauen möchte und das normative Verbot für rechtlich unbegründet hält? Soll er entgegen dem Verbot anfangen zu bauen und die Polizeiverfügung abwarten, oder was sonst? Ich bin freilich der Ansicht, daß in diesem Falle durch die unmittelbar sich selbst vollziehende Norm bereits ein Rechtsverhältnis geschaffen ist, und daß man hier deshalb auch mit der Feststellungsklage helfen könnte. Aber das ist ein weites Gebiet, und ich möchte die Diskussion nicht auf verfahrensrechtliche Fragen führen.

**Merk:** Ich habe leider nicht alles verstanden, was Herr Bachof gesagt hat. Nach Einsichtnahme in die Niederschrift dürfte in dem von Herrn Bachof erwähnten, nicht ganz klar umschriebenen Falle die in der württ. BauO von 1910 gewährte Baufreiheit für geringfügige Bauten in zulässiger Weise nach Art. 2 d. G. rechtssatzmäßig durch Ortsbausatzung eingeschränkt worden sein. Aber ich muß sagen, daß ich die größten Bedenken habe, gegen einen wirklichen Rechtssatz als solchen einen gerichtlichen Rechtsschutz nach Art. 19 Abs. 4 GG zu gewähren. Natürlich kann auch in der Form eines Gesetzes eine Verwaltungsverfügung getroffen werden wie nach Art. 14 GG. Ich glaube, man muß sich doch klar entscheiden, ob ein Plan einen Rechtssatz darstellt oder eine Verwaltungsverfügung, wegen der schon vorhin angegebenen Verschiedenartigkeit des in Betracht kommenden Rechtsschutzes.

**Ule:** Eine Frage zu dem, was Herr Bachof gesagt hat: Ist dieses Bebauungsverbot eigentlich ein Planproblem?

**Bachof:** Das Problem kann genauso gut durch einen Plan wie durch eine Norm entstehen. Ich wollte nur darlegen, daß man m. E. nicht so weit gehen kann, mit Herrn Dürig zu sagen, alle Normen fielen unter Art. 19 Abs. 4; daß andererseits aber auch die frühere (u. a. auch von mir vertretene) Auffassung fragwürdig geworden ist, nach der nur Verwaltungsakte dem Art. 19 Abs. 4 unterfallen sollten. Ebensowenig möchte ich mit Brohm sagen, alle Pläne fielen unter Art. 19 Abs. 4, weil sie Vollzugsnormen seien. Ich meine vielmehr: Es kommt darauf an und man muß danach unterscheiden, ob — sei es ein Plan, sei es eine Norm — diese Maßnahme unmittelbar schon den Vollzugsakt enthält oder noch nicht. Dies scheint mir das Kriterium zu sein.

**Peters:** Meine Herren! Darf ich jetzt den beiden Herren Referenten das Schlußwort erteilen; zunächst Herrn Kollegen Obermayer.

**Obermayer** (Schlußwort): Darf ich mir erlauben, aus der Diskussion noch einige Punkte herauszugreifen.

Es wurde davon gesprochen, daß zum Verwaltungsakt die Regelung eines konkreten Sachverhaltes gehöre. Dazu möchte ich nochmals ein Beispiel aus dem Naturschutzrecht bringen, weil ich glaube, daß hier die Probleme besonders deutlich werden. Wenn ein großes Gebiet unter Naturschutz gestellt wird, so ist das unbestritten eine Norm, die jedermann Beeinträchtigungen untersagt. Wenn nun die Unterschutzstellung auf einen einzelnen Baum reduziert wird, dann glaube ich, daß ein quantitativer Unterschied, aber kein qualitativer Unterschied gegeben ist. Die Unterschutzstellung eines einzelnen Baumes ist eben auch eine Anordnung, die sich gegen eine unbestimmte Vielheit von Personen richtet. Ich meine, daß die Abstellung auf eine „konkrete Sache" etwas gefährlich ist; denn konkret ist ja schließlich auch ein größeres Gebiet, das unter Schutz gestellt wird.

Dann tauchte die Frage auf, ob der Haushaltsplan nicht doch eine ausreichende gesetzliche Ermächtigung sei. Ich habe ohne weiteres zugegeben, daß der Haushaltsplan eine Grundlage für Verwaltungshandeln ist, die die Verwaltung bindet. Aber ich sehe in ihm, soweit hier Einzelpläne in Betracht zu ziehen sind, eben nicht das Gesetzmäßigkeitsprinzip gewahrt. Denn dazu gehört wohl nicht nur, daß das Parlament bestimmte Maßnahmen beschließt, sondern auch, daß der betreffende Beschluß für die Allgemeinheit evident ist. Gesetzmäßigkeit der Verwaltung heißt also nicht nur Sanktion durch das Parlament, sondern Sanktion in einer Art und Weise, die jedem Staatsbürger einsichtig ist. Deshalb habe ich Bedenken, in den Einzelplänen eine ausreichende Rechtsgrundlage zu sehen, weil sie nicht in einer der Allgemeinheit zugänglichen Art und Weise publiziert werden.

Die Frage, ob begünstigende Verwaltungsakte auch dem Grundsatz der Gesetzmäßigkeit der Verwaltung unterliegen, ist in der Tat äußerst problematisch. Ich bin geneigt, in dem begünstigenden Verwaltungsakt regelmäßig die Kehrseite einer Belastung zu sehen. Unter rechtsstaatlichen Gesichtspunkten halte ich es für sehr bedenklich, wenn man schlechthin erklärt, daß begünstigende Verwaltungsakte keine Rechtsgrundlage benötigen. (A wird begünstigt, dem B wird diese Begünstigung verweigert!)

Herr Winkler hat den Gegensatz zwischen Rechtssatz und linear-geometrischer Zeichnung prinzipiell in Abrede gestellt, wenn ich ihn richtig verstanden habe. Ich glaube auch und versuchte das heute früh zum Ausdruck zu bringen, daß man Plan und Rechtssatz oder linear-geometrische Zeichnung und Rechtssatz nicht ontologisch einander entgegensetzen kann. Das erscheint mir sehr deutlich in der Baugestaltungsverordnung zum Ausdruck zu kommen, wo in § 2 der Erlaß von Aufbauplänen geregelt ist, wo es aber gleichzeitig heißt, die Baubeschränkungen könnten auch in Ortssatzungen (also nur durch das geschriebene Wort) festgelegt werden. Es ist sehr interessant, wenn man nun die Aporie der Verwaltung sieht. Manchmal erläßt sie Baubeschränkungen durch Satzungen, in denen nur das geschriebene Wort vorhanden ist, manchmal durch lineargeometrische Pläne, und neuerdings — z. B. in Oberbayern — zuweilen sowohl in der Form einer Satzung als auch mittels eines Planes.

Dann wurde von mehreren Diskussionsrednern die Frage aufgeworfen, ob der Plan überhaupt ein Rechtsinstitut sei, ob man ihn nicht vielleicht als ein außerrechtliches Institut bezeichnen müsse. Es fiel auch der Hinweis, daß der Plan sehr weit in die Verwaltungskunst hinüberreiche. Ich darf diese Gedanken besonders unterstreichen. Die Einsetzung und die Koordination der teamworks z. B. oder die zielstrebige Verhandlungsleitung in einem Planverfahren sind alles Vorgänge, die keine rein juristische Wesenheit besitzen. Im übrigen glaube ich doch, daß wir den Plan als verwaltungsrechtliches Institut in jedem Falle anerkennen sollten, auch wenn man sich auf den Standpunkt stellt, daß der Plan hinsichtlich seiner Rechtsnatur nicht als aliud gegenüber Verwaltungsakt und Norm gewertet werden kann. Er ist auf jeden Fall ein Rahmenbegriff, der verwaltungsrechtlich relevantes Handeln deutlich macht.

Zu der sehr komplizierten Frage, wann ein Bebauungsplan Verwaltungsakt ist und wann Rechtsnorm, darf ich vielleicht noch folgendes bemerken: Es würde wohl niemand bezweifeln, den Plan als einen Verwaltungsakt zu qualifizieren, wenn er als eine öffentliche Belastung gegenüber dem derzeitigen Grundstückseigentümer ergeht und wie eine (öffentlich-rechtliche) Hypothek in das Grundbuch eingetragen wird. Dann geht die Rechtswirkung auch für die Nachfolger von dem Akt aus, der den derzeitigen Grundstückseigentümer betrifft. Der entgegengesetzte Fall ist, daß eine Norm aufgestellt wird und daß die Beeinträchtigung (die „Belastung") von der publizierten Norm unmittelbar auf alle späteren Grundstückseigentümer wirkt.

Über das Verhältnis des Plans zum Gleichheitssatz noch eine Bemerkung! Es ist dies ein Punkt, in dem ich wohl am stärksten von der Konzeption von Herrn Professor Imboden abweiche. Ich glaube, die Kollision mit dem Gleichheitssatz ist in dieser Art und Weise nicht nur den Plänen eigen, sondern genauso auch bestimmten Rechtsnormen. Jetzt muß ich zum letztenmal auf das Steinbruch-Beispiel zu sprechen kommen: Es ergeht eine Rechtsverordnung, wonach Veränderungen der Erdoberfläche verboten sind; gestattet ist jedoch die landwirtschaftliche Nutzung im bisherigen Ausmaße. Mit Ausnahme von A haben alle Grundstückseigentümer in dem von der Verordnung betroffenen Gebiet Weide- und Ackerland. Diese Flächen sind nicht unter dem Gesichtspunkt der Verletzung des Gleichheitssatzes betroffen. Da ändert sich nichts. A hat aber einen Steinbruch. Er wird als einziger von dem Nutzungsverbot sehr ungleich betroffen gegenüber allen anderen (genauso wie vielleicht ein Grundstückseigentümer im Rahmen eines Planverfahrens). Der Steinbruch ist das ganze Vermögen des A, von dem er mit seiner Familie lebt. Das ist doch ein ganz scharfer Eingriff in die Vermögenssphäre. Wenn irgendwo der Gleichheitssatz verletzt ist, dann ist das hier der Fall.

Zum Problem des Rechtsschutzes darf ich noch ganz kurz folgendes sagen: Ich glaube nicht, daß es gut ist, vorbereitende Pläne einem rechtlichen Überprüfungsverfahren zu unterwerfen. Es ist doch zu berücksichtigen, daß diese Pläne geändert werden können und auch sehr oft noch geändert werden. Müßte man nicht dann auch u. U. für den Entwurf eines Gesetzes einen Rechtsschutz erwägen? Im übrigen glaube ich, daß sich doch beide Referenten und auch fast alle Diskussionsredner über folgende Notwendigkeit im klaren sind:

Beteiligung der zunächst Betroffenen am Planfeststellungsverfahren, dann ein Rechtsschutz im Anfechtungsverfahren, also jedenfalls die Wertung des endgültigen Planfeststellungsaktes unter dem Gesichtspunkt des Rechtsschutzes als Verwaltungsakt.

Unterstreichen möchte ich noch die Ausführungen von Herrn Professor Bachof zur Auslegung des Art. 19 Abs. 4. Ich glaube in der Tat, daß es doch eine ganz dringende Notwendigkeit ist, sich von jener Vorstellung zu lösen (die auch in früheren Zeiten schon unrichtig war), daß Normen in jedem Falle „vollzogen" werden müssen und daß erst die Vollzugsakte einen Rechtsschutz verlangen.

Diese Diskussion dürfte in einer überraschenden Deutlichkeit bewiesen haben, wie sehr das Verwaltungsrecht unserer Zeit in Bewegung ist, welche neuen Kräfte, die erst noch bewältigt werden wollen, wirksam sind. Für die wohlwollende und freundliche Aufmerksamkeit, die Sie meinen fragmentarischen Überlegungen entgegengebracht haben, darf ich mich zum Schluß ganz besonders bedanken.

**Imboden:** Meine Herren Kollegen, ich danke Ihnen für die vielfachen Anregungen, die ich aus Ihrer Aussprache schöpfen durfte. Um den Zeitplan des Herrn Vorsitzenden nicht zu stören, möchte ich mich auf ganz wenige Bemerkungen beschränken. Ich bin mir dessen bewußt, daß ich als roten Faden meiner Darlegungen einen vielleicht zu eng ausgewählten Modellfall bestimmt habe: die reine Raumplanung mit ihren beiden Aspekten, der linearen Baubeschränkung und der Bauzoneneinteilung. Es scheint mir aber, die Diskussion habe bestätigt, daß sich an diesem Beispiel alle rechtlichen Grundaspekte der Planung illustrieren lassen. Die Aussprache hat ein wesentliches Element jeder Planung scharf hervorgehoben, nämlich die Integrationsabsicht jedes Plans, das Zusammendenken, das Zusammenfügen. Beim Zeitplan werden zeitlich sich folgende Handlungen zu einer Einheit zusammengefaßt, beim Raumplan gilt das Entsprechende für die Einheit im Raum. Es ist nicht anders beim Versorgungsplan: Bedarf und Vorräte werden als Einheit gedacht. Aber dieses Zusammendenken tritt in Kollision mit den typischen Bezugspunkten unserer Verhaltensordnung, nämlich einmal mit der Individualität der Rechtsträger und sodann mit der Individualität der Sachen. Auch die Sachen haben in unserer Rechtsordnung eine Individualität. Man kann diese Kollision zwischen dem plangebundenen Denken und den klassischen Bezugspunkten unserer Rechtsordnung dadurch sehr einfach beheben, daß man gedanklich gewissermaßen eine entschädigungslose Globalenteignung Wirklichkeit werden läßt, dann ist der Plan ohne weiteres in unser überkommenes rechtsstaatliches Gefüge einzuordnen. Aber auch bei allerweitestgehender Betonung der Sozialbindungen des Eigentums ist eine derartige gedankliche Totalexpropriation ein nicht vollziehbares Konzept. Und damit stehen wir vor der Tatsache, daß das Plandenken in Spannung steht zu den überkommenen Gesichtspunkten unserer Rechtsordnung. Diese Spannung zu lösen, ist eine der großen Zukunftsaufgaben. Das Ziel ist bei weitem noch nicht erreicht, obwohl gewiß die Diskussion sehr wertvolle Ansatzpunkte für eine Lösung gebracht hat.

**Peters:** spricht den beiden Referenten und allen Diskussionsrednern den Dank aus.

# Verzeichnis der Redner

Bachof S. 81, 82, 83, 85, 90, 92, 93, 95, 96, 102, 105, 106, 186, 187, 188, 192, 196, 200, 203, 205, 206, 208, 210, 211.

Bühler S. 102.

Erler S. 7, 82, 83, 84, 90, 94, 101, 102, 104, 106, 107, 109, 110.

Ermacora S. 85.

Forsthoff S. 176, 183, 184, 191, 193, 199, 202, 208.

Friesenhahn S. 96, 105, 106, 107, 190, 199.

v. d. Heydte S. 83, 84, 88, 93, 108.

Imboden S. 113, 214.

Ipsen S. 86, 92, 96, 97, 103, 104, 181, 194, 196, 204, 207.

Kaiser S. 88, 90, 194.

Küchenhoff S. 93.

Menzel S. 97.

Merk S. 81, 83, 88, 91, 95, 109, 178, 188, 196, 197, 198, 203, 208, 211.

Obermayer S. 144, 184, 185, 187, 188, 211.

Peters S. 5, 176, 182, 193, 195, 196, 198, 199, 201, 202, 206, 208, 210, 211, 215.

Pfeifer S. 85, 95, 107, 189, 199.

Schneider, Hans S. 82, 97, 198, 201, 206, 208.

Spanner S. 5.

Thieme S. 50, 82, 83, 91, 108, 109.

Ule S. 185, 193, 197, 201, 202, 205, 208, 211.

Winkler S. 180, 189, 195, 203, 204, 208.

## Verzeichnis der Mitglieder der Vereinigung der Deutschen Staatsrechtslehrer

Stand vom 1. Februar 1960

Vorstand

1. Scheuner, Dr. Ulrich, Professor, Bad Godesberg, Beethovenstraße 77.
2. Imboden, Dr. Max, Professor, Basel, Hirzbodenweg 47.
3. Menger, Dr. Christian-Friedrich, Professor, Speyer a. Rh., Prinz-Luitpold-Straße 1.

Mitglieder

1. Abendroth, Dr. Wolfgang, Professor, Marburg a. d. Lahn, Wilhelm-Roser-Straße 53.
2. Antoniolli, Dr. Walter, Professor, Wien VII, Mariahilferstraße 22-24/III/II/6.
3. Apelt, Dr. Willibalt, Professor, Geh. Regierungsrat, Gräfelfing bei München, Freihamerstraße 32.
4. Armbruster, Dr. Hubert, Professor, Mainz, An der Allee 69.
5. Bachof, Dr. Otto, Professor, Tübingen, Gartenstraße 73.
6. Becker, Dr. jur., Dr. phil. Erich, Professor, Speyer, Philipp-Melanchthon-Straße 10.
7. Bettermann, Dr. Karl August, Professor, Berlin-Lichterfelde-West, Baseler Straße 114.
8. Böhmert, Dr. Viktor, Professor, Kiel, Graf-Spee-Str. 9.
9. Bühler, Dr. Ottmar, Professor, München 27, Kufsteiner Platz 2/III.
10. Bülck, Dr. Hartwig, Professor, Heidelberg, Werrgasse 9.
11. Carstens, Dr. Karl, Professor, Bad Godesberg, Im Meisengarten 25.
12. Draht, Dr. Martin, Professor, Karlsruhe, Beethovenstraße 9.
13. Dürig, Dr. Günter, Professor, Tübingen, Ob dem Viehweidle 12.
14. Erler, Dr. Georg, Professor, Göttingen, Schlegelweg 11.
15. Ermacora, Dr. Felix, Professor, Innsbruck, Universität.

16. Forsthoff, Dr. Ernst, Professor, Heidelberg-Schlierbach, Wolfsbrunnenweg 13.
17. Friesenhahn, Dr. Ernst, Professor, Karlsruhe, Haydnplatz 4.
18. Fröhler, Dr. Ludwig, Professor (Nürnberg), Berg bei Starnberg, Seestraße 18.
19. Gerber, Dr. jur., D. h. c. Hans, Professor, Freiburg i. Br., In der Röte 5.
20. Glum, Dr. Friedrich, Professor, München, Südliche Auffahrtsallee 24.
21. Gönnenwein, Dr. jur., Dr. phil. Otto, Professor, Heidelberg, Werderplatz 1.
22. Görg, Dr. Hubert, Professor, Ellersberg, Post Forsbach Bez. Köln (Marburg, Universitätsstraße 10).
23. Grewe, Dr. Wilhelm, Professor, Washington 9, D. C., USA, 1742/44 R Streat NW (Botschaft der Bundesrepublik Deutschland).
24. Grundmann, Dr. Siegfried, Professor, Gröbenzell bei München, Puchheimer Straße 30.
25. Hamel, Dr. Walter, Professor, Marburg a. d. Lahn, Rotenberg 1 a.
26. Heckel, D. Dr. Johannes, Professor, München, St. Paulusplatz 9.
27. Held, Dr. Hermann, Professor, Malente, Lindenallee 35.
28. Herrfahrdt, Dr. Heinrich, Professor, Marburg a. d. Lahn, Am Weinberg 8.
29. Hesse, Dr. Konrad, Professor, Freiburg i. Br., Hauptstraße 40.
30. Hettlage, Dr. Karl Maria, Professor, Bad Godesberg, Friedrich-Ebert-Straße 83.
31. Frhr. v. d. Heydte, Dr. August, Professor, Zellingen a. M., Thomas-Glock-Straße 26.
32. Heyer, Dr. Friedrich, Professor, Bonn, Humboldtstraße 35.
33. v. Hippel, Dr. Ernst, Professor, Godesberg-Mehlem, Mainzer Straße 119.
34. Hoegner, Dr. Wilhelm, Honorarprofessor, Ministerpräsident a. D., München, Miesbacher Platz 15.
35. Huber, Dr. Ernst Rudolf, Professor, Freiburg-Zähringen, In der Röte 2.
36. Huber, Dr. Hans, Professor, Muri bei Bern, Mannenriedstraße 5.

37. I m b o d e n , Dr. Max, Professor, Basel, Hirzbodenweg 47.
38. I p s e n , Dr. Hans Peter, Professor, Hamburg 13, Hallerstraße 79.
39. J a c o b i , D. Dr. Erwin, Professor, Leipzig S 3, Meusdorfer Straße 5.
40. J a h r r e i s s , Dr. Hermann, Professor, Köln-Klettenberg, Nassestraße 30.
41. J a e n i c k e , Dr. Günther, Privatdozent, Heidelberg, Karlsruher Straße 57.
42. J e r u s a l e m , Dr. Franz, Professor, München 27, Flemingstraße 58.
43. K a f k a , Dr. Gustav E., Universitätsdozent, Graz, z. Z. Bad Godesberg, Hochkreuzallee 246.
44. K a i s e r , Dr. Joseph, Professor, Freiburg i. Br., Belfortstraße 11.
45. K a u f m a n n , Dr. jur., Dr. phil. h. c. Erich, Professor, Bonn, Auswärtiges Amt, Koblenzer Straße 101.
46. K i p p , Dr. Heinrich, Professor, Innsbruck, Neue Universität, Innrain 52.
47. K l e i n , Dr. Friedrich, Professor, Münster i. W., Prinz-Eugen-Straße 12.
48. K ö t t g e n , Dr. Arnold, Professor, Göttingen, Merkelstraße 43.
49. K o r d t , Dr. Erich, Professor (Köln), Düsseldorf, Brehmstraße 53.
50. K r a u s , Dr. Herbert, Professor, Göttingen, Calsowstraße 18.
51. K r ü g e r , Dr. Herbert, Professor, Hamburg-Gr. Flottbek, Elbchaussee 184.
52. K ü c h e n h o f f , Dr. Günther, Professor, Würzburg, Seinsheimerstraße 13.
53. L a u n , Dr. jur., Dr. rer. pol. h. c. Rudolf, Professor, Ahrensburg bei Hamburg, Vossberg 10.
54. L e i b h o l z , Dr. Gerhard, Professor, Göttingen, Dahlmannstraße 6.
55. L e r c h e , Dr. Peter, Privatdozent, München 27, Stuntzstraße 47.
56. L i e r m a n n , D. Dr. Hans, Professor, Erlangen, Am Meilwald 18.
57. M a l l m a n n , Dr. Walter, Professor, Frankfurt a. M., Georg-Voigt-Straße 8.

58. Marti, Dr., Professor, Bern, Schwanengasse 9.
59. Maunz, Dr. Theodor, Professor, München-Gräfelfing, Hartnagelstraße 3.
60. Mayer, Dr. Franz, Privatdozent (Würzburg), Ottobrunn bei München, Friedensstraße 3.
61. Meder, Dr. Walter, Professor, Berlin-Dahlem, Gosslerstraße 29.
62. Meinzolt, D. Dr. Hans, Honorarprofessor, Staatssekretär a. D., Wessling am See, Oberbayern, Obere Seefeldstraße 16.
63. Melichar, Dr. Erwin, Professor, Graz, Universität, Rechts- und Staatswiss. Fakultät.
64. Menger, Dr. Christian-Friedrich, Professor, Speyer a. Rh., Prinz-Luitpold-Straße 1.
65. Menzel, Dr. Eberhard, Professor, Kiel, Bülowstraße 16.
66. Merk, Dr. Wilhelm, Professor, Tübingen, Wildermuthstraße 6.
67. Merkl, Dr. Adolf Julius, Professor, Wien XIX, Pfarrplatz 1.
68. Meyer, Dr. Ernst Wilhelm, Professor, Berlin-Wanssee, Bismarckstraße 32.
69. Mirbt, Dr. Hermann, Professor, Berlin-Schlachtensee, Spanische Allee 51.
70. Mosler, Dr. Hermann, Professor, Heidelberg, Berliner Straße 48.
71. Münch, Dr. Fritz, Professor, Berlin-Dahlem, Boltzmannstraße 1.
72. Naumann, Dr. Richard, Professor, Lüneburg, Uelzener Straße 40.
73. Nawiasky, Dr. Hans, Professor, München und St. Gallen, St. Gallen, Georgshof 14.
74. Obermayer, Dr. Klaus, Privatdozent, München 9, Säbenerstraße 256.
75. Partsch, Dr. Karl Josef, Professor, Felde, Post Achterwehr (Holstein).
76. Peters, Dr., Dr. h. c. Hans, Professor, Köln-Sülz, Zülpicher Straße 83.
77. Pfeifer, Dr. Helfried, Professor, Wien XIII, Lainzer Straße 57.
78. Ridder, Dr. Helmut, Professor, Kelkheim (Taunus), Dr.-Egenolf-Straße 3.

79. Rühland, Dr. Curt, Professor, Braunschweig, Dürerstraße 26.
80. Rumpf, Dr. Helmut, z. Z. Konsul beim General-Konsulat der Bundesrepublik Deutschland, Mailand, Via Guerrazzi 3.
81. Schack, Dr. Friedrich, Professor, Hamburg 13, Nonnenstieg 9/II.
82. Schätzel, Dr. Walter, Professor, Bonn, Lutfridstraße 6.
83. Schaumann, Dr. Wilfried, Privatdozent, Zürich 49, Imbisbühlstraße 135.
84. Scheuner, Dr. Ulrich, Professor, Bad Godesberg, Beethovenstraße 77.
85. Schlochauer, Dr. Hans Jürgen, Professor, Frankfurt a. M., Mertonstraße 17.
86. Schmid, Dr. Karl, Professor, Frankfurt a. M., Johann-Klotz-Straße 15.
87. Schneider, Dr. Hans, Professor, Heidelberg, Ludolf-Krehl-Straße 44.
88. Schneider, Dr. Peter, Professor, Mainz, Stephansplatz 2.
89. Schüle, Dr. Adolf, Professor, Tübingen, Bei der Ochsenweide 17.
90. Schwinge, Dr. Erich, Professor, Marburg a. d. Lahn, Gutenbergstraße 18.
91. Scupin, Dr. Hans Ulrich, Professor, Münster i. W., Robert-Koch-Straße 46.
92. Seidl-Hohenveldern, Dr. Ignaz, Professor, Saarbrücken 3, Hellwigstraße 17.
93. Smend, D. Dr. Rudolf, Professor, Göttingen, Am Goldgraben 13.
94. Spanner, Dr. Hans, Professor, Erlangen, Am Röthelheim 58.
95. Stödter, Dr. Rolf, Professor, Hamburg-Altona, Palmaille 49 (Fa. John T. Essberger).
96. Thieme, Dr. Werner, Professor, Heusweiler/Saar, Talstraße 21.
97. Ule, Dr. Carl Hermann, Professor, Heidelberg, Oberer Gaisbergweg 9.
98. Voigt, Dr. Alfred, Professor, Erlangen, Burgbergstraße 53.

99. Wacke, Dr. Gerhard, Professor, Hamburg-Nienstedten, Ordinger Weg 14.

100. Warncke, Dr. Friedrich, Privatdozent, Köln-Nippes, Mauenheimer Straße 45.

101. Weber, Dr. Werner, Professor, Göttingen, Wackenroder Weg 1.

102. Wehrhahn, Dr. Herbert, Professor, Saarbrücken 15, Universität.

103. Wengler, Dr. jur., Dr. rer. pol. Wilhelm, Professor, Berlin-Zehlendorf, Werder Straße 15.

104. Wenzel, Dr. Max, Professor, Erlangen, Löhestraße 21.

105. Wertenbruch, Dr. Wilhelm, Privatdozent, Köln, Volksgartenstraße 2.

106. Winkler, Dr. Günther, Professor, Wien I, Hafnersteig 5/I/7.

107. Wolff, Dr. Hans J., Professor, Münster i. W., Görresstraße 26.

108. Zeidler, Dr. Karl, Privatdozent, Karlsruhe-Durlach, Liebensteinstraße 14.

# Satzung

(Nach den Beschlüssen vom 21. Oktober 1949, 19. Oktober 1951, 14. Oktober 1954 und 10. Oktober 1956)

## § 1

Die Vereinigung der Deutschen Staatsrechtslehrer stellt sich die Aufgabe:

1. wissenschaftliche und Gesetzgebungsfragen aus dem Gebiete des öffentlichen Rechts durch Aussprache in Versammlungen der Mitglieder zu klären;
2. auf die ausreichende Berücksichtigung des öffentlichen Rechts im Hochschulunterricht und bei staatlichen und akademischen Prüfungen hinzuwirken;
3. in wichtigen Fällen zu Fragen des öffentlichen Rechts durch Eingaben an Regierungen oder Volksvertretungen oder durch öffentliche Kundgebungen Stellung zu nehmen.

## § 2

(1) Mitglied der Vereinigung kann werden, wer an der rechtswissenschaftlichen Fakultät einer deutschen oder deutschsprachigen ausländischen Universität für das Fach des Staatsrechts und ein weiteres öffentlich-rechtliches Fach als habilitierter Privatdozent oder als planmäßiger Professor tätig ist oder gewesen ist und sich der wissenschaftlichen Forschung auf dem Gesamtgebiete des Staats- und Verwaltungsrechts gewidmet hat.

(2) Das Aufnahmeverfahren wird durch schriftlichen Vorschlag von drei Mitgliedern der Vereinigung eingeleitet. Ist der Vorstand einstimmig der Auffassung, daß die Voraussetzungen für den Erwerb der Mitgliedschaft erfüllt sind, so verständigt er in einem Rundschreiben die Mitglieder von seiner Absicht, dem Vorgeschlagenen die Mitgliedschaft anzutragen. Erheben mindestens fünf Mitglieder binnen Monatsfrist gegen die Absicht des Vorstandes Einspruch oder beantragen sie mündliche Erörterung, so beschließt die Mitgliederversammlung über die Auf-

nahme. Die Mitgliederversammlung beschließt ferner, wenn sich im Vorstand Zweifel erheben, ob die Voraussetzungen der Mitgliedschaft erfüllt sind. Von jeder Neuaufnahme außerhalb einer Mitgliederversammlung sind die Mitglieder zu unterrichten.

## § 3

Eine Mitgliederversammlung soll regelmäßig einmal in jedem Jahre an einem vom Vorstand zu bestimmenden Orte stattfinden. In dringenden Fällen können außerordentliche Versammlungen einberufen werden. Die Tagesordnung wird durch den Vorstand bestimmt.

Auf jeder ordentlichen Mitgliederversammlung muß mindestens ein wissenschaftlicher Vortrag mit anschließender Aussprache gehalten werden.

## § 4

Der Vorstand der Vereinigung besteht aus einem Vorsitzenden, seinem Stellvertreter und einem Schriftführer, der auch die Kasse führt. Der Vorstand wird am Schluß jeder ordentlichen Mitgliederversammlung neu gewählt.

Zur Vorbereitung der Mitgliederversammlung kann sich der Vorstand durch Zuwahl anderer Mitglieder verstärken. Auch ist Selbstergänzung zulässig, wenn ein Mitglied des Vorstandes in der Zeit zwischen zwei Mitgliederversammlungen ausscheidet.

## § 5

Zur Vorbereitung ihrer Beratungen kann die Mitgliederversammlung, in eiligen Fällen auch der Vorstand, besondere Ausschüsse bestellen.

## § 6

Über Eingaben in den Fällen des § 1 Ziffer 2 und 3 und über öffentliche Kundgebungen kann nach Vorbereitung durch den Vorstand oder einen Ausschuß im Wege schriftlicher Abstimmung der Mitglieder beschlossen werden. Ein solcher Beschluß bedarf der Zustimmung von zwei Dritteln der Mitgliederzahl;

die Namen der Zustimmenden müssen unter das Schriftstück gesetzt werden.

## § 7

Der Mitgliedsbeitrag wird von der Mitgliederversammlung festgesetzt. Der Vorstand kann den Beitrag aus Billigkeitsgründen erlassen.

Bei Fragen zur Produktsicherheit wenden Sie sich bitte an:
If you have any questions regarding product safety,
please contact:

Walter de Gruyter GmbH
Genthiner Straße 13
10785 Berlin
productsafety@degruyterbrill.com